興亡の世界史

イタリア海洋都市の精神

陣内秀信

講談社学術文庫

目次

イタリアの四大海洋都市

ヴェネツィア、アマルフィ、ピサ、ジェノヴァの四大海洋都市をはじめとする港町は、ビザンツ帝国やイスラーム世界など東方との交易を通して、それぞれの文化を発展させた。ヴェネツィア共和国の領土は最盛期にはアドリア海沿岸からクレタ島、さらに東のキプロス島にまでおよんだ。

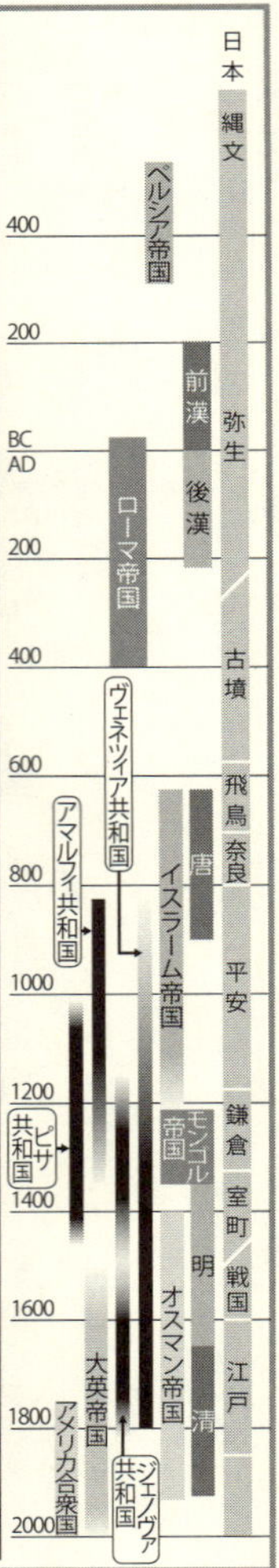

ドイツ
ウィーン
オーストリア
ブダペスト
ベルン
スイス
リヒテンシュタイン
ハンガリー
アルプス
ヴェネツィア
トレヴィーゾ
ヴィチェンツァ
スロベニア
ミラノ
ザグレブ
クロアチア
トリノ
フランス
ピアチェンツァ
パドヴァ
フェッラーラ
ボスニア・ヘルツェゴビナ
ポルト・ヴェーネレ
モナコ
ザダル
サラィエヴォ
マルセイユ
ジェノヴァ
サンマリノ
フィレンツェ
アンコナ
リグリア海
リヴォルノ
ピサ
アドリア海
イタリア
ドブロヴニク
コルシカ島
ローマ
ヴァティカン市国
ガエタ
バーリ
ナポリ
モノーポリ
サルデーニャ島
レッチェ
アマルフィ
ガッリーポリ
ティレニア海
パレルモ
メッシーナ
イオニア海
シチリア島
シラクーザ
チュニス
アルジェリア
チュニジア
マルタ
地中海
四大海洋都市
本書に登場する海洋都市
ヴェネツィア共和国の領土(16世紀半ば頃)
ジェノヴァ共和国の領土(15世紀末頃)
※地形、国境線、国名、都市名は現在のもの

学術文庫化にあたっては、基本的に、二〇〇八年七月に刊行した原本の文章をそのまま活かすこととした。そのため、本文中で「現在」「最近」「近年」といった表現は、二〇〇八年時点でのことを表している。また、原本刊行後の変化や新たな動きについては、必要に応じて「文庫版の注」を挿入した。

興亡の世界史

イタリア海洋都市の精神

地図・図版作成
ジェイ・マップ
さくら工芸社

序章　現代によみがえる中世海洋都市

海から都市を見る

海を忘れた現代人

都市を訪ねるのに、船で海からアプローチすることほど、心が躍ることはない。鉄道や飛行機が発達する前は、多くの旅人がそんな感動的な体験をしながら、海から都市へと入ったのだ。だが、現代人はそれをすっかり忘れてきた。

そもそもヴェネツィアの都市史から研究をスタートさせた私にとって、海からの視点で都市を考えることは、ごく自然なことだった。地中海世界と同時に、東京についても、一九七七年から、歴史の視点でフィールドの調査を続けてきたが、ある時、瀬戸内海の小さな島の出身の学生と水上バスに乗った際に、彼の口から出た「町は海からアプローチするものですね」というさりげない一言が、私の目を開かせた。なるほど、そうすれば東京のような都市も面白く見えてくる。以来、「海から都市を見る」ということが、ますます私の一つの重要なテーマになった。

しかし、鉄道や自動車など陸上交通網が発達し、海を忘れた近代の長い空白の中で、こうした港町への関心は薄く、その研究も完全に遅れをとった。建築の分野でも、水の側から都市を見るということは、極めて少なかった。それは日本に限ったことではない。魅力的な都市がたくさんあり、以前から都市史の研究が活発なイタリアでも、港町の研究に光が当たるのは、比較的最近のことである。「水の都」ヴェネツィアといえども、例外ではない。この地に私が留学し、都市の形成の歴史を学んだ一九七〇年代前半、水上にできた独特の都市や建築の構成についてはすでに関心がもたれていたが、この都市を東方との深い結びつきをもつ海洋都市や交易都市としてその空間を捉え直し、社会・文化の特徴を探る研究が展開するのは、一九八〇年代も後半に入ってからにすぎない。

息吹を取り戻す港町

幸い、一九九〇年代以後、こうした港町の本格的な研究や再生への動きが各地で進んでいる。人とモノと情報が集まった港町を知ることは、世界各地とネットワークで結ばれる二一世紀の開かれた都市を発想する上でも、大きなヒントを与えてくれる。

たとえばジェノヴァでは、一九九二年の国際博覧会開催をきっかけに、古い港の周辺で再開発事業が展開したが、中世の港の建築群の評価が高まると同時に、発掘が大規模に行われ、中世・ルネサンスの桟橋や堤防が次々に姿を現し、港の構造が明らかになった。ジェノヴァから西へ三〇〇キロほど離れたフランスのマルセイユでも、古代ギリシア・ローマ時代の港の遺構が発掘されている。

そして、注目すべきは、地中海のこうした港町が近頃、すこぶる元気なことである。ジェノヴァでは、古い港に面した歴史的な建造物群からなる個性ある風景を残しながら、港湾エリアの再生ゾーンを着実に広げている。かつての港の施設を転用し、また現代建築を加えて、集合住宅や大学キャンパスも実現し、魅力溢れる二一世紀の水辺空間を生み出している。

バルセロナは、古い港の周辺を見事に再生し、文化観光ゾーンを創り出したばかりか、臨海工業ゾーンで台無しになっていた海辺を再生し、市民に開かれた延々と続く素晴らしいビーチを実現している。マルセイユでは、魅力ある旧港とは別に、一九世紀に建設された近代の工業港周辺の、使われず荒廃した大規模なエリアを蘇《よみがえ》らせるプロジェクトに官民一体で意欲的に取り組み、すでに注目すべき成果をあげているのだ。

どの都市も、かつて地中海の盟主として君臨した重要な海洋都市である。それがまた、北アフリカとヨーロッパを繋ぐ中核都市としての役割を期待されて、息吹を取り戻している。地中海の存在、港の存在が再度、注目されている。あるいは、経済社会を活性化させるにも、海洋都市としての文化イメージ、風景のアイデンティティが重要視されてきた。

地中海クルーズの寄港地・ナポリ

最近、地中海クルーズの大型豪華船による船旅の人気も高まっている。こうしたイメージの高い代表的な港ばかりか、かつて重要性をもちながら衰退していたナポリやバーリといっ

ポジリポの高台から望む　ナポリ湾の向こうにかすんでいるのは、ヴェスヴィオ山。著者撮影

た他の港町をも寄港地に加えながら、海からの視点で、地中海世界の各地に眠っている都市の歴史や文化を再発見する旅を実現している。

近年、その寄港地に選ばれたナポリをみよう。南イタリアの海を望む大都市、ナポリは、二〇〇七年秋から、路地に溢れるゴミの問題が繰り返し報道され、悪いイメージがまた強調されている。しかし、かつての酷い状況と比べると、二〇世紀末以降、都市再生への注目すべき動きを見せてきたことも忘れられない。

ナポリは、一九〇〇年頃まで、世界の中でも最もコスモポリタンな都市の一つとして、経済的活力と文化的な華やかさを誇ったが、近代という時代から完全に取り残され、社会環境としても荒廃が目立ち、汚くて泥棒の多い町として悪評が高かった。観光客にも敬遠される対象だった。

だが、本来は、古代ギリシア以来の歴史の奥深い蓄積をもつ第一級の文化都市であることは間違いない。辣腕《らつわん》市長、バッソリーノのもとで、一九九四年にサミットを誘致し成功させたことが、再生へのきっかけとなった。その底力が発揮され、以来、ナポリのマイナス・イメージが徐々に薄れ、独自の魅力を発信し始めた。旧市街の歩行者空間化、古い建物の修復・再生、商業の活性化などもそれに貢献しているが、海との繋がりが見直されていることも大きいように思われる。海を媒介に結び合うナポリ周辺の島や岬の魅力的スポットが、その連携を発揮し始めている。しかも、世界の人々が、ナポリを海から観光で訪ねるようにもなっている。

地中海クルーズの美しい姿を見せる大型船が毎日、太陽の降り注ぐこの大きな港に入ってくる。港の機能の中枢、マリンステーションも最近、リノヴェーションを終え、一九三〇年代の近代建築を現代的な洒落《しゃれ》たセンスで蘇らせ、人気を集めている。かつては雑然とした賑わいとともに、カオス状態のちょっと怖い感じさえしたこの港の界隈《かいわい》に、若干の秩序が戻ってきている。

ナポリの港にいると、地中海の海洋文化の精神が今なお生きているのを実感させられる。カプリ、イスキア、プローチダといった人気の島とを結ぶフェリーがひっきりなしに発着する。もちろん島の住民にとっての日常の足であると同時に、憧れの地を訪ねるリゾート客をたくさん乗せている。船旅の楽しさを知らせてくれるのだ。

ナポリからアマルフィへ

近代という時代は、どの都市でも、港の周辺や海辺に、物流基地や工業地帯を開発し、産業化をとことん推し進めた。その二〇世紀が終わり、今、海がまた人間の手に戻ってきつつあるのだ。

海から見たアマルフィ　岩山を背景に、ランドマークの鐘楼がそびえる。著者撮影

この二一世紀は、環境と文化の時代といわれる。人々は自然の恵みと歴史の蓄積がもたらす想像力に惹かれるようになっている。ナポリ周辺は、風光明媚《ふうこうめいび》な素晴らしい海の自然を今なお誇り、しかもそれに魅せられてこの地に都市文明をもたらした古代のギリシア人、そしてローマの人々の見事な足跡が各地の遺跡に、都市の基層構造にそのまま受け継がれているのだ。

ナポリの西側、高級住宅が続くポジリポの高台に立って、ナポリ湾を見晴らす風景は心に残る。真っ青な海と空、左手に歴史のあるナポリの市街、海に突き出す神話に包まれた卵城、その海の背後にそびえるヴェスヴィオ山、ずっと眼を陸に沿って右に移動させると、ポンペイからソレントへ連なる半島の姿が伸びる。逆に、眼をポジリポの高台から右手に移すと、ギリシア都市、バイヤへとつながるカンピ・フィレグレイと呼ばれる歴史的イマジネーション豊かな地域が広がる。ちょつとトロピカルな植生も豊かだ。いかにも地中海的な自然と歴史の宝庫、ナポリおよびその周辺地域の魅力が現代人の心をとらえても、何の不思議もない。ナポリのゴミ問題は深刻だが、何とか早く解決し、都市再生への本来の動きを取り戻してもらいたい。

　嬉しいことに、このナポリの港から出航する船で、私が大好きな中世海洋都市、アマルフィにも行く楽しみを味わえる。本書の主役を務める都市の一つだ。イスラーム世界から医学、科学の知識をいち早く採り入れた中世以来の大学都市、サレルノまで行く船に乗り、途中、リゾート地として人気のあるカプリ、ポジターノなどに立ち寄って、小一時間で、この魅力的な海の町に到着できる。通常、ナポリからアマルフィへは、陸路をバスで訪ねるのだが、山を越え、海岸沿いのリアス式海岸のような複雑な地形をクネクネとバスで進むと、切り立った崖と真っ青な海の対比が売り物の絶景は楽しめても、車に酔ってしまいかねない。

　やはり王道を行き、海からアプローチする醍醐味をぜひ、味わってみたい。もちろん、海岸沿いに近代の自動車道路が建設されるまで、旅人たちは誰もがそうしていた。

斜面の町・アマルフィ　海に面した住宅地のどこからも、町の象徴・鐘楼（左）が見える。著者撮影

水上都市・ヴェネツィア　サン・マルコ広場近辺からサン・ジョルジョ・マッジョーレ島を望む

「海港都市」と「海洋都市」

「海洋都市」という言い方は、水辺都市やウォーターフロントとは、だいぶニュアンスが違う。日本でも確かに、一九八〇年代に、ウォーターフロントの再生が都市づくりの大きなテーマになり、函館、門司、横浜、東京をはじめ多くの都市で、港の周辺に登場したファッショナブルな商業スポットが人々を惹きつけたことがある。だがそれも、まだ陸の発想に立つものだったといえよう。不要になった港湾ゾーンの用途が現代的に変化したにすぎない。もっと大きな発想に立って、まさに海からの視点で都市を見直したいと私は考えている。歴史家は普通「海港都市」ということが多いが、海上の交易で繁栄し、海との繋がりで独自の文化を育んだ中世イタリアの海港都市をここでは、あえて「海洋都市」と呼んでみたい。その意味では塩野《しおの》七生《ななみ》がヴェネツィアを「海の都」と呼んだのも、実に的確な表現であった。

　ヴェネツィアの次に私が出会った魅力的なイタリア中世海洋都市は、ヴェネツィアよりも早く地中海に君臨し、九～一〇世紀には早くも繁栄を迎えていたこのアマルフィだった。この町こそが、海洋都市の面白さの虜《とりこ》になるきっかけを与えてくれたともいえる。すでに地中海周辺のイスラーム世界の都市にも惹かれ、各地を徘徊しフィールド調査を重ねてきた自分にとって、次に研究への意欲を駆り立ててくれたのが、イスラーム世界とも深い繋がりをもち、中世の早い段階から海洋都市として見事な都市づくりを実現したアマルフィだったのだ。

この栄光の歴史をもつ海の町には、研究室の学生たちと一九九八年から六年間、毎夏訪ね、調査を行った。背後に険しい崖が迫る狭い土地に、ぎっしりと高密度な都市を築いたアマルフィ。船で海からアプローチすると、眼前に迫る美しい風景に魅了される。地元の歴史家と共同してフィールド調査を進め、町の成り立ちがよくわかってきた。そもそも海に面した限られた土地につくられた海洋都市は、どこも変化に富んだ迫力ある空間を見せていて、調査のしがいがある。

また、アマルフィのような海洋都市は、港と結びつく施設の跡が多く、複雑に発達した空間構造をもつため、どこを歩いても魅力がある。都市史の研究にとっても、地形と結びついたその独特の形態に加え、多様な機能や活動、活気ある人々の営みを調べる醍醐味があるのだ。

ピサのアルノ川　ピサは川で栄えた港町で、かつてはジェノヴァと地中海の覇権を争った。著者撮影

しかも、さすが外部に開いた国際的な海洋都市。当時の先端を行くイスラーム、アラブ文化からの影響も随所に見られ、異文化との混淆の面白さを肌で感じられる。近年、水中考古学の調査が進められ、水の下に没した中世初期の港の遺構も発見されている。

四大海洋都市の交流

海洋都市の栄光の歴史を誇る都市の市民たちは、今なお、海洋都市の精神を強烈にもち続けている。アマルフィには、小さい町なのに市立図書館のなかに、この都市の歴史と文化に関する研究を推進し啓蒙に努める、「アマルフィ文化歴史センター」という名の立派な研究所がある。膨大な文献史料を所蔵し、学術的な価値の高い出版物を次々に出版するとともに、知的刺激に満ちた展覧会、シンポジウムなどをしばしば開催している。小さな町がその底力を発揮し、海洋都市の精神が今なお健在なことを、世界に向けてアピールしているようにみえる。

そのアマルフィがイニシアチブをとり、ピサ、ジェノヴァ、ヴェネツィアなどと共同し、地中海の中世海洋都市の比較研究のための専門家の交流が行われるようになったのが注目される。この四大海洋都市は、かつての栄光の記憶を互いに共有するために、一九五五年以来、まわりもちの歴史的レガッタ（ボートレース）のイベントを盛大に行っている。中世の往時を彷彿《ほうふつ》させる衣装に身を包んだ人々のパレードで華やかに幕を開け、やがてレガッタの競技が催されるのだ。アマルフィなら、中世以来の港の沖の海上が舞台となる。ヴェネツィアならカナル・グランデ、ピサならアルノ川、ジェノヴァならその湾上が舞台だ。

全国ネットのテレビで中継され、熱狂の渦に包まれる。その歴史的意義をとうとうと解説するのは、「アマルフィ文化歴史センター」所長のジュセッペ・ガルガーノ氏である。トスカーナ地方の中世の美しい都市、シエナのカンポ広場で行われる裸馬による競馬、「パリオ」の祭りと並んで、イタリア国内で最も人気のある全国規模の祭りだけに、その地元開催の機会であれば、アマルフィの行政当局も、国際シンポジウム開催のために、予算をつけることも何でもない。うまくこの機会を生かして、アマルフィでは、二〇〇一年、二〇〇五年に研究交流のための国際シンポジウム、研究集会を開催し、気勢を上げた。

ジェノヴァの港湾地区　地元出身の世界的建築家、レンゾ・ピアノのマスタープランによる再開発が進む。著者撮影

対象となるのは、これら四つの中世海洋都市だけではない。それらが中世以来、密な関係を結んだ地中海世界各地の港町も取り上げられる。植民地化された都市もある。もちろん、ナポリ、パレルモ、シラクーザ、バーリ、トラーニといったイタリアを代表する他の海洋都市も話題になる。ま

さに、アマルフィと同じような性格をもつ中世以来の地中海世界の海洋都市の姿を比較研究しようというのである。都市の立地、歴史、都市構造、港の形態、造船所やキャラバンサライ（隊商宿）のような都市施設、経済・交易活動、東方での植民地の在り方、ビザンツ、アラブ世界との交流からもたらされた文化的特徴など、海洋都市を研究する共通の視点がたくさんあるのだ。

このアマルフィは、中世の海洋都市のイメージを発信し、世界の人々を惹き付ける観光地、リゾート地として知られるが、実は、市民がその歴史に誇りをもつ生活都市としても大きな魅力がある。夕方から晩ともなると、観光客が去った中央のドゥオモ広場から港周辺の気持ちのよい水辺空間に、大勢の市民が繰り出し、くつろぎと社交の華やかな舞台となるのである。市民生活と観光がうまく両立しているのに感心させられる。

南への伝播

そして、今世紀に入ってからの、南イタリア各地でみられる港町の再生への動きには目を見張らされる。ナポリに始まった都市再生の気運が今、南へ確実に伝播している。それも特に海洋都市へ。

プーリア州のバーリやトラーニの旧市街、シチリアのシラクーザのオルティージアという島などがとりわけ注目される。これらの密集した古い地区の環境はどこも荒廃し、治安も悪く、歩くのも怖い感じだったが、近年、見違えるように蘇ってきた。従来は、一九世紀中頃から建設された、緑の多い碁盤目状の近代的なアーバンエリアにばかり人々の関心が集中していたのに対し、最近では、複雑で変化に富んだ個性的な都市空間をもち、港のまわりの水に囲われた歴史的ゾーンに人気が集まるという興味深い現象が顕著にみられるのである。一九九〇年代中頃に開始された、ＥＵによる南イタリアの都市再生への経済援助も大きな効果を生んだ。

海洋都市が年々急速に蘇る姿は、感動的でさえある。行くたびに洒落《しやれ》たデザインの店の数

南イタリアの海洋都市　イタリア半島の「踵」にあたるプーリア州のバーリ（上）と、トラーニ（下）。旧市街の広場や海辺には夜も人々が集い、賑わいを取り戻している。著者撮影

が増え、華やかな賑《にぎ》わいが増している。だが、それは偶然ではなく、時代の価値観の変化を背後にもつ、必然性のある動きのように思える。

近代が失った「ネットワーク」

そもそも、イタリアの古い港町には、まず歴史のロマンがあり、歩いて楽しい空間が潜んでいる。中世や古代にさかのぼるものが多く、歴史がさまざまに重なっている。都市の風景のなかに、過去の記憶を刻み、また物語が潜んでいる。我々の想像力をかき立てる場所の力が存在する。

自然条件を生かして密度高くつくられた港町は、ヒューマンスケールの空間からなり、狭い道が入り組んだ迷宮都市の様相をみせる。斜面の港町が多いだけに、眺望の開ける高台から開放感を味わえるのも大きな特徴である。どれも、個性的な豊かさを求める現代人の感覚にぴたりと合った価値ある都市空間なのである。

また、港町にはその性格上、独特の機能と結びついた多様な施設や建物があり、変化に富んだ風景を見せている。同時に、港町には、モノと人と情報が集まる経済と文化の拠点としての役割があり、常に外部に開かれ、物質的、文化的な刺激に溢れた存在であった。こうした豊かな歴史的経験は、現代の都市がめざす目標なのではなかろうか。

海洋都市は、海や自然との共生の重要性も教えてくれる。水に囲まれた都市では、季節や時間による表情の変化を楽しめる。日没の光景や夜景が美しい場所も多い。ヴェネツィアのように、運河が内部まで網目のように入り込み、潮の干満を生活に利用していた都市は、まさにエコシティであり、自然とともに呼吸する二一世紀型の都市だ。

そしてもう一つ、近代が失った大切なものを思い起こしたい。かつては港相互を結ぶ地域でのネットワークが成立し、文化的な交流を形成していた、という事実が重要だ。それは日本においても、瀬戸内ばかりか、北陸や伊勢湾・知多半島など、全国各地に見られた。地中海世界には、アドリア海にも、ティレニア海にも、そしてエーゲ海にも、あるいはイタリアと北アフリカとの間にも、そうした海を媒介とした経済・文化のネットワークが濃密に形成されていた。鉄道が、そして車がそれを失わせた。二一世紀には、こうした地域間のネットワークが一層重要になるはずだ。飛行機で点から点に簡単に移動できてしまう今日、いかに地域が有機的に連携し、文化的アイデンティティを再興できるか、港町から学ぶことは多い。

都市と港の関係をさまざまな視点から再考することは、二一世紀を生きる我々にとって、ますます重要なテーマになるに違いない。イタリアを中心に地中海を舞台として、この本では以上のような点についても考えてみたい。

ヴェネツィアの運河　網の目のような運河は、水の循環系であり、あらゆる物を運ぶ動脈でもある。著者撮影

生活空間の歴史を探る

歩き、観察して描く

本書は、このシリーズの中でも、いささか独特の記述スタイルをとる巻にしたい。石や煉《れん》瓦《が》でつくられた地中海世界の都市には、歴史の重なりがそのまま視覚化されている。私自身、建築史、都市形成史を専門とする立場として、イタリアを中心とする地中海の海洋都市をめぐり、できるだけ、実際の建物、街路、広場、港の風景などを観察しながら、歴史を読み解く方法をとっていきたい。同時に、人々の暮らしの場に入り込みながら、海洋都市の生活空間がどうつくられたかを考えたい。そして、今なお海洋都市のスピリットが市民の間に生きていることをリアルに描いていこう。

そもそも世界各地に、人類が築き上げた歴史を物語る素晴らしいモニュメントや都市が存在する。それらは、支配者の栄光の歴史を物語ると同時に、民衆の知恵や技術、センスの表現でもある。人々は土地の気候風土に合った社会経済の構造や生活スタイル、そして建築や住居の形式をつくり上げたが、同時に民族相互の争いと交流のなかで、モノも人も技術も移動し、文化がダイナミックに伝播した。こうした視点からみた人類の歴史は、今なお都市や地域の風景の中に刻印されている。書き残された文字や絵画の史料に拠るばかりでなく、歴史の情報をたっぷり留める実際の都市を歩き、その構造を観察する中から、場所の歴史を再構成していく方法も有効だ。イタリアをはじめ地中海世界の海洋都市は、まさにそれがぴったりの対象だ。こうした歴史の舞台を、楽しみながら訪問していきたい。

結ぶ海、さえぎる海

海という存在は、相反する性格を示す。その向こうとこちらを結んで交流を育む水面であると同時に、相互の行き来を難しくする障壁や結界《けっかい》でもありえた。

だが古来、とりわけ地中海世界では、海上交通が盛んで、多くの船が行き交い、人とモノと情報を運び、各地に高度な都市文明を開花させた。地中海周辺地域は多民族、多言語、多宗教で、交流と同時に利害の対立も多く、戦いの連続でもあった。とくに中世にはイスラーム教が広がって、十字軍に象徴されるように、熾烈な争いの舞台ともなった。海はこうして、交流の場であると同時に、戦いの場でもあるという、まさに両義的な意味をもった。

メソポタミア、エジプトの文明、そしてクレタ・ミケーネ文明が衰えた後の古代の地中海は、ギリシア、フェニキア、そしてローマが勢力を分け合い、高度な文化を築き上げていた。やがてローマが地中海の覇権のすべてを握り、ローマの平和を謳歌。各地にローマ都市が建設された。フェニキア、ギリシア、ヘレニズム都市を受け継ぐ形で繁栄を迎えた都市も多い。その姿は堂々たる遺跡として今も残されている。

やがてローマ帝国が東西に分裂。中世初期に、ゲルマン系異民族の侵入の危機にさらされた元のローマンタウンの住民たちは、安全な地に逃れた。ゲルマンの連中は船が使えない。

岬の先や海に浮かぶ島、背後に山を控える海辺の土地が、格好の避難地となった。アドリア海の東岸のかつてヴェネツィアの支配下に置かれた地域を北上すると、ドブロヴニク（かつてのラグーザ）、ザダル（かつてのザーラ）のように、人々が島に逃げこんで都市をつくったという場所に、いくつも出会える。イタリアへの国境を越え、ヴェネツィアの北方に位置するグラードの町も、海に突き出る島に逃げた人たちによって建設された。そうたどってくると、ラグーナ（潟）の浅い内海の水上に都市をつくったヴェネツィアだけが特殊だったのではないことが、よくわかる。

そして、アマルフィ。ナポリ周辺の肥沃《ひよく》なカンパーニア地方の平野には、ローマ時代の都市が数多くあった。それらが異民族の侵入で危うくなった時、人々は背後に崖が迫り、猫の額のようなわずかな土地が海に開く渓谷の地、アマルフィを最高の隠れ家として選んだのだ。一見、ヴェネツィアとアマルフィはその立地も都市の形態も対極にあるようにみえる。だが、こうして激動の中世初期に、船を使えないゲルマン系の異民族の侵入から逃れて安全な土地にできたという点で、実は共通しているのである。

いずれの都市の人々も、船を造り、また操る技術に長《た》けていた。しかも、海に開く立地条件は、航海に出るのにもってこいだ。こうして、海洋都市の萌芽があらわれた。

東方からの影響

特に、アマルフィは早くからビザンツ、アラブ世界と交流をもち、世界で最初に羅針盤を

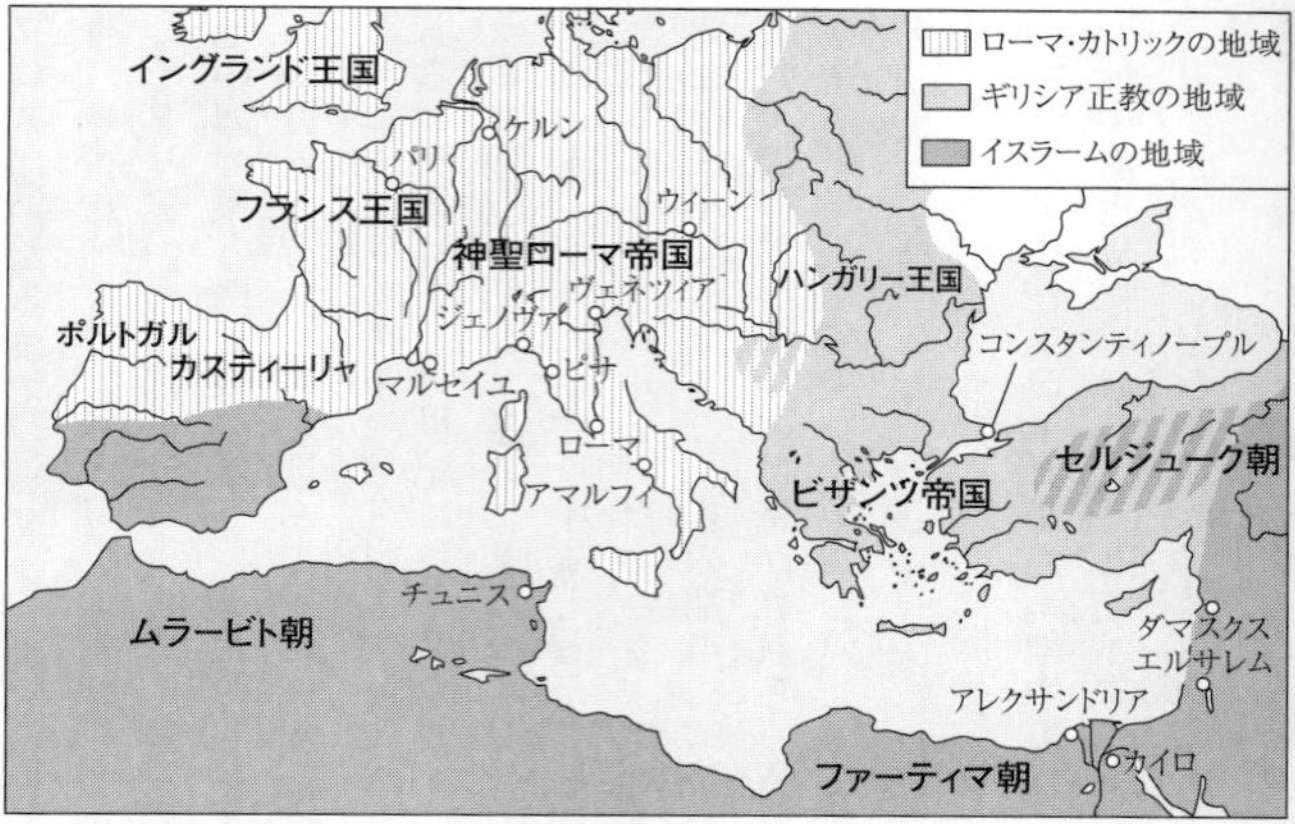

12世紀頃の地中海地域の勢力と主な都市

航海に活用し、海洋都市の雄として地中海に君臨した。それに次いで、同じティレニア海のピサ、ジェノヴァ、アドリア海のヴェネツィアが台頭し、地中海での勢力争いへと展開した。

これらのイタリア海洋都市の活躍で、ローマ帝国の崩壊以後、商業経済が停滞し、都市が衰退していた西ヨーロッパに活気が蘇ったのである。

イタリアの中世海洋都市は、コンスタンティノープル（現、イスタンブル）、アレクサンドリアなどに彼らの商業、交易拠点を置いて、ビザンツ、アラブ世界との交易で富を得た。シリアに、そして黒海の方面にまで勢力を伸ばした都市もある。ヴェネツィアを中心とする第四回十字軍は、ビザンツ帝国の内紛に乗じて、コンスタンティノープルを陥落させ、以後、ヴェネツィアがギリシア各地、キプロスにいたるまで、ビザンツ帝国から領土を得て広大な植民地を形成した。こうした利権、覇権をめぐり、イタリアの海洋都市同士は、しばしば対立し、戦いで血を流した。

イタリアの海洋都市はこうして中継貿易で巨大な財をなしたが、一二世紀の頃でみると、地中海の東と西を較べると、文化のレベル差は歴然としており、東方のビザンツ、イスラームの世界の方がずっと進んでいた。先端文化に憧れるイタリアの諸都市は、建築や美術の分野で、あるいは都市づくりの面で、ビザンツ、イスラーム世界から大きな影響を受けたのである。例えば、一一世紀にヴェネツィアがサン・マルコ広場に、都市の中心的教会、サン・マルコ聖堂を建設するのに、西ヨーロッパにはモデルになる例がなく、コンスタンティノープルの十二使徒教会堂を手本としたことが知られている。

パレルモ、サレルノ、ヴェネツィアなどは、オリエントの文化を採り入れる窓口として重要な役割を演じた。これらの都市に、ビザンツやイスラームの高度な美意識を示す美しい建築、美術作品が多いのに驚かされる。異文化の香りが感じられるこうした海洋都市は、町をウォッチングして歩くのが楽しい。さまざまな街角に、オリエント風のアーチやレリーフなど、面白い発見がある。アマルフィにはアラブ式の風呂(ハンマーム)の遺構まで残っている。

マクニールとブローデルの「地中海」

地中海世界におけるこうしたイタリアの海洋都市の活躍を大きな視野から初めて見事に描き出したのは、W・H・マクニールのヴェネツィアに関する著作で、シカゴで一九七四年に出版された。図らずも、私がヴェネツィアに留学していた時期にあたる。この画期的な本は幸いにも、日本におけるイタリア経済史研究のパイオニア、清水廣一郎の訳で『ヴェネツィア――東西ヨーロッパのかなめ　1081―1797』として一九七九年に岩波書店から出版され、帰国して間もない頃、私もそれを読んで目を開かされた。留学中に、陸路でイランまで出かけ、途中イスタンブルの素晴らしさに感動し、イスラーム文化の高さに驚かされていただけに、興奮しながら一気に読んだのを思い出す。

ヨーロッパの都市史を学ぶにもまだ限られた本しかなかった大学の学部時代の一九七〇年頃、ベルギーの歴史家アンリ・ピレンヌが戦前に示した古代世界から中世初期の世界への移行についての有名な学説に私も関心をもった。「マホメットなくしてシャルルマーニュなし」という文句に象徴されるように、地中海がイスラームの征服によって、商業地域として閉ざされてはじめて、古代の経済生活や古代文化の最後の名残が消滅して西ヨーロッパが発生した、というものだ。とっくに乗り越えられた学説とはいえ、魅力ある史観であった。

一方、マクニールの研究は、地中海世界のイメージを大きく変えてくれた。ヴェネツィアを中心に、ジェノヴァ、ピサなどのレヴァント（東地中海沿岸地方）での多様な活躍から衰退までを時間を追って詳細に描き出し（ちなみに、アマルフィはマクニールの本にはほとんど登場しない）、西方のラテン・キリスト教世界の人々とレヴァントのギリシア人、スラヴ人、トルコ人、アラブ人との間に繰り広げられた争いと交流の歴史を見事に記述したのである。西ヨーロッパ人によるレヴァント各地への進出で、遠隔地交易がダイナミックに展開された姿が描かれるが、同時にそれを支えた技術的、社会的な基盤として、軍事、造船、農業の技術、企業や行政のための管理技術の重要性までもが指摘されたのである。

オスマン帝国の進出、その勢力の拡大でヴェネツィアとの対立が深まるが、平常はその両者の間には良好な関係が築かれ、海上や港での活動に秩序が保たれていたのである。一六六九年にヴェネツィアはクレタ島をオスマン帝国に明け渡すことになるが、一六世紀、一七世紀前半を通して、ヴェネツィアと東の世界の交流はいまだ活発だった。

マクニールは、ヴェネツィアが共和国崩壊まで持ち続けた東方正教会との強い結びつきの重要性を強調する。特にヴェネツィア領クレタは、イタリアとギリシアの文化が相互に混じり、肥沃な社会風土を生んでいた。また、ヴェネツィア共和国にとって重要なパドヴァ大学は、東方との繋がり、交流を強く有し、一六世紀と一七世紀において東方正教世界に著しい吸引力をもったという。ヴェネツィアの政策はしばしば反教皇的であり、それを受け思想の自由を求めてローマ・カトリックに抵抗を示したパドヴァ大学は、東方正教の学生たちにとって魅力的で、多くの学生がここに医学や哲学を学びに集まったのである。

一六世紀となると、ジェノヴァやヴェネツィアに加え、大国にのし上がったスペインの勢力が地中海に大きく広がった。フェルナン・ブローデルの名著『地中海』（原題は、『フェリペ二世時代の地中海と地中海世界』。邦訳は、浜名優美訳、藤原書店、全五巻、一九九一～九五年）は、一六世紀のスペイン帝国とオスマン帝国が地中海の覇権を争っている時代を扱い、地中海という海と、それを取り巻く地中海世界として海からみた歴史を書き、従来の陸地の領土国家発展の歴史とは違う見方を提供して、大きな影響を与えた。

日本のイタリア中世都市研究

日本にも、イタリア中世社会経済史研究の草分け的存在が二人いた。その一人が清水廣一郎（一九三五～八八年）で、フィレンツェを中心にヴェネツィア、ピサなどを研究し、前述のマクニールの著書の訳業でもよく知られる。もう一人は留学先のイタリアに生涯住み続けて研究に取り組み、ボローニャ大学教授でもあった星野秀利（一九二九～九一年）で、イタリア各地の文書館・資料館所蔵の一級の原史料を駆使して、ルネサンスの経済的基盤であったフィレンツェ毛織物工業を西欧地中海経済史に長期動態的に位置づける著書を本場フィレンツェで一九八〇年に出版し、欧米学界においても高い評価を受けた（邦訳は、齊藤寛海《ひろみ》訳『中世後期フィレンツェ毛織物工業史』名古屋大学出版会、一九九五年）。

　これら二人の先達から薫陶《くんとう》を受け、フィレンツェ、ヴェネツィアなどの中世後期のイタリアの商業と都市について研究を大きく発展させているこの分野の第一人者が、齊藤寛海である（『中世後期イタリアの商業と都市』知泉書館、二〇〇二年）。ヴェネツィア、ジェノヴァなどによって取引された商品の種類の変化とその背景を時代ごとにくわしく論じ、また、航海で活躍したガレー商船、一本マストで一枚の横帆を備えたコグ船、丸型帆船などの船についても説明している。

　中でも最も興味を引かれるのは、ヴェネツィアによって海上商業を妨害されてきたラグーザとアンコナが、オスマン帝国と友好関係を結んで東地中海に進出したことが、ヴェネツィアの海上交易の独占に大きな痛手となった、という齊藤の指摘である。一六世紀初め、ポルトガルの東インド商業の影響で、ヴェネツィアに入荷するレヴァント商品、特に胡椒《こしょう》が激減したが、一五三〇年代になると、オスマン帝国の保護のもとに、ムスリム商人がインド洋商業に復帰し、レヴァント経由でイタリアにいたる地中海の商路が復活した。しかし、ラグーザとアンコナの台頭によって、ヴェネツィアは香辛料を中心とする利益の高い商業をもはや独占できなかったというのだ。当時トルコの市場と活発に取引したフィレンツェ商人も、その重要な商品の毛織物などの輸出をもっぱらアンコナ経由で行い、ヴェネツィアの独占は完全に崩れたという。一方、ジェノヴァ人たちは、一五世紀後半以降、西方に商業活動の重心を移動し、ポルトガル、カスティーリャの大西洋商業に積極的に参加した。ヴェネツィア、ジェノヴァなどが地中海商業の主役だった時代がこうして終わりを告げたことを、齊藤は明快に論じている。

海の民の信仰と祭り

海に面した港をもつ都市は、交易活動のための地の利に恵まれ、財をなしえたが、同時に、外国勢力によって攻撃の対象となりやすく、堅固な城壁で守り固めなければならなかった。本書には、中世に地中海で華やかに活躍した四大海洋都市ばかりか、むしろ一七～一八世紀に台頭した海港都市も登場する。遅れてきた海洋都市といえるかもしれない。南イタリアのプーリア地方のモノーポリ、ガッリーポリは、後背地の豊かな田園でオリーブ栽培が活発に行われたが、そのオイルを食用ではなく、照明用の製品としてアルプス以北の国々に大量に輸出し、経済的な繁栄を実現し、バロックの美しい都市をつくり上げたのである。これらの都市も、中世から堅固な守りを固めていたが、とりわけ一六世紀に、ルネサンスの築城論に基づき、城（カステッロ）と城壁を一段と堅固な構造に築き上げた。

モノーポリの海辺　中世以来、堅固な城壁で守られた海岸も、リゾート化が進んできた。著者撮影

海は多くの恵みをもたらしたが、危険につきまとわれた場所であり、海の民の間には、厚い信仰心が育まれた。海の近くに祀られた教会が多くあり、また安全を祈り海との共生・繁栄を願う水上の宗教行列も、イタリアの海洋都市の各地で今なお見られる。その中でも印象深いのは、第六章で述べるモノーポリの聖母マリアの祭りである。夕刻の時間帯、筏《いかだ》に乗った聖母マリアの像が海上を厳粛にゆっくりと進み、大勢の人々が待ち受ける港に到着するのだ。

この町の人々の間には、マリア信仰がすこぶる強い。どの家の中にも、マリアの図像が飾られ、敬虔な気持ちが感じられる。町を歩いても、路地の突き当たり、路上に架かるトンネルの内部など、随所にマリア像の祠があるのが特徴だ。

陽気なイタリアだから、カーニバルのような楽しく華やかな祭りが多いと思いがちだが、意外にそうではない。敬虔で厳粛な祭りが多く、聖人像を担ぐ宗教行列も実に整然と厳かに行われる。

イタリアの人たちと長く付きあっていると、日本人のイタリアに対するイメージが偏っていることをいつも痛感する。特にナポリに代表される人生観、「カンターレ、マンジャーレ、アモーレ（歌って、食って、愛せ）」。人生を謳歌し、楽しく明るい性格ばかりが強調される。だが、例えば、戦後、人気を博した「自転車泥棒」「にがい米」などネオレアリズモのイタリア映画には、重くて暗い生真面目な表現が多いのを、どなたも思い起こすであろう。また、「アイーダ」「トスカ」のように、イタリア・オペラの作品には、彼らがドラマティックな展開を好むこともあって、悲劇的なエンディングが待ち受けていることが実に多い。イタリア文化の中には、このように明暗の二重の構造があり、だからこそこの国の社会、文化の厚みがあって、興味が尽きないのだ。

本書の意図するもの

本書では、中世の歴史を華やかに飾った四つの海洋都市、アマルフィ、ピサ、ジェノヴァ、ヴェネツィアが主役を演ずるが、他にもナポリ、ポルト・ヴェーネレ、アドリア海側では、ドブロヴニク、モノーポリ、さらにガッリーポリなど、重要でかつ魅力的な海洋都市も数多く登場させ、脇役としての味を語らせたいと思う。また、特に大きな勢力をもった四つの海洋都市がオリエントに進出し、拠点としたいくつかの町についてもぜひ触れていこう。オリエントとの交流のなかで培われたこれらの海洋都市のスピリットと美意識を描いてみたい。

海洋都市の歴史は、中世で終わってしまうのではない。アマルフィこそ、中世の後期には主役の座から降りてしまうが、また一八世紀末、いわゆるグランドツアーの時代の終盤に、その海洋都市の経験が培ったアラブ・イスラーム色の強いエキゾチックな都市の風景が、北から来るヨーロッパの人々に注目され、エリートたちの観光地となっていく。

ピサは、中世末にフィレンツェのメディチ家の支配下に入り、共和制の海洋都市としての自治は終わるが、メディチの下でアルノ川沿いに美しい都市をつくりあげ、また堂々たる造船所を建造した。同時に、外港都市リヴォルノを理想都市として建設するなど、新たな海洋都市としての歴史を重ねていったのである。

ヴェネツィアはルネサンス、バロックを通じて、常に歴史の表舞台で演じ続けてきた。今も、海洋都市の性格をアピールしながら、世界の人々を魅了している。「ヴェネツィア国際水都センター」という名の、世界の水の都市に関する研究交流を進め、その再生への活動を多彩に展開するヴェネツィアにいかにもふさわしい国際機関が設けられ、私の親友、ブルットメッソ氏が雑誌発行、国際会議、面白い展覧会を次々に実現し、世界をまたにかけて活躍してきた。

このヴェネツィアとともに、海洋都市をアピールするジェノヴァの近年の動きは注目に値する。古い港のまわりを、歴史的な建築物の保存活用と斬新なデザインの建築の設計とを組み合わせ、大胆な発想で再生するのに成功している。その主役は、地元ジェノヴァの出身で、世界的に有名になったレンゾ・ピアノである。マスタープランに加え、いくつかの施設のデザインを手掛けている。サミットを誘致したし、欧州文化首都にも選ばれ、都市の再生にめっぽう力を入れているのである。

本書では、そうしたイタリア海洋都市の歴史のいくつもの重なりに注目したいし、同時に、その精神を受け継いだ今の息吹をも紹介していきたい。

第一章　水上都市・ヴェネツィア

迷宮都市の誕生

一〇〇〇年にわたる栄光

イタリアが誇る四大海洋都市のなかで、その栄光を最も長く維持し、高度に発達した都市文化を継続させたのが、ヴェネツィアである。ほぼ一〇〇〇年にわたり自由と独立を保ち、共和国として存在し続けたヴェネツィア。「アドリア海の花嫁」と称され、地中海世界の諸地域と交流する海洋都市として、その独自の生き方を貫き、個性ある文化を育んだヴェネツィア。この都市には、海に開かれた地の利を生かし、古代以来、地中海世界で育まれた知恵、技術、センスのすべてが結集された。

とりわけ一二～一三世紀の頃には、ローマ帝国滅亡後、都市が衰退し農村的性格の社会をベースとしていた西のヨーロッパに比べ、古代文明を直接的、連続的に受け継いだビザンツ、イスラームの東方世界の方が、ずっと経済活動が活発で、都市文化も華やかだった。しかもシルクロードによって中国まで繋がり、先進的な文化、都市社会をもった東方世界と密接に結びついたことで、ヴェネツィアは、人とモノと情報をたっぷり集め、華麗な水の都を

パラッツォ・ドゥカーレ　ヴェネツィア共和国の総督の宮殿。サン・マルコ小広場とラグーナ（潟）の内海に面する。細部まで壮麗に装飾されている（左）

築き上げた。西欧の一角、イタリアにありながら、オリエントの香りを感じさせる独特の都市の雰囲気をもったのだ。

もちろん、東方にヴェネツィアのような水上都市はない。しかし、東方、とりわけアラブのイスラーム世界の都市風景とヴェネツィアのそれとの間には、驚くほどの類似性がある。両側から建物が迫る折れ曲がった狭い道がつくり出す迷宮的な空間にも、ちょっとエキゾチックな形態でそびえる宗教建築のドームにも、貴族の館の正面を飾るポリクロミア（多彩色の装飾）を駆使した美しいファサード（建物の正面外観）にも、東方の偉大なる都市との共通性がたっぷりとみてとれる。さらには、貴族の館の中庭のような隠れた部分にも、アラブの邸宅とよく似た特徴が潜んでいるのである。

ヴェネツィアは他の海洋都市と並んで、東方の先進的な地域へ数多くの商人、旅人を送り出し、交易活動を積極的に展開すると同時に、そこで得た多くの経験と知識を生かしながら、中世の早い段階から経済の繁栄と高度な都市文化を築き上げることができたのである。すでに序章でくわしく述べた通り、イタリア海洋都市の歴史上で果たした役割は重要で、地中海を媒介にした交易活動を通じて、西ヨーロッパに大きな経済的、文化的な刺激がもたらされ、都市の復興、発展に貢献したのである。

ラグーナと運河に守られる

ヴェネツィアを上空から眺める経験は面白い。マルコ・ポーロ空港から国内線で南に向けて飛び立つとき、上空で旋回し、まさにアドリア海の側から、この海洋都市を育んだラグーナ（潟）の独特の風景が眼下に広がる。ヴェネツィアの原風景といってもよい。浅い内海が広がる中に、水面上にわずかに顔をのぞかせる干潟の土地が見える。その間を蛇行する水の流れがいく筋もある。潮の干満の差によって、地面が水上に現れたり消えたりするデリケートな地形なのだ。

やがて華麗なる水都、ヴェネツィアの姿が手にとるように見えてくる。所々、空き地としての広場をとりながら、ぎっしり建て込んだヴェネツィ

パラッツォ・ドゥカーレの大議会の間　幅25m、奥行き54mの大広間で、壮麗な絵画で飾られている

アは、まるで、浅い内海の水面上に複雑に織り成された絨毯をふわっと浮かべたような、不思議な存在だ。市街地の内部を大小の運河が自在にめぐる姿は、実に有機的である。

周辺のラグーナ自体にも、水の流れる運河（水路）がめぐり、そこだけが航路となっている。それ以外は浅瀬で、間違って入り込めば、船はすぐに座礁してしまう。自由に水上を航行できたのは、その運河の存在、ラグーナの水理を熟知している地元の人だけで、よそ者には、攻め込むこともできない世界であった。

地中海世界の港町の歴史を調べていると、港や海峡の入り口に、船の出入りをコントロールするための鎖が渡されていたという話によく出会う。安全性の高いヴェネツィアでも、九世紀後半、町を貫いて流れる大運河の入り口に、船の出入りをコントロールするための鎖が渡されていたことを史料が伝え、また、大評議会の一三八一年の記録によって、リド島のサン・ニコロ教会近くにあるアドリア海からの入り口を守るために鎖の設置を考えていたことが知られる。とはいえ、堅固な城壁を築き、がっちり守らざるを得ない大陸の他の都市に比べれば、ヴェネツィアは、まさに水によって守られた天然の要塞だったといえる。

世界の人々を魅了する都市、ヴェネツィアが見せる、明るく開放的で華麗な風貌も、ここから生まれた。海におおらかに開いた表玄関、サン・マルコ広場のような華やかな広場は、普通の都市では考えられなかった。大運河にずらっと並んだ、開放的なつくりの商人貴族たちの館も、他の都市にはありえない。普通の都市では、馬車や大勢の人々が往来する街路の喧噪や、内紛が絶えない不安定な町の政治社会的な状況から考えても、家のつくりをそれほ

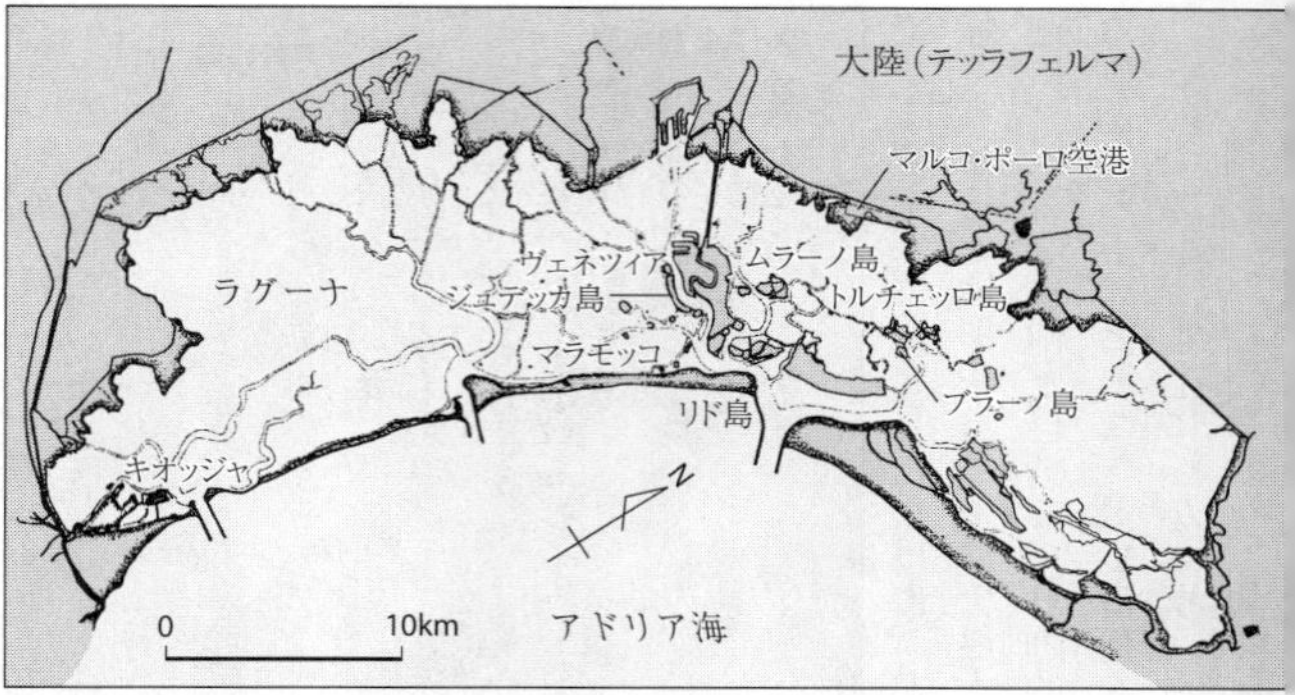

ヴェネツィア周辺　浅いラグーナ（潟）に、運河（点線部分）が何本も通っている

ど外に開くことはできなかった。こんな開放的な構成がかつても今も可能なのは、水に浮かぶスローシティ、ヴェネツィアならではのことである。

中世都市固有の風景

現在みるようにイタリアが統一国家となったのは一九世紀半ばのことで、中世イタリアでは、それぞれの都市が小さな独立した国家だった。中世末期には、南部はシチリア王国やナポリ王国、中部は教皇領、北部はヴェネツィア、フィレンツェ、ジェノヴァ、ミラノなどの都市共和国などに分かれていた。

　中世に発展したイタリアの海洋都市は、どれも独特の自然地形をもつ場所に誕生し、その特徴を生かしながら建設された。その立地の違いが、いかに固有の都市の風景や人々の生活スタイルを生んだのかをみることもこの本の大きなねらいである。

16世紀頃のイタリア半島

アマルフィでは、激動の中世初期に、背後に山が迫る海に開いた渓谷の斜面に都市ができた。ヴェネツィア同様、異民族の侵入から逃れ、安全な地に人々が移住して生まれた。ラグーナの島に安全を求めて中世に人々が移住したヴェネツィアと、その発生がはからずもよく似ているのだ。それに比べ、ピサはアルノ川の下流域に古代から形成された川港の町。ジェノヴァは高台にできた古代の町から出発し、中世には入り江に沿って、海に開く土地に形成された歴史をもつ。

土地の条件を生かし、限られた技術力でそこを上手に開発しただけに、どの都市も、それぞれ変化に富んだ作品としての面白さを強くみせる。地形や自然条件を最大限生かしたのが、ヨーロッパでは中世都市なのであり、逆に、巨大な技術と経済力で計画的、画一的に都市をつくってきた近代人の目に、今、新たな価値あるものとして、高い評価を受けるのである。

その中でも、水上に浮かぶヴェネツィアの特異性は際立っている。こんな、特殊な環境の中に都市をつくろうとは、合理性や科学性を念頭に置くルネサンス以後の人ならまず考えないだろう。安全の確保が第一に求められた中世初期の激動の時代ならではの選択だった。

イタリア半島付け根の東側、ヴェネト地方は、五世紀から七世紀にかけて、北からやってくるフン族、ゴート族、ランゴバルド族の侵入に脅かされていた。大陸側に点在する古代ローマの都市の住民たちは、ラグーナの海岸づたいの岬や島に移らざるを得なかった。これらの防衛上選ばれた場所は、同時に地中海の政治経済の中心、コンスタンティノープルと交易する上でも都合がよく、繁栄を得る可能性を内包していたといえる。そして、六三九年、古代の町、アルティーノの司教がトルチェッロ島に居を移し、司教座聖堂が建設され、これによってラグーナの島々への移住が決定的になった。

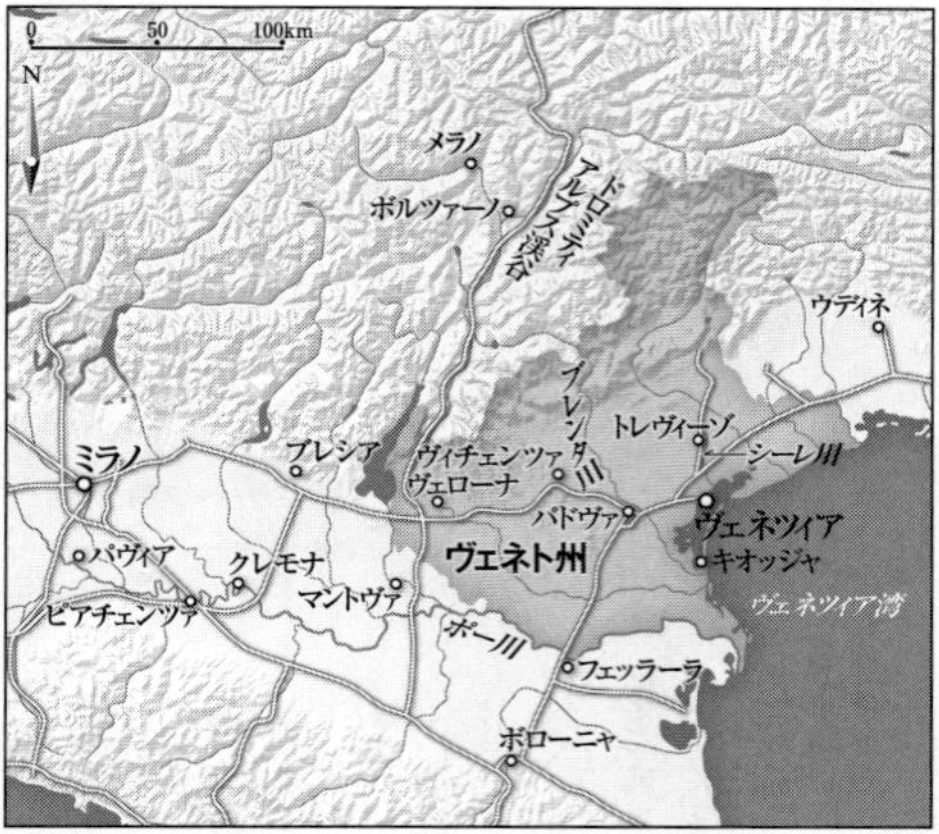

ヴェネト地方周辺

現在のヴェネツィアの地において、早くから重要な役割を与えられたのは、その東端のオリーヴォロ地区である。そこに七五五年、ヴェネツィアで初めての司教座が置かれた。

現在サン・ピエトロ・ディ・カステッロ教会がひっそり建つ町はずれの静かな場所である。

ヴェネツィアの起源

ランゴバルド王国とも関係を保ち、ビザンツ帝国との絆を持ちながら、ラグーナに位置する帝国の属州は、実質的な自治権を徐々に拡大していった。六九七年、ラグーナの水辺地帯に分散していたヴェネツィアの住民は自分たちの中から代表者として総督（ドージェ）を選び、その公邸を核とする小さな自治機構を形成した。その意味で、ヴェネツィアはイタリアで最初の海洋共和国を創り上げたといえる。こうして、すでにヴェネト公国として連合していた人々は、やがて中心をマラモッコに移していた。

800年頃の地中海世界

フランク王国のカール大帝の息子、ピピンが八一〇年にこのマラモッコに進攻したことが、ヴェネツィアの歴史にとって決定的な転換点となった。ラグーナに不慣れなフランク軍の進攻は失敗に終わったものの、ヴェネツィア人は八一一年頃、このフランク王国の脅威から身を守り、公国を強大にするべく、単一の新しい政治的中心の建設を考えることになった。その新たな首都として白羽の矢が立ったのが、ラグーナの真ん中にあって安全上も都合がよく、既存の諸関係に縛られない処女地としての現在のヴェネツィアの地であった。こうしてヴェネツィアはフランク王国の支配下に入らず、ビザンツ帝国の臣民にとどまることができた。

大陸の多くの都市がローマ時代に起源をもつのに対し、ヴェネツィアはこのように、中世にできた都市である。だからこそ、こんなに柔軟に水の環境に適応し、不思議な都市をつくりえた。そもそも安全なラグーナの海は、ローマ時代から船の航行が多く、六世紀には、ビザンツ帝国の皇帝につかえるカシオドロという人物が、ヴェネツィアの島に漁と塩焼きで生計を立てる人々が鳥の巣のような家に分散して住んでいることを手紙に書き残している。塩の売買はこの地に住む人々にとって、早くから重要な産業であった。

サン・マルコ聖堂　ファサードは聖人像やモザイク画で装飾されている。著者撮影

一九九〇年代に、ラグーナのトルチェッロ島近くの水中から、古代ローマの別荘が発掘され、ヴェネツィアの起源に関する論争が起こった。古代には、現在よりもラグーナの水位が低く、農地として開発された土地が広がっていたという説も唱えられた。

しかし、現在のヴェネツィアの地で、本格的な都市の建設が開始されたのは、やはり九世紀の初頭のことと考えてよい。沼沢地《しょうたく》に数多くの島が集まって一種の群島を形成し、島と島の間には水面が広がり、ボートで行き来するしかなかった。全体として土地がやや高くなっていたため、リヴォアルト（高い岸）と呼ばれた場所から、町づくりが始まった。現在のリアルト市場あたりをリアルトと呼ぶのは、むしろ後からの言い方であり、当時は、今のヴェネツィアの中心部に大きく広がる一帯を指していた。

サン・マルコ聖堂と総督宮殿

九世紀前半にヴェネツィアは大きく動いた。リヴォアルトへの首都の移転にともない、サン・マルコ広場がやがて形成されることになる海に面した一画に総督宮殿（パラッツォ・ドゥカーレ）がつくられ、またその東の島に重要なサン・ザッカリア修道院ができて、都市の中心が生まれた。

八二八年、福音史家の一人、聖マルコの遺骸がアレクサンドリアから盗み出され、ヴェネツィアの地に運ばれた。実は、ビザンツ帝国からの完全な独立を焦がれるヴェネツィア人の手で、ギリシア系の聖テオドルスに代わる、新たな町の守護聖人として祭るために、持ってこられたのである。

その遺骸を安置するための礼拝堂が、総督の私設礼拝堂として建設され、サン・マルコ聖堂が生まれた。総督宮殿とサン・マルコ聖堂が南北に並んでつくられたのである。イタリアの主要な都市では、たいてい宗教権力の中心の大聖堂と世俗権力の市庁舎は離れた位置に置かれるのに対し、ヴェネツィアでは一体化し、この一画の政治的、宗教的意味が極めて大きくなった。そこには、政教が一致して強大な力を発揮したビザンツ世界との類似性をみることもできよう。

「海との結婚」と「王の入市」

もう一度、ラグーナという特異な地形の上に中世の激動期に誕生したこの町の立地をみておこう。大陸（テッラフェルマ）から多くの河川が流れ込み、土砂を運んだため、浅瀬が生まれ、一方、アドリア海の波の力との拮抗の中で、リドからマラモッコ、キオッジャへと伸びる自然の防波堤のような細長い島が形成された。その途中の三ヵ所にある小さな海峡で外

聖マルコの遺骸を運び出す船　サン・マルコ聖堂の「黄金の衝立（パーラ・ドーロ）」に描かれた絵

サン・マルコ聖堂の内部　ほの暗い堂内の天井や壁面は、ビザンツの教会にならい、聖書のエピソードを描いた金色のモザイクが渋く輝く。著者撮影

海との結婚　18世紀のヴェネツィアの画家・カナレットが描いた「ブチントーロの帰還」。1730年頃

と内の海が繋がり、常に海水が出入りしてラグーナの水が浄化される。

三ヵ所とも、ヴェネツィアにとって大切な、船が出入りする役割をもつが、とりわけリドの所に開く海峡が重要で、そこが歴史上、港（ポルト）と呼ばれてきた。そこからラグーナに入る船は、前方の水上に、徐々に姿を見せてくる浮き島の都市、ヴェネツィアの壮麗な姿に圧倒されたのである。

戦いが絶えない大陸のふつうの都市では、城壁によって内と外が区切られる。それに対し、天然の要塞で城壁を必要としないヴェネツィアの人々にとっては、アドリア海は危険をともなう〈外〉の海であり、ラグーナは勝手知ったる穏やかな〈内〉なる海であった。

このことが最も象徴的に表れるのが中世の早い時期から行われてきた、「海との結婚」と呼ばれる国家最大の祭礼であった。ヨーロッパのキリスト教文化には、「水」に聖なる意味を見出すという考えはあまりないが、この祭礼は、水とともに生きてきたヴェネツィアらしく、どこか異教的ともいえる聖なる水のイメージを強く感じさせるイベントなのである。

海と祝祭　上は、ヴェネツィアで7月第3日曜日に行われるレデントーレの舟祭り。16世紀、ペストの流行がおさまったことに感謝して建てられたレデントーレ教会の祭礼。下は、「海との結婚」の祭礼。ヴェネツィア市長らを乗せた船が、アドリア海の入り口に向かう。河名木ひろし撮影（2点とも）

キリスト昇天祭（復活祭から四〇日後の木曜日で、ふつう五〜六月）の日に、サン・マルコの岸辺から、金箔《きんぱく》で飾られたお召《め》し船（ブチントーロ）で水上パレードを行った後、内なるラグーナから外なるアドリア海に出る所で、総督が金の指輪を海に投げ込み、「海よ。永遠の海洋支配を祈念してヴェネツィアは汝と結婚せり」と唱えた。神聖な水に祈りを捧げ、海の上での永遠の支配と都市の繁栄と平和を祈願したのである。常に危険が待ち構える荒々しい海に乗りだすヴェネツィアの人々の心の中に、水への恐怖と畏敬《いけい》の念が生まれるのは当然だった。そして、ここに内なるラグーナ、外なるアドリア海という意識が明白に表現されたといえる。

現在ではキリスト昇天祭後の週末に行われるこの「海との結婚」は、美しきアドリア海の花嫁・ヴェネツィアが、男性であるアドリア海（イタリア語で海はil mareで男性）と結ばれる、という官能的な儀礼でもある。さすがにかつてのお召し船は保存されていないが、共和国時代の総督にかわり、三色のタスキをかけたヴェネツィア市長の乗った船を中心に、多くの船による厳かな水上パレードが行われる。そして、リド島の海峡のアドリア海に出るあたりで、金の指輪を海に投げる儀式がとり行われるのだ。その日の一週間後に、市民レガッタ（ヴォガロンガ）も行われるので、ラグーナの水上は大変な賑わいを見せる。ヴェネツィア市民に受け継がれた海洋都市の精神が今も最も象徴的に現れるシーンの一つだ。

内と外の意識に関係するもう一つの例を挙げよう。ヨーロッパ都市の重要な祝祭の一つに、「王の入市」というものがある。支配者、あるいは国賓が都市へ厳粛に入市するのを歓待するために、都市の要人たちが城門まで出迎え、メインストリートを通って都心まで華やかに行列を行うというものである。

それと同じように、ヴェネツィアでは国賓を迎えるために総督らがリド島にまで出向き、そこからラグーナを舞台に水上パレードを行って歓待の意を示した。こうして祝祭という象徴的な行為の中に、都市にとって重要な意味をもつ領域の在り方が可視化されるのである。

都市の〈内〉と〈外〉

都市の内と外の関係は、市民生活のより日常的な次元でも極めて重要である。特に、ラグーナの上に人工環境としてつくられた都市ヴェネツィアにとって、生活に必要な食料のほとんどのものは、外部から供給されなければならない。野菜や果物は、サンテラズモ、マッゾルボ、マラモッコ、キオッジャ、リドなど、ラグーナ内の周辺の島々から供給された。ヴェネツィアには、中心に巨大なリアルト市場があるが、その野菜・果物を扱う区画のかなりの場所が、こうした島から商いにくる人々に特権的な専用空間としてあてがわれていた。

先に、内なるラグーナと述べたが、実は、ラグーナは、内であり同時に外であるという両義的な性格をもつ。野菜や魚を供給する都市外部の農村、漁村がラグーナの中に分布する。

ヴェネツィアの伝統産業であるガラス工業の在り方も、この点からみて興味深い。もともとは、ガラス工場はヴェネツィアの島の中に分布していた。しかし、一二世紀までのヴェネツィアでは、木造の建物が多く、火災に悩まされていた。そこで、危険なガラスの工場を一括して北のムラーノ島に移動させたのである。同時に、職人を離れた島の中に閉じ込めるのは、秘伝の技術流出を防止する上でも都合がよかった。

一八世紀以来、アルメニア人の修道院があるサン・ラッザロ島には、それ以前はらい病患者を収容する病院が置かれていた。ヨーロッパ都市において、当時「悪魔の病」と信じられた、らい病（ハンセン病）や梅毒などについては、通常の病院とはまったく別に、都市周辺部の城壁の近くなどに隔離のための収容所が置かれることが多かった。

都市における墓地の場所も、内と外の関係を考えるのに重要な論点である。一般に、中世以後の前近代のヨーロッパ都市では、キリスト教の考え方によって、死者を葬る墓が生者の都市の中につくられていた。神の家である教会の中に設けられるのが理想であったが、場所が限られているため、一般庶民は教会堂周辺に埋葬されていた。ヴェネツィアには、サント（聖人）、モルティ（死者）、チミテーロ（墓地）などの、墓に関した名をもつ「カンポ」と呼ばれる広場がいくつもある。ところが、ナポレオン占領下での都市の近代化政策の一つとして、都市の北に浮かぶサン・ミケーレ島を整備し、それまで都市の中に分散していた墓をここへ集中させ、共同墓地とした。このようにラグーナの島は、時代によっても異なるが、都市の周縁部にある〈異界〉の性格をもっていたということができよう。

一方、大きな政治的、経済的な次元でみたときの都市の内と外の意識は、やはり時代とともに変化してきた。かつて外の海だったアドリア海は、共和国の海軍が強大になり、安定した支配の下に置かれた一二〜一三世紀には、ヴェネツィア人にとって「我らの海」と考えられるようになった。それは長く続き、一八世紀の地図を見ても、アドリア海にあたる海域はヴェネツィアの湾と表記されている。

後背地との舟運

一五世紀初頭から大陸への本格的な進出も展開し、パドヴァやヴィチェンツァをはじめとする都市を支配下に置き、ヴェネツィア共和国の領土を広げる。しかし、人々の生活意識とより直接結びついた都市の内と外の関係という点では、中世の早い段階から形づくられた海と繋がったヴェネツィアのイメージが基本的には持続してきたとみてよかろう。

ヴェネツィアは、このようにアドリア海を通じて東方諸国と結ばれたが、実は、大陸においても、多くの河川、運河のネットワークによって、早い時期から舟運で他の都市と結ばれていたことを忘れてはならない。ポー川により、フェッラーラ、マントヴァ、クレモナ、ピアチェンツァ間も船で上がれたし、レーノ川でボローニャまで行けた。食料から建設材料まで、すべて外から運び込まねばならない島の都市にとって、こうした船による物資の輸送は極めて重要だった。海洋都市ヴェネツィアも、資源のない自らの土地柄を考え、陸の都市と同じように、周辺の後背地を大切にする姿勢をもっていたのである。

ヴェネツィアの南西部に、広めのジュデッカ運河に面した気持ちのよいザッテレの岸辺がある。南に開いた都市の公共テラスのようで、カフェテラスが水上にいくつも張りだし、市民を楽しませている。そのザッテレとは、筏を意味し、もともと、大陸から筏を組んで木材を下流へ運び、ラグーナを経て、この地に貯木していたのである。

現在でも、パドヴァやトレヴィーゾまで船で上ることができる。パドヴァ方面には、サン・マルコの船着き場から、ブレンタ川沿いにかつてヴェネツィア貴族たちが建てたヴィッラ（別荘）めぐりの遊覧船が出ている。大陸に関心を向けたルネサンス以後のこの町の貴族たちは、「ブルキエッロ」という名の立派な屋根付きの船で、岸辺を行く馬に曳かせながら、川沿いの水辺につくられたヴィッラへ優雅に出掛けた。そんな船旅を今、我々は追体験できるのが嬉しい。川の水のレベル差を調整する装置として所々に閘門《こうもん》（ロックゲート）が設けられ、ゆっくり船が上流に上っていくのである。

シーレ川クルーズを体験

このブレンタ川の船ツアーは、観光ルートとしても知られるが、一方、北のトレヴィーゾ方面から南に流れ、ラグーナに注ぐシーレ川が今も航行可能なことは、意外に知られていない。港町や水辺都市の調査では、できるだけ、船をチャーターし、海や川から都市を観察するのをモットーとする私は、トレヴィーゾの少し南から、家族経営の船会社の船に乗り、この時の調査メンバー六名とともに、シーレ川を下り、ラグーナのブラーノ島までの快適な船旅を試みた。

船長の父親は一九六〇年代まで、船による運送業を経営していたという。現在舟運は廃れてしまったが、この家族はシーレ川を中心に、観光船とパーティー用のクルージングの船を

シーレ川沿いの田園風景　美しいヴィッラが点在する。著者撮影

航行させ、ヴェネツィアの舟運文化を受け継ごうとしている。シーレ川のかつての舟運の歴史を、古写真、絵画史料もふんだんに使って詳細に解説する貴重な本を自費出版し、その本をプレゼントしてくれたのには、驚いた。海洋都市の精神がここにも生きているのだ。

川沿いにはさまざまな風景が展開した。農村風景が開けたり、原生林のような深い緑の中を船が進むこともあった。かつての船の旅人にとっての休憩地の村にそびえる教会の鐘楼《しょうろう》が見えてくる。ブレンタ川と同様、ここでもルネサンスのヴェネツィア貴族たちの洒落《しゃれ》たヴィッラが点在する。下流域には、近代の煉瓦《れんが》でつくられた工場も姿を見せる。閘門も一つあり、水位の差を調整している。シーレ川沿いは、ブレンタ川よりも素朴な知られざる風景があり、よりゆったりとした時間が流れている。船長の奥さんの手料理とワインで船上でのパーティー気分も味わいつつ、風景の変化を楽しめた。漁師の網があちこちに架かる河口付近を抜け、ラグーナに出て、賑わいに満ちた終着地、ブラーノ島に着いた。ヴェネツィアの歴史を知るには、東方に大きく広がる地中海世界とともに、実は、この水の都市の暮らしを支えた大陸側の水のネットワークにも目を向ける必要があることがわかる。

マントヴァ　三方を湖や川に囲まれて成立した、内陸の水の都市。ミンチョ川から見た総督宮殿。著者撮影

ミンチョ川を下る

二〇〇七年の一〇月下旬にも、これと関係する面白い経験ができた。ゴンザーガ家を中心とするルネサンスの宮廷文化で知られる北イタリアの内陸の町、マントヴァを訪ねた時のことである。ここは、中世以来、三方を湖に囲まれた「水の都市」であった。近代に町の南側の水域を埋めたため、今では、北側にミンチョ川の大きな水面が接するにすぎない状態ではあるが、水の都市としての魅力を取り戻す大きな可能性を秘めている。

私の友人で、ローマ大学で教える都市計画家パオラ・ファリーニ教授がマントヴァ市から依頼を受け、隣町のサッビオネータとともに、ゴンザーガ家が生み出したルネサンス文化を誇る都市として世界遺産に登録されるべく、活動を展開してきた（文庫版の注：本書刊行と同じ二〇〇八年、両市の世界遺産登録が実現した）。さらにファリーニ教授は、マントヴァをユニークな内陸の「水の都市」としても評価し始めており、その一環で、私もファリーニ教授とマントヴァを訪ね、市長らとともに、船でミンチョ川を下る視察をした。ゴンザーガ家のパラッツォ・ドゥカーレ（総督宮殿）を川の側から見るのは壮観だった。流域には豊かな自然が保全されているため、自然保護の啓蒙活動をしている若い専門家が途中ずっと解説をしてくれた。イタリアでも都市の歴史や文化のみならず、こうした自然、生態系への関心が高まっている様子がよくわかった。

この船を操縦している船長と親しくなり、舟運に関する貴重な情報を教えてもらえたのも予期せぬ収穫だった。マントヴァからは、ミンチョ川がポー川に合流する少し手前の地点からビアンコ運河に入り、さらに東でポー川に入って、ヴェネツィア方面まで今でも船で簡単に行けるという。途中、ロックゲートが五ヵ所あり、水位の差を調整しながら通行する。マントヴァ周辺の工場地帯とヴェネツィアとの間を、毎日五、六隻の船が行き来しているそうだ。最近は、夏場を中心に、観光ツアー、結婚式などの祝宴、シンポジウムや会議などの目的でも、船が大いに活用されている。雨期で水量の多い三～四月までの冬場は、さらに上流のクレモナからも船でヴェネツィアまで行けるという。

驚いたことにこの船長は、シーレ川でやはり同じように親から受け継いだ舟運文化にこだわり、観光中心の船会社を経営している前述の家族とは船仲間として親しく付き合い、毎年のようにヴェネツィアの水上で懇親を深めているというのだ。ヴェネツィアの船の文化は、アドリア海や地中海ばかりか、内陸の河川、運河にも根強く広がっているのを知ることができた。

「水の都」の基本構造

町づくりの始まり

水上の迷宮都市と呼ぶにふさわしいヴェネツィアは、一体どのように組み立てられているのだろうか。その秘密を解くには、やはり成立初期の状況を探らなければならない。

ヴェネツィアはもともと、小さな島々がわずかに水面上に顔をのぞかせて集まる沼沢地《しょうたく》の一種の群島のような状態にあった。そこに九世紀初頭から、数多くの有力家が島を一つずつ占領し、教会を建て、小さな集落を築くという、一風変わった形で町づくりが始まった。それぞれの島のまわりには葦の湿地や水面が多く、また橋はなく、隣の島との連絡は舟による以外なかった。島と島の間の沼地、水面を埋め立て、水路（リオ）を残しながら、宅地を造成していった。こうして教会のある広場を中心とした小さなスケールの島が、その後のヴェネツィアのコミュニティの基本単位となった。

これらの島は本来、その一つ一つが教会を中心とする教区にあたり、同時に政治的にもコントラーダと呼ばれる行政上の区画にあたっていた。各地区には住民の日常生活の中心としての広場であるカンポがあり、その一画には教会堂とそれに接して教区の象徴としてそびえる高い鐘楼が必ず置かれた。またその島のそれぞれは、都市の開発を進める単位でもあり、とりわけ中世の早い時期には、自足性の強い生活圏にも相当していた。

早い段階では、町の東端の司教座教会のあるオリーヴォロ地区とサン・マルコを核とする中心部に形成され、四二の教区が成立していた。やがて周辺でも都市建設が進み、結局、七二の教区が寄せ木細工のように集まる独特の都市構造ができ上がったのだ。このような意味で、中世ヴェネツィアは、数多くの教区＝地区を中心とする多核的な都市構造をもっていたといえる。

都市の開発は民間の力に大きく依存していた。一一～一二世紀には、埋め立ては民間事業として行われ、個人のイニシアチブが強かったが、やがて国家のコントロールのもとに置かれるようになった。一二八二年に都市計画をつかさどるジュディチ・デル・ピオヴェゴという役職が設けられ（実際には一二二四年から存在）、護岸の建設工事や公的な道の整備を埋め立て事業者に義務づけながら、都市づくりを有効に進めた。一五〇〇年頃までの埋め立て事業の大半は、事実上、民間の土地所有者、または宗教団体の財源で行われた。

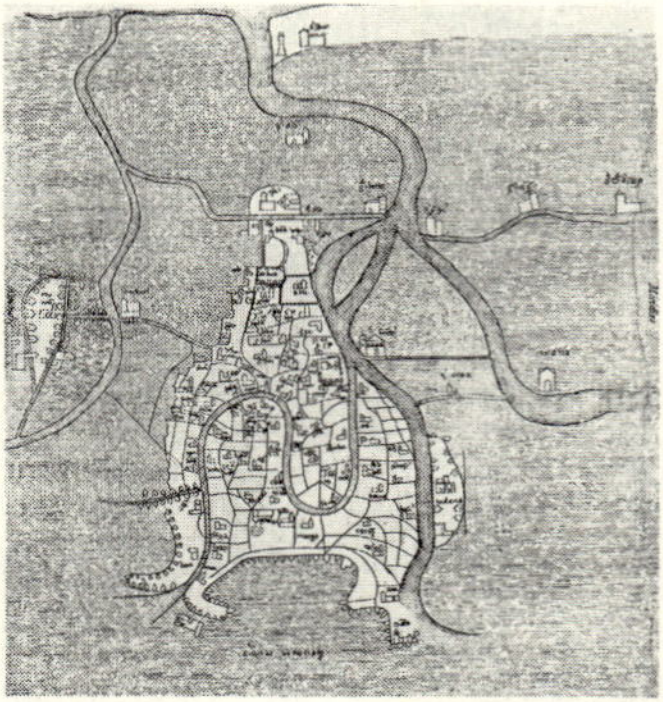

14世紀に描かれたヴェネツィアの古地図　18世紀に建築家テマンツァが発見し、書き写したもの。上が東。G.Cassini, *Piante e vedute prospettiche di Venezia,* 1982.より

土地の埋め立ての認可は、大評議会の管轄であったが、大きなビジョンのもとに系統的に進められたのではなく、個々

の場所の特殊条件に応じながら、個人の所有権を尊重しつつ埋め立てが行われた。その結果、浅い海の微妙な地形条件に順応した、変化にとんだ有機的な土地の形状が生まれたのである。運河や岸辺の歩道が直線的で計画性のある都市空間は、中世の後半につくられたカンナレージョ地区などの周辺部にのみ見出せる。個人の所有権を尊重する考え方はイスラーム教にもユダヤ教にも共通しており、そのことと部分部分が多様で全体が複雑な形態を示す都市のあり方は深く結びついていよう。

東方貿易で繁栄を極め、煉瓦や石で本格的な町づくりを実現しても、生い立ちと結びついたこの独特の都市構造は崩れるどころか、一層強化・洗練され、ルネサンスを迎える一五〇〇年頃には、水の都ヴェネツィアの今日みるような都市の骨格がほぼ完成した。

したがって、一つの中心をもって明快に形成されている都市ではなく、数多くの水路がめぐり、一つ一つの島が地区としての独立性をもつという形で、都市がつくられていった。こうして迷宮状に織りなされる水網都市、ヴェネツィアが形成されたのである。

リオとカッレ、カンポ

一四世紀前半に描かれ、後に一八世紀の建築家トンマーゾ・テマンツァによって発見され、注釈付きで出版された古地図は、初期形成時代を終え、独特の形態を獲得したヴェネツィアの一二世紀頃の様子を示すと考えられている。古い地図の常としてデフォルメが大きいが、当時の人々が重要視していた要素を強調しているので、この都市の構造の本質的特徴が逆に、より適確につかめるのである。町の生命を支える運河システムと、すでに形成された七二のすべての教区教会が鮮明に描かれている。さらにこの地図は、ラグーナをめぐる水路の筋をはっきりとなぞっており、水とともに生きるこの共和国にとって、船の交通がいかに重要であったかを語っている。

沼沢地の上の群島で、島と島の間ももっぱら水路上の船だけで結ばれていたヴェネツィアも、都市の発展に合わせ、島どうしを歩行者ネットワークで結ぶ仕組みを強めていった。こうして生まれたヴェネツィアには、二つの交通路がある。ゴンドラをはじめ数多くの種類のそろった舟のための水路、すなわち運河（リオ）と、島の中をめぐる歩行者専用の道（カッレ）だ。道のネットワークの中には、必ず大きな節としての広場（カンポ）がある。これらの二つの交通路が交差する橋（ポンテ）は、初期には木製で、舟の通行を考えて跳ね上げ橋も多く使われたが、一四〇〇年頃から石の太鼓橋になった。道の舗装も始まり、最初は煉瓦が用いられ、後に石の歩道となった。そして、ヴェネツィアでは、車ばかりか、もともと馬の通行も中世から禁じられた。島の生活は、最初からヒューマンスペースを生み出す必然性をもっていたのだ。

島の中では、まさに手づくりの都市建設が進められた。わずかな土地も無駄にできず、路地を巧みにめぐらしながら、隅々まで有効に開発された。こうして築かれたヴェネツィアの町はまるで生きもののようにうまく織りなされている。

人々の公共空間に対する繊細な感受性も、歴史の中でみがきあげられてきた。その証拠にここでは、都市の空間がいくつかのカテゴリーに明確に区分され、それぞれに方言による独特の名称がついている。生活の中心は何といってもカンポと呼ばれる広場である。島の背骨のような主要道路であれば、サリッザーダ。一般の狭い路地は、カッレ。それに対し、比較的新しい手法の、運河沿いを通る岸辺の道は、フォンダメンタとして区別される。路地（カッレ）からカンポやサリッザーダへ流れ出る所はたいていトンネルになっていて、ソットポルテゴと呼ばれる。ヴェネツィアの町は、これらの多様な単位空間を巧みに組み合わせて、有機的に成り立っている。

さらに、適当な間隔で繰り返し現れる太鼓橋は、町の中を歩くのに、心地よいリズムを生む。しかし、これらの橋は、都市全体の統合が必要になった後の時代に無理やり架けられたものが多く、そのほとんどが捩《ねじ》れた面白い形をしている。このような形成過程を経て、変化に富むヒューマンスケールの魅力的な都市空間が生み出された。

全体をまとめる計画的意思

こうして迷宮都市を生み出したヴェネツィアだが、同時に、都市全体を巧みにまとめ上げる計画的意思が働いたことも見落とせない。まず一二世紀頃、魚のような形をしたヴェネツィアの中央を、逆S字型に貫く大運河（カナル・グランデ）が形成された。この大きな水路も、もともとは大陸から流れ込み、ラグーナをめぐる川筋の一つにあたるものだが、人工的に整備され、水の都市の象徴的な空間軸になった。半分は自然を生かし、そして半分は人工的に計算された水路なのである。この運河には、近代になると、蒸気機関の発明とともに、一八八一年から水上バスが運行されるようになった。

水上バスは、今も市民にとって欠かせない重要な足となっており、潮位の干満差をクリアーするためのフローティングの構造のバス停が、頻繁にとられている。どんな所に住んでいても、水上バスの停留所には数分歩くと着ける便利な構造になっている。

そして、経済の中心リアルト地区の建設にあたっても、絶妙な場所が選ばれている。逆S字型にゆったり流れる大運河のほぼ真ん中にあたり、しかも川幅が狭いから、そこに唯一の橋が架けられ、両岸の行き来がたやすかった。初期には、ボートを横に繋いで並べる仮設の橋だったが、やがて木の跳ね上げ橋がつくられ、さらに一五八〇年代に、今も架かる石造の堂々たるアーチ橋が登場したのである。

一方、九世紀前半から、政治、宗教、文化の中心サン・マルコ広場が、アドリア海からアプローチしやすい南の水面に開く位置につくられ、水の都の表玄関の役割を担った。二本の円柱が門構えをなす華やかな共和国の正面は、世界のウォーターフロントの中でも、群を抜いて美しい。

これらリアルトとサン・マルコに加え、実はもう一つの大きな都市の中心が、この街の東側にずっと寄った位置に形成された。海の共和国ヴェネツィアが誇るアルセナーレ（造船所と海軍基地の機能をもつ）である。一二世紀初頭に最初の核ができ、共和国の力の増大にともない、一四世紀前半に大きく拡張された。アドリア海に近い側でガレー船などの船の出入りには便利な位置にあるが、市街地の内側に隠れた、防御上もより安全な一画が選ばれたのが興味深い。

この位置には、実は、共和国の宗教上の巧みな選択も働いていたのである。ヴェネツィアは、列強が居並ぶ中でバランス外交を巧みにこなし、一〇〇〇年にわたって自治、独立を守った類稀《たぐいまれ》なる都市だが、政治的にばかりか、宗教的にもその独自性を堅持した。そのため、ローマ法王庁に直属する司教座教会を、その影響力を弱める目的で街の東端に位置するオリーヴォロの地に巧みに追いやり、しかも、そのやや西に巨大なアルセナーレを建設することで、中心たるサン・マルコ地区との間に、より大きな隔たりを生み出したのである。

この場所こそ、まだリアルトの地で都市づくりが開始される以前の七五五年に、オリーヴォロの司教座が置かれた由緒あるところにあたる。現在のサン・ピエトロ・ディ・カステッロ教会は九世紀に創建され、何世紀にもわたって司教座が置かれた重要な教会である。しかし、ヴェネツィアの華やかな中心からは遠く離れたこの一帯は、心寂《うらさび》しい感がある。

アルセナーレは軍事中心であるとともに、分業と連結の流れ作業によって効率よく生産できる最新の技術を開発し、周辺地区にも関連の生産部門を発展させて、世界で最初の本格的な工業地帯を形成した。これらの三つの中心が、いずれも水と結びついて成立したことはいうまでもない。

ロベール・ギスカールとの戦い

ヴェネツィアは九世紀頃から、アドリア海、そして地中海へと進出した。近隣諸国と通商平和条約を結び、制海権を握っていった。ダルマツィア、ギリシアの島々、コンスタンティノープル、黒海沿岸の地域まで、ヴェネツィア人は活動を広げていった。二～三本のマストをもつ帆船の船団によって、贅沢品が西の世界に輸送された。中には、九六八年頃、ヴェネツィア人とアマルフィ人とが組んで、内陸の町パヴィアに売られた密輸品の布地（織物）のような商品もあった。

ヴェネツィア人にとって、海上貿易のヘゲモニーを強化する絶好の機会となったのは、ノルマン人たちを統率し南イタリアの覇者になっていたロベール・ギスカール（ロベルト・イル・グイスカルド）とのアドリア海上での戦い（一〇八〇～八五年）であった。ロベールは一〇五九年から一〇七一年の間にギリシア人から南イタリアを奪い、プーリア、カラブリアを支配した。その弟ルッジェーロがパレルモをイスラーム教徒から奪い、シチリアを征服すると、ロベールはルッジェーロをシチリア伯に任命し、ノルマン王朝の基礎が築かれたのである。

ギスカールとは「狡猾な」という意味のあだ名で、策略に優れたロベール・ギスカールは、ローマを征服、略奪した後、コンスタンティノープルでも同じことを企てた。ビザンツ帝国はかくして大きな脅威にさらされていた。

その頃、一方で、イタリアの海洋都市が地中海の各地で海運と商業の優位を確立していた。ビザンツ帝国の皇帝アレクシオス一世コムネノスは、ヴェネツィアと協定を結び、その力でノルマン人に対抗し首都を守るという手段を選択した。すでに一世紀以上、エジプトやコンスタンティノープルとの遠隔貿易で利益を上げていたヴェネツィアにとっても、アドリア海の入り口あたりを威嚇するノルマンは脅威だったのである。この戦いでの功績によって、ヴェネツィアは、それまでアマルフィの役割であった、ビザンツ帝国にとっての西の世界における最も重要な存在となり、コンスタンティノープルをはじめエーゲ海、地中海にある帝国の港での関税を免除される特権を得た。逆に、首都コンスタンティノープルの金角湾《きんかくわん》沿いの中心部に一〇世紀から居住地を認められて活動していたアマルフィの商人は、ヴェネツィア人に税金を払わざるを得ない立場に転じた。ヴェネツィア人の居住地も、一〇八二年に金角湾に沿ったアマルフィの居住地の西側に認められた。店や倉庫や領事館だけでなく、ヴェネツィア船専用の船着き場も置かれた。こうして海上貿易は、ヴェネツィア人の手に集中した。ヴェネツィア人はこの頃、エジプトとの貿易も拡大した。

なお、ロベールはコルフ島攻略中に病に倒れ、一〇八五年死去したが、その息子、ボエマン（ボエモン）は、後の第一回十字軍の際に、恐るべきノルマン戦士たちを率い、アンティオキアやエルサレムに勇名を馳せたのである。

その第一回十字軍（一〇九六〜九九年）であるが、ヴェネツィアの艦隊は、一〇九九年にキリスト教徒がエルサレムを奪還した後にようやく参戦した。それもピサによって擁護されたノルマン人、ボエマンの不利に働くように、エルサレム王ボードワンを推して戦略的に行動したのである。ここでもヴェネツィアとピサの利害は大きく対立していた。

アドリア海を「我らの領域」に

東方貿易が活発になる一二世紀、ヴェネツィアの人々は、ばらばらな商業組織として活動を展開するのではなく、永続的な通商を保証するために、共和国として、制度や体制の確立に乗り出し、経済・社会・文化のあらゆる側面からヴェネツィアの存在を強化することに力を注いだ。とりわけアドリア海において、商業基地をより組織化し、本国政府と直結した組織をその地域にも築いて、ヴェネツィアの影響を強化したのである。こうしてアドリア海はヴェネツィアの海、我らの領域になった。一三世紀になると、それをさらに推し進めるとともに、交易活動により力を注いだ。当時はアドリア海にも地中海にも海賊が横行しており、密輸業者も多かった。ヴェネツィアはそうした海賊から自国の船ばかりか友好国の船を守るという口実のもとに、共和国として結束しながら、艦隊を配備し、制海権を広げた。

ジェノヴァとの争いとマルコ・ポーロ

第四回十字軍（一二〇二～〇四年）において、ヴェネツィアの総督エンリコ・ダンドロは、共和国の艦隊の矛先を変えて、コンスタンティノープルに派遣し、ラテン帝国（一二〇四～六一年）を樹立した。かつて絶対的な強さを誇ったビザンツ帝国に従属していたヴェネツィアが、今やその国を支配する側に回ったのである。ビザンツ国家の弱体化につけ入り、ヴェネツィアは、ペロポネソス半島からキクラデス諸島、そしてクレタ島に領土を獲得し、

コンスタンティノープルの陥落　16〜17世紀の画家、ドメニコ・ティントレットが描いた十字軍の戦闘

オリエントにおけるその支配を広げ強固にした。

しかし、ラテン帝国の基盤は弱く、ヴェネツィアに対抗するジェノヴァ人が同盟を結んだニケーア帝国によって一二六一年に打倒され、再びビザンツ帝国が復活した。ジェノヴァとの海の領域での争いは不可避的だった。海運、貿易のヘゲモニーをめぐって、何度もヴェネツィアとジェノヴァは衝突を繰り返した。ジェノヴァ共和国の船は、クルツォラーリの戦い（一二九八年）で勝利し、ヴェネツィアの商人、マルコ・ポーロ（一二五四〜一三二四年）を捕虜にとらえた。彼は、父親と叔父とともに、モンゴル帝国の皇帝フビライの時代に中国各地をめぐり、長期の滞在で貴重な体験を積んだ人物で、ジェノヴァの監獄において、やはりピサとジェノヴァ間のメロリアの海戦で捕虜になったピサ出身の小説家ルスティケロに、自分の記憶を口述したとされ、それをもとにルスティケロが『東方見聞録』を書いたといわれている。

現在では、マルコ・ポーロの実在そのものを疑問視する向きもある。ただし『東方見聞録』の記述には実際にフビライの近くにいてこそ知りえたことも多いため、複数のヴェネツィア商人の記録を「マルコ・ポーロ」という架空の人物に託して纏《まと》めたのではないかとも考えられている。

造船所と共和国の繁栄

海洋都市ヴェネツィアの発展を支えたのは、偉大なアルセナーレの存在であった。ビザンツ帝国に倣《なら》った国営の造船所として、この施設は一一〇四年に創建され、時代とともに拡大していった。このアルセナーレで、一二七〇年頃から、大きな積載量をもつ海運、交易にとって重要な役割をする巨大な船が建造された。高度な職人技術を擁して、標準化を推し進め、近代のベルトコンベアー・システムを先取りする大量生産の進んだ仕組みを生み出した。規格化が徹底していたから、修理も簡単だった。

一四世紀には、ヴェネツィアの海運に関する法律は、アマルフィの古い時代に生まれた成果を基にしながら、一層精緻な内容に到達した。アルセナーレの職人のための社会経済的な労働条件のよく考えられた形式も確立した。交易活動への国家の直接的な参加も見越していた。

ヴェネツィア共和国は、一五世紀に最大の輝きを誇った。その領土は、イタリア半島の北東地域、ダルマツィア沿岸、そしてギリシアへ、さらにキプロス王、ジャコモ・ディ・ルシニャーノの未亡人、カテリーナ・コルナーロを通じて、キプロスも領有し（一四五四年）、東方に大きく広がった。

ヴェネツィア艦隊は、ヴェネツィア、スペイン、ローマ教皇の連合軍がオスマン帝国軍を破ったレパントの海戦（一五七一年）でも大きく貢献した。名門、モロジーニ家やブラガディン家の血を引くヴェネツィアの海軍大将、隊長たちは、キリスト教を守るためにトルコ人に対して、何度も名誉をかけて勇敢に戦ったのである。

イスラーム世界への窓口

イスラーム世界の都市との共通点

ヴェネツィアと、ギリシアの古典文化やキリスト教を中心とするビザンツ世界との深い結びつきについては、早くから注目され、いろいろと研究されてきた。しかし、イスラーム世界、特にアラブ諸国との関係に大きな光が当てられたのは、比較的最近である。経済史の分野は別として、美術、建築、都市空間にまで目を向け、文化の総体まで広げて、イスラーム世界との密接な結びつきを掘り起こそうとする動きはごく新しい。

その旗頭は、もともとヴェネツィアにおけるルネサンス建築のオーソドックスな研究で知られる、イギリス人の女性建築史家、D・ハワードである。その著書『ヴェニスと東方』（二〇〇〇年）で彼女は、従来の研究姿勢から大きく脱し、ヴェネツィアとイスラーム世界の建築、都市に多くの点でよく似た性格がみられることに注目して、その両者の視覚的特徴

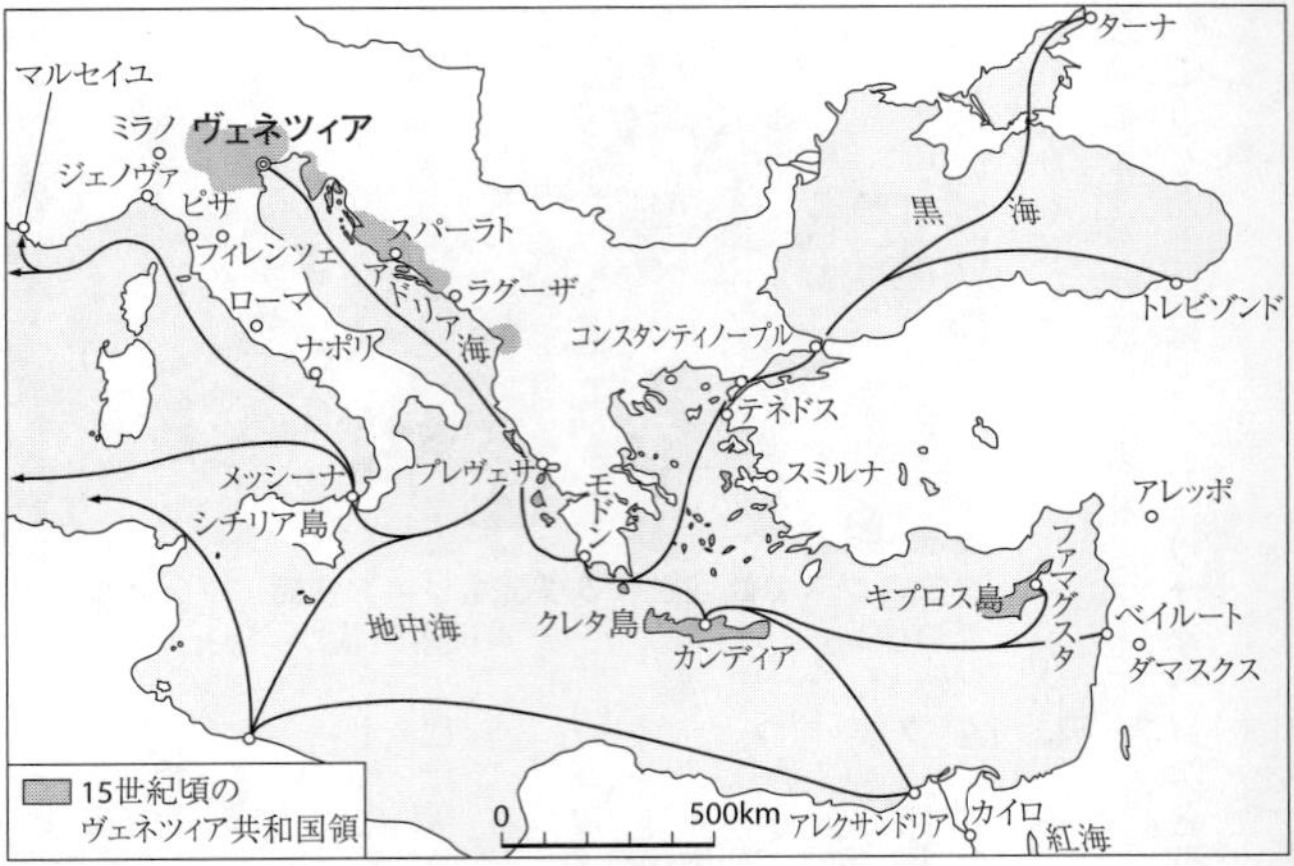

ヴェネツィア商人が訪れた東地中海の都市　永井三明『ヴェネツィアの歴史』（刀水書房、2004年）などをもとに作成

などを注意深く比較しながら、東方の進んだ建築と都市の文化がヴェネツィアに大きな影響を与えたことを論じている。エジプトのアレクサンドリア、カイロ、シリアのアレッポとダマスクスが特に重要な都市として考察の対象とされる。現地で文献史料を集め、現存する建物を観察し、身体で空間や文化の質を感じながら、興味深く考察を進めている。私自身、一九九〇年頃から同じような立場で、ヴェネツィアあるいは南欧の海洋都市とイスラーム世界の都市の関係に目を向けてきただけに、D・ハワードの研究の登場には意を強くする。ヴェネツィアのタウンスケープに認められる、イスラーム世界の都市とも相通ずる特徴を検証していくことは重要である。

ダマスクス、アレッポ、カイロ、アレ

ダマスクスで歓迎されるヴェネツィア使節　ヴェネツィア派の作品。1511年。ルーブル美術館蔵

クサンドリアなどは、いずれも中世を通じて、ヴェネツィア人が訪ね、滞在した。ヴェネツィアの旅行者たちが高度に発達した東方の都市をどのように感じ、どのように捉えたかは、興味深い。特に、マムルーク朝（一二五〇～一五一七年）の首都であるカイロとダマスクスのいずれにも、ヴェネツィアの人たちは親近感を覚え、さらには羨ましいモデルでもあると感じたとD・ハワードは述べる。カイロはちょうどヴェネツィアと同じく人口一五万人を擁する都市だった。

そして彼らが最も賞賛したのは、商業の活気であった。中世のヴェネツィアの商業の賑わいも相当なものだったが、それを圧倒する力があったのであろう。

どの町でも、大モスクのまわりに商業に特化したスーク（市場）が広がり、公的活動の中心として機能する地区がつくられており、人々の住む一般の住宅地とは、明確に分かれている。住宅地は、高密に組み立てられ、狭い道が入り組んで、袋小路も多く、隠された迷宮のような様相をみせる。

こうした性格はどれも、ヴェネツィアと確かに似ている。主要な市場、公共建築がサン・

マルコからリアルトにいたる線上に並び、一方、まわりには複雑に入り組んだ住宅地が私的空間として広がり、そこに入り込むとよそ者は方向感覚を失う。

都市の内部にみられる光と影のコントラストも共通している。狭くて昼でも薄暗いメルチェリアなどの商店街から、明るい輝きに満ちた回廊のめぐるサン・マルコ広場に躍り出たときの華やかさは、シリアのアレッポでゴミゴミしたスークから大きいモスクの広い中庭に入った時の気分と見事に重なる。このように両者の間にみられる共通性は枚挙《まいきょ》に遑《いとま》がない。とはいえ、アーチの形など、建築の装飾的な要素ならアラブからの直接の影響を指摘できるが、こうした都市風景のあり方や空間構成のさまざまな要素がヴェネツィアに持ち込まれたり、影響を与えたことを直接、検証するのは、もちろん簡単ではない。

外国人商館「フォンダコ」

だが幸い、ヴェネツィアがアラブ・イスラーム世界から影響を受けたことが明らかなものがある。「フォンダコ」というちょっと変わったタイプの建築である。ヴェネツィアは東方の商人の都市と同様、大勢の外国人で溢れていた。一五世紀末、フランス大使フィリップ・ドゥ・コミーヌは、「人々の多くは外国人だ」と書き、また、ミラノの司祭カノン・ピエトロ・カソーラは、「すべての世界がここに集まったかのようだ」と印象を記している。

そのヴェネツィアに商売、ビジネスでやってきてある期間滞在する外国人を受け入れたのが、フォンダコである。リアルト橋のたもとのドイツ人商館、その隣のペルシア人商館、ちよっと離れた所にあるトルコ人商館がその典型である。この「フォンダコ」という言葉は実は、北アフリカを中心にしたアラブ圏に広範にみられる「フンドゥク」に由来したものといわれる。マムルーク朝のエジプトで特に用いられたが、モロッコでは今でもこうした施設をフンドゥクと呼んでいる。ペルシア語のキャラバンサライにあたるもので、アラビア語ではハーンと呼ばれることも多く、トルコ語ではハンとなる。つまり隊商宿であり、同時に取引場でもあった。

多くは石造の二階建てで、中庭形式をとり、一階は商品を保管する倉庫および事務所として使われ、二階は宿泊施設に当てられていた。カイロやモロッコのフェスにはもっと多層のものがある。扱う商品はやはりゾーンごとに特徴があった。中庭には噴水があり、心地よい空間となっている。

名称ばかりか、こうした商館という考え方そのものをヴェネツィア人が、交易にかけてはずっと長い経験をもつアラブ・イスラーム世界から学んだことは疑いない。シリアでは、今でも普通のホテルのことをフンドゥクという。

イスラーム世界のヴェネツィア人商館

D・ハワードがヨーロッパの側からイスラーム世界を見るのに対し、マムルーク朝やオスマン朝の歴史を専門とする堀井優は、イスラームの側からイタリアの海洋都市との外交・通商関係、そして異文化接触について論ずる。両者の研究によって、エジプトの重要な貿易港、アレクサンドリアの町に居留するヴェネツィア人やジェノヴァ人の活動の様子を知ることができる。

アレクサンドリアには、長期にわたり、ヴェネツィアの二つのフォンダコがあった。西洋の国としては異例であった。最初のものは、一二世紀にさかのぼり、一一七三年には存在していたことが知られる。第二のものは、一二三八年にヴェネツィアが使用するための権利を獲得した。アレクサンドリアでのヴェネツィアのライバル、ジェノヴァは、一五世紀はじめの短期間、二つのフォンダコをもっていたらしい。

トルコ人商館　フォンダコと呼ばれる商館建築。現在は自然史博物館となっている。著者撮影

一五世紀後半にもその存在が確認できる、ヴェネツィアのこれら二つのフォンダコの正確な場所はわかっていない。ただ、その一つの部屋からは、港の風景が開け、ヴェネツィアの船の到着を眺めることができたという。一五世紀のアレクサンドリアの都市景観形態を描き込んだ地図がある。教会やモニュメントの間に見えるフラット屋根の建物は、ヨーロッパの商人たちのフォンダコを表しているかもしれない。アレクサンドリアはこの二世紀の間に大きく変貌したが、中世のフォンダコの姿を伝えると思える貴重な建物が残っていることを、D・ハワードは報告している。

アレクサンドリアの都市景観　15世紀の写本。ヴァティカン教皇図書館蔵

東地中海におけるヴェネツィアの商人、旅行者にとって、共和国がもつフォンダコは、東方での経験を形づくるのに重要な役割ももった。十字軍の植民地、ダマスクス、アレッポ、そしてビザンツ帝国の各地でも、ヴェネツィア人のローカル・コミュニティの核となるものだった。かつて私はアレッポで、旧市街の喧噪に満ちたスークを訪ねた際に、中庭型の建築である隊商宿（ハーン）の中に、ヴェネツィア共和国の領事館があったという話を聞いたことがある。

　こうしたフォンダコは現地の公権力の管理の下に置かれ、外国人の隔離と同時に彼ら自身と商品の安全のために、夜は鍵がかけられた。ヴェネツィアの地に、同じような考え方のゲットーやフォンダコを生んだ政策にも、イスラーム世界の都市のフォンダコにヴェネツィア人やヨーロッパ人が泊まった経験が反映しているのかもしれない。

　こうしたフォンダコは、実はヴェネツィアの専売特許ではなく、イタリアの交易に生きる都市なら、どこでも広範に見られた。もちろん他の四大海洋都市、アマルフィ、ピサ、ジェノヴァに、そしてナポリにもパレルモにも存在したし、さらには内陸部のヴェローナにもあったという。地中海を舞台に、東方の諸地域と直接、間接的に交流をもった都市には、必ずといっていいくらいにフォンダコがつくられたのである。

制海権を握る

そもそも東方貿易は、中世の西欧の都市にとって、重要な競争的ビジネスであった。ヴェネツィアは八世紀にすでに東方から贅沢品を輸入したという。九九一年、年代記者によれば、総督、ピエトロ・オルセオロ二世はすべてのイスラーム国の君主のもとに大使を派遣した。

十字軍の前、ヴェネツィアの地中海貿易において、ビザンツ帝国の首都、コンスタンティノープルの卓越性は認められていたが、アラブ世界のエジプト、シリアもすでに確立した相手先だった。一一世紀、アレクサンドリアとトリポリは、ヴェネツィアの船乗りにとって、イスラームの重要な港だった。

一三八四年、フィレンツェ人のリオナルド・フレスコバルディは、カ

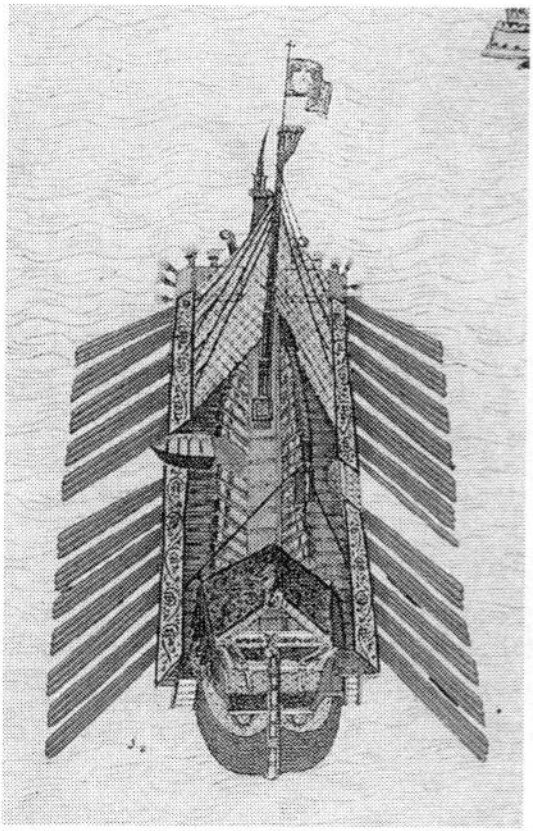

ヴェネツィア人が建造したガレー船　オールで漕ぐ細長い帆船で戦闘力もあった。国立サン・マルコ図書館蔵

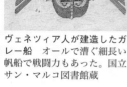

イロではヴェネツィアの金のドゥカートのみが通用する通貨だと述べている。また、一四二〇年、クレタから来たヴェネツィア人の商人エマヌエル・ピロティは、アレクサンドリアとダマスクスの香料市場でヴェネツィアのドゥカートだけが受け付けられると同様の証言を残している。

アマルフィが、そしてピサが、やがてジェノヴァが力を衰退させていくにともない、一四世紀後半から一五世紀には、ヴェネツィアの貿易における他のヨーロッパのライバルに対しての優越性が強まった。

アレクサンドリアとベイルートのガレー船のルートが重要となり、一三四五年から、アレクサンドリアへの公式の護送輸送が毎年一回(時に二回)行われた。ベイルートへは一三七四年以後、規則的に航行した。船はますます大きくなり、香料、木綿の荷の価値は、一五世紀末までコンスタントに増大した。これらのルートは、ヴェネツィアの国家にとっての主要な貿易ルートとなり、地中海における東方貿易のヴェネツィア支配は、圧倒的になった。

東方への輸出品

商業基地を越えて、ヴェネツィアは海洋国として制海権を強く発揮しながら、植民地をつくり上げた。その要塞、城門、公共建築に、植民地の結束をかためるべく獅子のマークを付けさせ、ヴェネツィアの法律、習慣なども持ち込んで、市民の生活面にも影響を深めていった。門閥《もんばつ》家族が個々に交易でも活動し、共和国の一体感をもてなかったジェノヴァには、考

レパントの海戦　1571年、ヴェネツィアを中心とする艦隊が、オスマン軍を破った。アンドレア・ヴィチェンティーノによる、パラッツォ・ドゥカーレを飾る壁画

えられないことでもあった。

ヴェネツィアは地理的には、アドリア海の奥深くに位置し、地中海世界としては周辺といわざるを得ない。だが、アドリア海の制海権を得て、東地中海（レヴァント）に君臨し、東西貿易の中央市場の役割をもつようになったヴェネツィアは、その政治力によって、オリエントからの物資を自分の都市にひとまず集め、ここを経由してからイタリアの諸都市、ヨーロッパ諸国へと流れるような中継ネットワークをつくり上げた。ワイン、オイル、小麦、そして特に高価な香料などが、扱われる主な商品だった。この町に運ばれ、荷揚げされ、一時保管される物資に関税がかけられ、それが共和国の重要な財源になったのである。

逆に、マムルーク領土の手工業の拠点が衰退したことで、テキスタイル、石鹸、紙、ガラスなどの工業におけるヴェネツィアのもつ役割が拡大し、ヨーロッパだけでなく、イスラーム世界へもこれらの商品を輸出するようになった。一五世紀までに、ヴェネツィアからの東方への輸出品として、従来の北ヨーロッパからの毛織物と金属製品に、これらの手工業製品が加わった。また、途中、オリーブ・オイル、蜂蜜、アーモンド、レーズンなどを、船旅の寄港地で積み込み、東方で売った。逆に、木綿、香料、染料、アロマティック、塩が、エジプトとシリアからの主要な輸入品だった。

「ヴェネツィアとイスラーム展」にて

二〇〇七年の夏から秋にかけて、サン・マルコの小広場に面するパラッツォ・ドゥカーレ（総督宮殿）で、「ヴェネツィアとイスラーム」と題する興味深い展覧会が行われた。まずは、パリのアラブ世界研究所で企画・開催され、次いでニューヨークのメトロポリタン美術館でも行われたものが、本拠地であるヴェネツィアに持ち込まれたのである。同じパラッツォ・ドゥカーレでは、一九九三〜九四年にすでに「イスラームの遺産、イタリアにおけるイスラーム芸術」と題する展覧会が行われたことがあり、その系譜上にあるものだが、ヴェネツィアに的を絞ってイスラームとの関係を初めて掘り下げた価値ある展覧会なのである。

この展覧会が行われた場所がまた意義深かった。海洋都市ヴェネツィアの権力中枢、パラッツォ・ドゥカーレの二階のサン・マルコ小広場に面する「投票の間」が会場だった。階段をゆったり上り、連続アーチの連なる中庭に開いた堂々たるギャラリーを進むと、ターバンを巻いたアラブの人物たちの等身大の像群が訪問者を迎えてくれる。期待感を高めつつ、会場に入る。

ヴェネツィアの国会にあたる大評議会の大広間に隣接するこの部屋は、そもそも、ルネサンス期の詩人ペトラルカや、彫刻家で建築家のベッサリオーネが共和国に寄贈した数多くの写本を保管する図書館の役割をもっていたが、その後、投票所の機能も加わり、やがて一六世紀の半ば、小広場の向こう側にサン・マルコの図書館が完成すると、総督をはじめとする国家の要職を選ぶ専用の「投票の間」となったのである。

内部を飾る壁画の数々は、一五七七年に大被害をもたらした火災後に描かれたもので、画家アンドレア・ヴィチェンティーノによるレパントの海戦をはじめ、ダルダネッリ、およびアルバニアでの対トルコの戦いでの勝利の場面、エジプト人に対するヤッファ（現在テル・アビブに併合）でのヴェネツィア海軍の勝利の場面など、どれも共和国の栄光の歴史を誇らしげに描く。その大空間を舞台とする展示だけに、海洋都市の歴史をタイムスリップしながら、ヴェネツィアとイスラーム世界の繋がりをリアルに感じることができた。

東西交流と「ガラス工芸」

ヴェネツィアが偉大な海洋都市となりえたのは、まさに、オリエントとの深い関係のおかげである。

六世紀にはビザンツの勢力が地中海世界に広がっていたが、七世紀以後、東において、イスラームの進撃が圧倒した。こうして、香料と絹の道に沿って、ヴェネツィア人とムスリムの世界との間で、商業上の交流が生まれ、それはやがてますます強まり、経済活動ばかり

聖ペテロの座　石造の椅子で、イスラームの装飾が施されている

か、物事の考え方、ライフスタイル、文化の面にまで影響が広がったのである。ヴェネツィアとアラブ、ペルシア、そして後にはオスマン帝国。つまり、ヴェネツィアとイスラームの全体とが深く結びついていた。

ヴェネツィアの芸術家、職人たちは先進的なイスラーム世界からもたらされる高度な技術、美術工芸の様式、高価な材料、装飾品からおおいに学んだが、それは一方通行にとどまったのではない。やがては、その影響下で高度な文化を発達させたヴェネツィアから、イスラーム世界の商人たちが逆に工芸品を輸入し、それをスルタンが高く評価するといった相互の交流が起こったのである。

「ヴェネツィアとイスラーム展」では、そうした相互交流を描くことを目的とし、絵画、彫刻、細密画、地図、貴金属やガラス製品、織物、カーペット、セラミックなど、高度な技術でつくり上げられた多岐にわたる華麗なる芸術品、工芸品が展示された。

目を奪う展示品がたくさんあった。まずは、一八〇七年までヴェネツィアの大司教座聖堂だったカステッロ地区の古いサン・ピエトロ・ディ・カステッロ教会に保存されてきた、いわゆる「聖ペテロ（ピエトロ）の座」といわれる石造の立派な椅子である。まさにイスラーム文化を表す神秘的なオブジェで、その背もたれは、コーランの一節とアラブ特有の星形のモチーフとで飾られている。早い時期には、文化の流れは、こうしてイスラーム世界からヴェネツィアへと一方的に向かった。

ヴェネツィア人が中東のアラブ世界から学んだ代表的なものとして、ガラスの製造技術がある。シリアやエジプトには古代からガラスが発達し、中世には高度な製造技術と洗練された美しさを誇っていた。ヴェネツィア人は、あらゆる点でそれを模倣し、中東世界からその原材料を輸入した。

しかし、一四世紀には、マムルーク領土の手工業の拠点が衰退したことで、ヴェネツィアのガラスの製造技術はおおいに発展し、シリアの優れたそれと見分けがつかないほどに高度な製品を生み出すようになった。やがて、シリアやエジプトでの生産が衰退し、逆に、ヴェネツィアの製品の方が、経済的にも技術的・芸術的にもオリエントのそれを凌駕するように

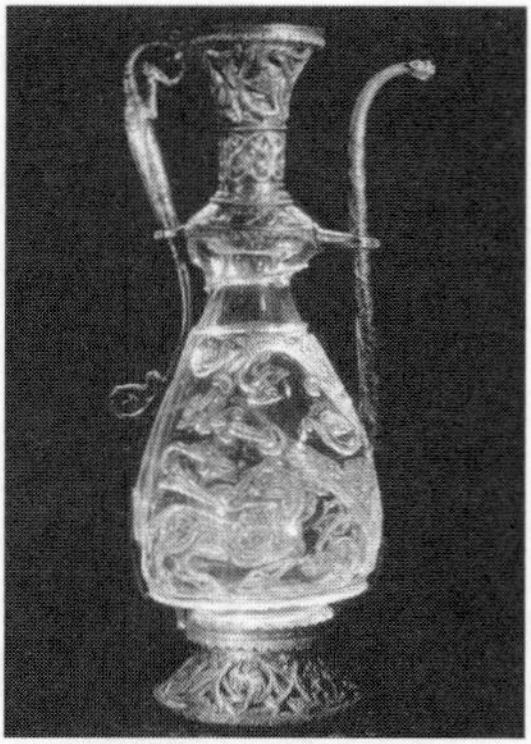

ガラス工芸　エジプトから輸入された10世紀のガラスを用い、13世紀にヴェネツィアで銀細工を組み合わせた工芸品。サン・マルコ聖堂の宝物。『ヴェネツィアとイスラーム展』図録より

なった。東方アラブ世界から学んだヴェネツィアが世界最大のガラスの生産地となり、黒海からイギリスまでそれを輸出するようになった。オスマン帝国のスルタンがモスクを飾るシャンデリアをヴェネツィアに発注するまでになったのだ。

金銀細工にしても、ラッカー仕上げの工芸品にしても、陶器にしても、ヴェネツィアは中東のアラブやペルシア世界の高度な製品を輸入し、それを北の国々に売ったが、同時に、その技術を模倣し、すぐれた製品を自国でつくれるようになった。一六世紀には、その製品をイスラーム圏も含め世界各地に輸出するようになったのである。この展覧会は、こうした東方との交流のなかで発揮されたヴェネツィアの逞《たくま》しき生き方、知恵の発揮の仕方、文化のありようを描くとともに、ともすると敵対関係が語られがちなオスマン帝国などのイスラーム世界とヴェネツィアの間に、実は豊かでダイナミックな経済と文化の交流が長く持続していた事実をアピールしている。

イスラームの科学と出版文化

もう一つ忘れられないのは、ヴェネツィアにおける出版文化の役割である。

イタリアでも他の多くの都市が専制によって共和国時代の自由を失うなかで、唯一ヴェネツィアだけは、共和国としての自由を持ち続け、思想家や芸術家の活躍の場を保証し、多くの出版物がこの地で刊行された。

アラブ世界における科学の黄金時代は七〜一三世紀の七〇〇年間にもおよんだ。数学から天文学まで、化学から医学まで、高度な知識をギリシアから受け継ぎ発展させた。アラブ人にとって、哲学も科学の一つであり、アラブ・イスラーム世界の多くの思想家は科学者でもあった。

ヴェネツィアにその高度な知的刺激が入らないはずがなかった。常に外国の文化に開かれたヴェネツィアは、哲学、宗教、科学、文学などのあらゆる分野のテキストが町に出回り、一五世紀後半には、刊行物の出版と普及においてヨーロッパの最も重要な中心の一つとなったのである。

こうして、ヴェネツィアの出版に携わる人々は、アラビア世界に伝えられていたプトレマ

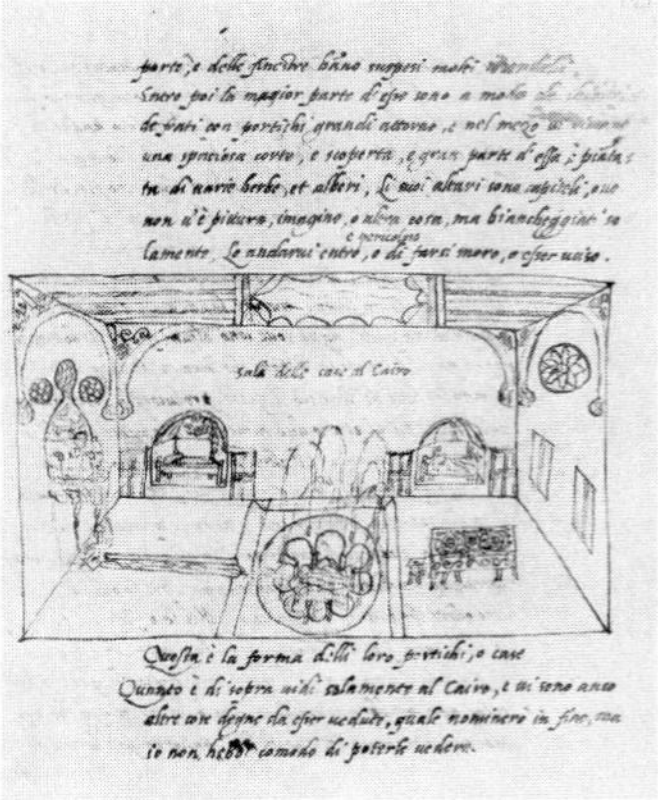

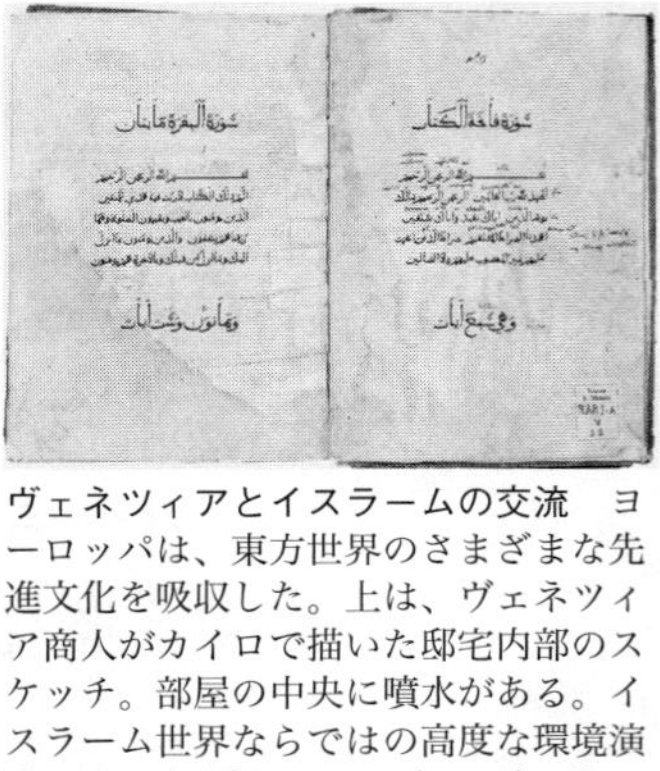

ヴェネツィアとイスラームの交流　ヨーロッパは、東方世界のさまざまな先進文化を吸収した。上は、ヴェネツィア商人がカイロで描いた邸宅内部のスケッチ。部屋の中央に噴水がある。イスラーム世界ならではの高度な環境演出である。下は、1537年にヴェネツィアで初めて出版されたコーラン。『ヴェネツィアとイスラーム展』図録より

イオスの天文学書や、トマス・アキナスらに影響を与えたイスラーム世界の有名な哲学者、イブン・シーナー（九八〇～一〇三七年）の医学概説書、アンダルシアのコルドバ生まれの哲学者で医学者、イブン・ルシュド（一一二六～九八年）の哲学書などを次々に出版した。さらに一五三七年には、ヴェネツィアでコーランが初めて刊行されたのである。この町の東方との繋がりの深さがよくわかる。

第二章　ヴェネツィアを歩く

アドリア海からサン・マルコへ

東から船でアプローチすると

それでは、こうしてつくり上げられた海洋都市ヴェネツィアを、実際に、船でアプローチして海の視点からみてみよう。

「水の都」と呼ばれ、「海の都」とも形容されたヴェネツィアを、東方の海に開いた港湾都市という視点から観察してみると、その機能が都市全体の中にどう分布しているかがみえてくる。中継貿易都市ヴェネツィアには、かつては東の海の側からアプローチした。今でこそ、大陸との間は鉄道橋と自動車橋で結ばれ、この都市への玄関は北西にとられていて、「水の都」へのアプローチはまさに逆転している。飛行場に着いた人たちが水上タクシーでこの都市に入るのも、北の裏側からとなっている。

だが、ヴェネツィアの人々は、今もなお、オリエント世界と通ずるアドリア海からのアプローチを誇りに感じ、ラグーナを東の方から前進する際に見えてくる海洋都市ヴェネツィアのイメージを大切にしている。したがって、水に開いたサン・マルコの正面性も絶対に崩さない。

船でやってくる人々にとって、ヴェネツィアはまさに海の中の浮き島として目の前に出現した。ポルト（porto＝港）の名称は、アドリア海とラグーナの間の三ヵ所の水の出入り口に与えられていたが、リドのサン・ニコロのポルトが最も重要であった。ここからラグーナに入った船は、実際の港湾機能のひしめくヴェネツィアの本島に向かった。

小さな海峡のようなサン・ニコロの運河を少し進むと、最も狭まった地点の右手に、いかにもルネサンスのものとわかるサンタンドレア要塞が見える。ヴェネツィアには、常に外敵に脅かされる他の内陸の都市とは違い、本格的な要塞はない。ここでは、海がまさに要塞の役割を果たしていたのである。だが、ルネサンスの時代、大陸の都市に、さらにはギリシアのヴェネツィア植民都市の各地に堅固な要塞を設計し、名を馳せた軍事建築家、ミケーレ・サンミケーリ（一四八四〜一五五九年）によって、外海に対する最も重要な開口部にあたるこの地点に、小さな要塞が建造された。海峡の対岸にも古い城があり、両者を結んで、大砲を装備した平底船に支えられた鎖の封鎖線があったという。ペロポネソス、クレタにつくられたヴェネツィア植民都市の港の入り口にも、同じ鎖による防御装置が用いられたのである。

都市全体に港が分散

港町としてみた場合、ヴェネツィアは一風変わっている。普通の港町では港湾地区は一つの場所にまとまっているが、ここでは都市空間が多様に分節されており、港湾機能もまた都市全体に分散的に広がり、ネットワーク化している。海の上に独特の広がり方をしているのである。

ヴェネツィアの都市史の第一人者、ドナテッラ・カラビ女史は、「海に座した都市」というある年代記者の記述を引きながら、ヴェネツィアの海に開いた都市の性格に注目する。海に浮かぶ町、ヴェネツィアは、まさに資源を何ももっていない。「この湿地には、小麦も穀物飼料もブドウ酒も生まれない」と古い史料は語っている。そうした条件の中で、ヴェネツィアの英知、そして能力が発揮された。ヴェネツィアの経済活動はどこにでも浸透し、不毛の地にとれないものを、あらゆる所から持ってきたのである。そして都市全体に港が分散するという状況をつくりだした。

トルコ人の地図制作者、ピリ・レイスがオスマン帝国のスレイマン大帝のために一五二〇年代に軍事的な目的で制作した、イタリア半島も含む地中海の海岸沿いに分布する港町の一連の地図の中に、ヴェネツィアの姿も描かれている。それを見ると、「海に座した都市」の様子がよくわかる。まさに海からアプローチする都市のイメージが的確に伝わる。

リドの港からラグーナに入ると、そこは、さまざまな重要な水路が一つに束ねられるように集まっている場所にあたる。ヴェネツィアは魚、特にカレイのような形をしている。頭は西に、尻尾が東に向く。その魚の身体の真ん中を逆S字型に大運河がゆったり貫いていると考えればわかりやすい。まさに、その尻尾にあたるのが、サンテレナという場所だ。古い教会のある離れ島だった所だが、近代に浅瀬を埋め立てて、ヴェネツィアと陸続きになった。

その部分には、ヴェネツィアが世界に芸術文化の発信をする檜舞台、ビエンナーレの会場もある。

そこから西に、お目当てのサン・マルコなどのあるヴェネツィアの本島が伸びていく。しかし、他にも重要な島があり、それらの島が一体となって、ヴェネツィアの港湾空間を形成していた。

外国から人や物資がどんどん入ってくる海港都市にとって、ペストやコレラなどの疫病の侵入を防ぐことは、きわめて重要な課題だった。検《けん》疫《えき》所は英語でクアランティン(quarantine)というが、これは港に入った船舶や乗組員を四〇日間足留めさせ、発病しないことを確かめた上で、入国させたことからついた名称なのである。

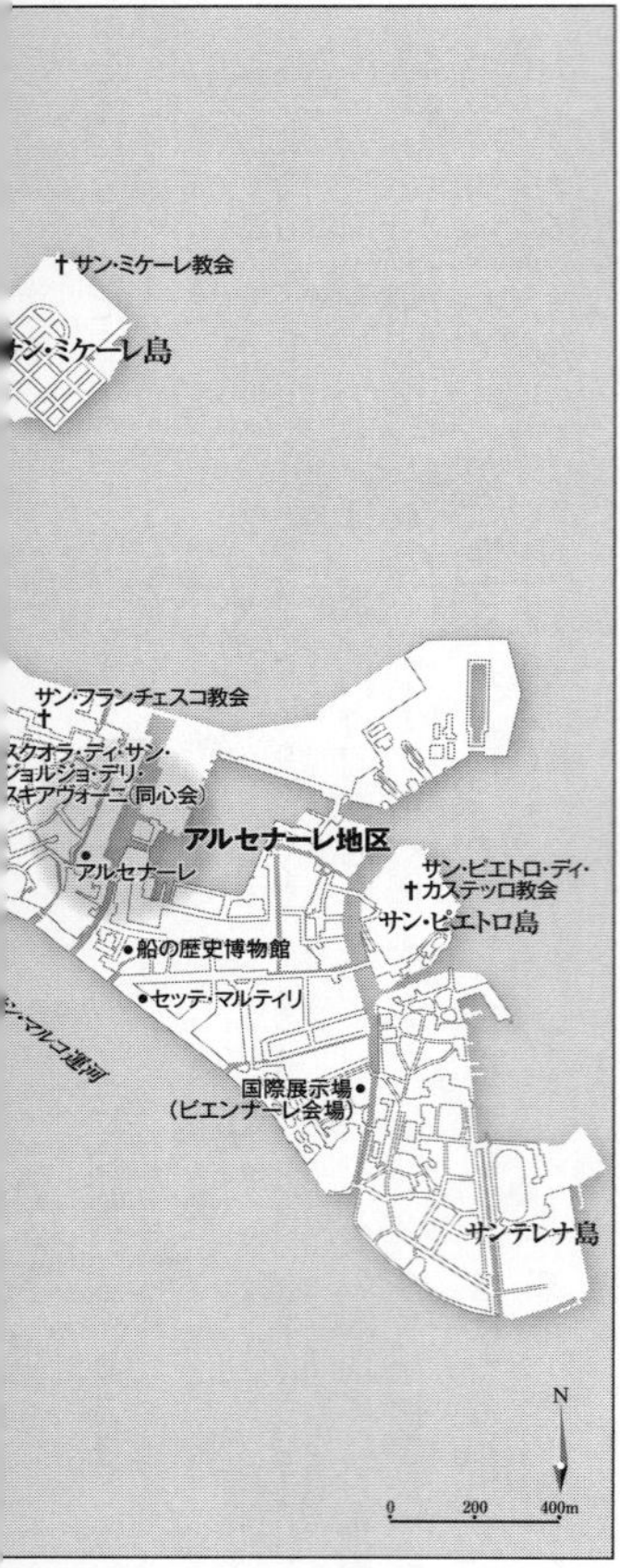

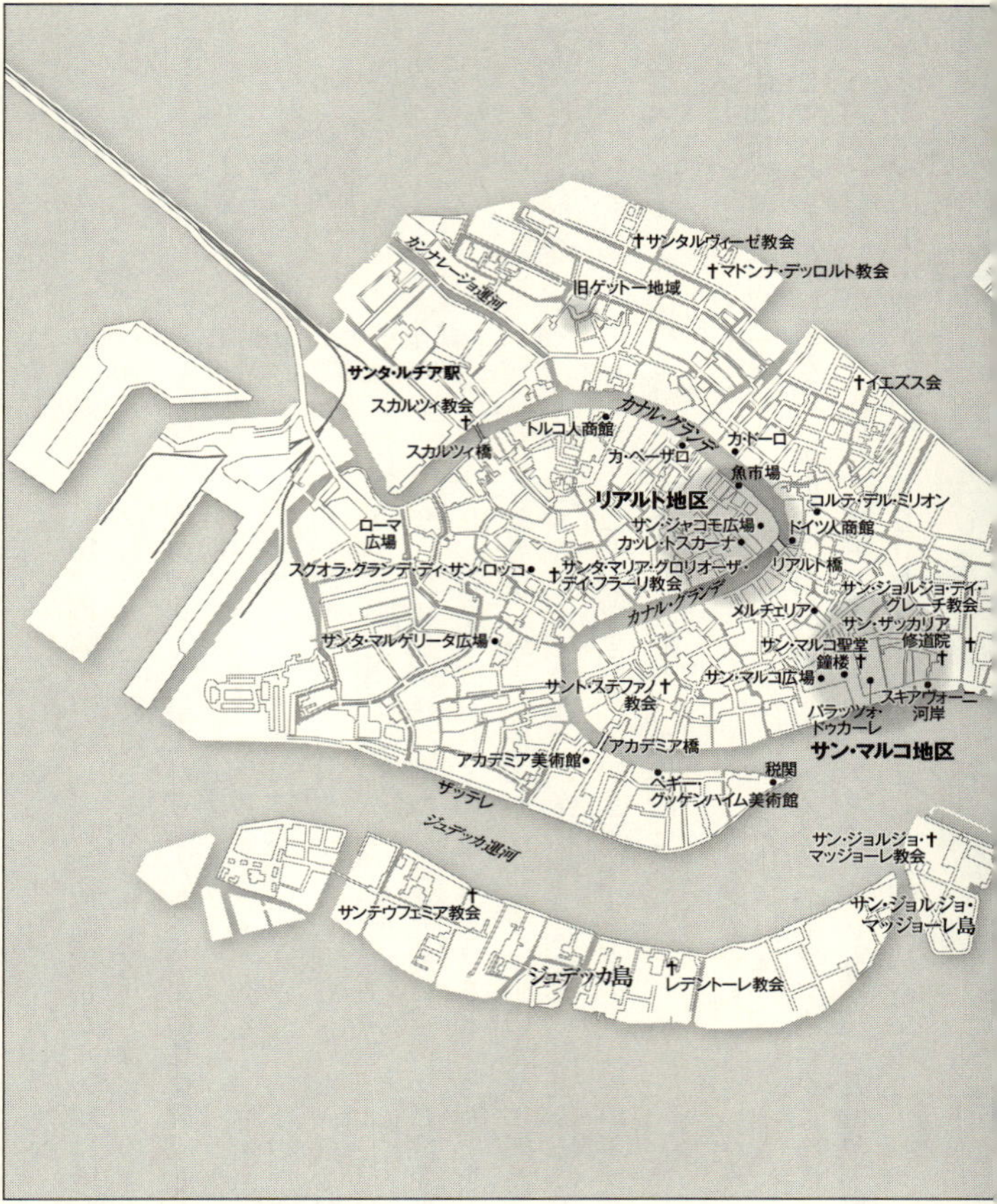

現在のヴェネツィア旧市街

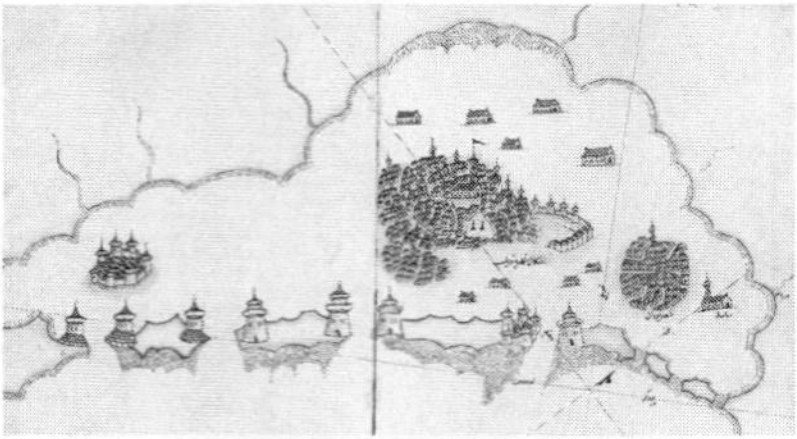

ピリ・レイス制作の地図　16世紀のヴェネツィア。ラグーナに浮かぶ都市のようすが描かれている。A.Ventura, *L'Italia di Piri Re'is*, 1998.より

特に疫病が流行している危険地帯からの船は厳しく調べられた。交易に生きるヴェネツィアは、このような検疫の考え方を早くから導入した公衆衛生を確立した都市の一つであった。

やはりヴェネツィアとも関係の深い、アドリア海の共和制の都市、ドブロヴニクでも同じような施設を見たことがある。ちなみに、ドブロヴニクのそれは、一三七七年、伝染病の汚染地域から来た船は、一ヵ月間足留めをし、安全を確認してから入港させるという制度をどこよりも早く導入したという。ラグーナの水面に囲われたヴェネツィアでは、こうした施設を幸い周辺の島に委ねることができた。一四〇三年、ラグーナに浮かぶラザレット・ヴェッキオと呼ばれる島に錨《いかり》を下ろした船がその施設となった。

自由都市・ドブロヴニク

ここで、やや脇道に入るが、中世に自由都市として栄えたこのドブロヴニクについてみてみよう。すでに序章で述べた通り、アドリア海対岸のアンコナとともに、一五世紀末以後、ヴェネツィアの海上商業の独占に対し立ちはだかる力をもった海港都市である。

旧ユーゴスラヴィアがまだ最後の安定を示す頃、私はバスでベオグラードからサライェヴォ、モスタルを通り、山越えをしてアドリア海に面する現在のクロアチアを訪ねたことがある。内陸部を抜け、アドリア海の海岸沿いに出ると、町や村の表情が一変する。モスクのミナレットに代わって、教会の鐘楼《しょうろう》がそびえる。それもギリシア正教の教会ではなく、カトリックの教会なのだ。そして、このゾーンこそ、中世の一二〜一三世紀から、ヴェネツィア共和国の支配下に置かれた所だ。ヴェネツィア共和国は、アドリア海を自分のテリトリーとして考え、「我が海」と呼んだ。ドブロヴニクに近いコルチュラ島は、ヴェネツィア海軍の重要な中継地でもあった。ヴェネツィアの象徴である翼のあるライオンの紋章や、ヴェネツィア・ゴシックの窓が、このあたりのアドリア海沿岸の都市のあちこちで目にできる。

ドブロヴニクはアドリア海に張り出した島の町である。かつてラグーザと呼ばれたこの町は、さすがに人気の高い国際観光都市、まるで絵に描いたように美しい風景を見せる。とはいえこの町も内戦の犠牲となり、数多くの建物が壊され、その復旧に時間がかかり、つい最近再開したホテルもあるという。爆撃で壊される前は、背後にそびえる陸側の丘の上まで、ロープウェイで昇れた。そこからだと、城壁で囲われ城砦化した高密都市の全貌が手に取るようにわかる。明るい茶色の瓦屋根が連なる家並みが、目に鮮やかだ。

このドブロヴニクは、都市の形態の面白さばかりか、自由都市として繁栄した歴史そのものから見ても、興味は尽きない。一二〇五年にヴェネツィア共和国の統治下に入ったが、自治を保ち、先進的な都市行政を行った。一三五八年には独立を獲得し、共和制を誇る国家と

ドブロヴニク　上は丘からの眺め。下は、政治の中心のレクター館とスポンザ館（左奥）。著者撮影

なった。一五世紀以後も、内部の山側からはトルコに、海側からはヴェネツィアに攻め立てられる中で、ドブロヴニクだけが長期にわたって独立を保ったのだから見事だ。この町も強力な艦隊を誇った。中世自由都市の繁栄を支えた中世以来の古い港が原型をよくとどめて残されている。

海から市門を潜り、町の中に入ると、広場に面して堂々たる建物が並ぶ都市の心臓部に出る。なかでも立派なのは、ヴェネツィアの総督宮殿（パラッツォ・ドゥカーレ）に相当するレクター館である。ヴェネツィアは、フィレンツェをはじめとする一般のイタリア都市とは違って、特定の家族や個人に権力が集まらないように巧妙な集団指導体制を生み出したが、ちょうどそれと同じような制度がドブロヴニクにも存在したというのだ。ガイド嬢の説明によれば、ここでは総督（レクター）は一ヵ月おきに交替したという。総督に選ばれると、私利私欲を捨て、家族からも離れて、一ヵ月間、この館に住みながら執務に専念する。名誉とはいえ、半分軟禁状態のようなものだ。だが、こうした民主的制度があったからこそ、ヴェネツィア同様、共和制を長く維持し、自由と独立を守り得たのは事実のようだ。

ドブロヴニクのもう一つの面白い点は、ローマのヴァティカンを中心とするヒエラルキーの下にあるカテドラルよりも、この町の守護聖人を祀ったズヴェトク（聖）・ヴラハ教会に重要性を与えているということだ。ヴェネツィアのサン・マルコ聖堂の在り方とこれまた似ている。人々の篤き信仰を集めるこの聖ヴラハがドブロヴニクの町の模型を手にした象徴的なレリーフや彫刻が、城門をはじめ町のいたる所に見られ、市民の一体感を高めている。

独立を維持したドブロヴニクは、常にヴェネツィアと競い合った。だが同時に、ヴェネツィアからの影響も明らかに見て取れる。例えば、貨幣を鋳造《ちゅうぞう》していたスポンザ館のファサードは、ヴェネツィア・ゴシックの窓で飾られている。

だが、美しい地元のガイド嬢のアドリアーナは、ヴェネツィアからの影響を決して認めようとしなかった。彼女が見せた我が町ドブロヴニクへの強烈な誇りと愛着には、自由都市を支えたかつての市民の意気込みにも通ずるものがあった。

水といかに共生するか

では、ヴェネツィアの話に戻ろう。

ここで、ラグーナの水環境の特徴を知るために、一五五六年のクリストフォロ・サバディーノによって描かれた計画図を見てみよう。天然の要塞で防御の心配のなかったヴェネツィ

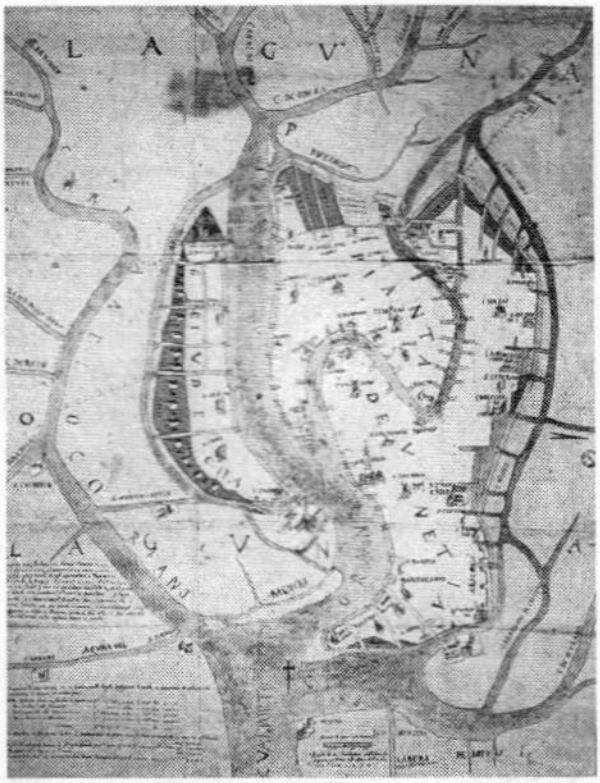

サバディーノの計画図　1556年、ヴェネツィアの治水技術者・サバディーノが描いたもの。ヴェネツィア国立文書館蔵

ア人にとって、最も気をつかわねばならないのは、ラグーナの水の自然環境といかにバランスよく生きていくかということだった。まさに水と共生する都市、ヴェネツィア。サバディーノは、共和国の水の役所の治水技術者である。彼の計画案は、そのまま実現したわけではないが、当時の考え方をよく示していて興味深い。人口が増加するこの頃のヴェネツィアにとって、周辺に宅地を広げる必要があり、近代を先取りするような形で、埋め立て、宅地造成を提案している。しかし、水の流れを最大限重視しており、水の循環を保つ考えを強くみせていた。ヴェネツィアでは、水を管理する技術者たちがいかにエコシステムに関心を払ったか、一五～一六世紀にかけての残された地図、計画図を読むことでもそれがよくわかる。

現在、ヴェネツィアはアクア・アルタ（高潮）で冠水するという問題を抱え、その対策として、アドリア海とラグーナの間の海峡の三ヵ所に可動式水門をつくって、非常時にそれを閉じて守るという大土木事業の工事を進めているが、その計画の是非をめぐっていまだに論争が続いている（文庫版の注：ヴェネツィアの高潮対策事業は「モーゼ計画」と呼ばれ、二〇〇三年に工事が開始された。二〇一一年完成が見込まれていたが、建設費の高騰、技術的問題、汚職問題などもあり、工事が大幅に遅れ、二〇一八年六月段階では、実際に機能するのは二〇二一～二二年になると予想されている)。

だが、このように水から守り、水とともにどう生きるかという問題は、今に始まったことではなく、歴史的にもさまざまな考え方が提示されてきた。ルネサンスの頃の人々の方が、現在よりも全体のエコシステムに対する理解や関心が深かったといえるかもしれない。

大陸から流れ込む何本もの河川が、土砂をひっきりなしにラグーナに運び込み、水深が浅くなるという問題もあった。マラリアの発生の原因にもなる。そこで、新たな運河を直線的に引いて、バイパスとしてアドリア海の外洋に直接水を流すという土木事業も行われた。

バルバリの鳥瞰図

サンテレナ島のまわりを通って、サン・マルコの沖合に向かう。今も、地中海クルーズのとてつもなく大きな船がこのコースを通って、ヴェネツィアによく入ってくる。そんな豪華船にはなかなか乗れないとしても、幸い、リド島からサン・マルコの方へ向かう普通の定期船に乗れば、海からこのヴェネツィアを訪ねるという、似たような空間体験ができる。

すでに述べた、長い期間、ヴェネツィアの司教座教会であったサン・ピエトロ・ディ・カステッロ教会のある島は、背後に隠れて教会の鐘楼しか見えない。その西に位置する、ヴェネツィアの港湾施設のうちでも最も重要だったアルセナーレは、周到な配慮のもと、このメ

ヴェネツィアの鳥瞰図　ヤコポ・デ・バルバリ画。1500年。ヴェネツィア・市立コッレール博物館蔵

インの航路からは見えない内側の背後に隠れて存在していた。後に歩いて訪ねてみよう。

サン・マルコ地区から東に伸びるスキアヴォーニの岸辺、そしてセッテ・マルティリの岸辺と続く埠頭の近くに、あるいはその沖合に、かつて数多くの大型の帆船が錨を下ろして停泊していた様子が、鳥瞰図や景観画に描かれている。

特に、ヤコポ・デ・バルバリの詳細な鳥瞰図（一五〇〇年）には、たくさんの大型帆船の姿が水上に堂々と描かれ、印象的である。この図は、六枚からなる木版画で、全体の大きさは一・三五×二・八二メートルにもおよぶ。建物の形、階数、窓の数や形態、煙突の数まで正確に描き込み、ヴェネツィアが中世からルネサンスにさしかかる重要な時期の都市風景を克明に伝えてくれる貴重な鳥瞰図であるが、ここでは船の立派さ、大きさがいささか誇張されているように見える。表現したいもの、アピールしたい要素を誇張し、象徴的に描くのは、こうした鳥瞰図にいつも見られる。逆

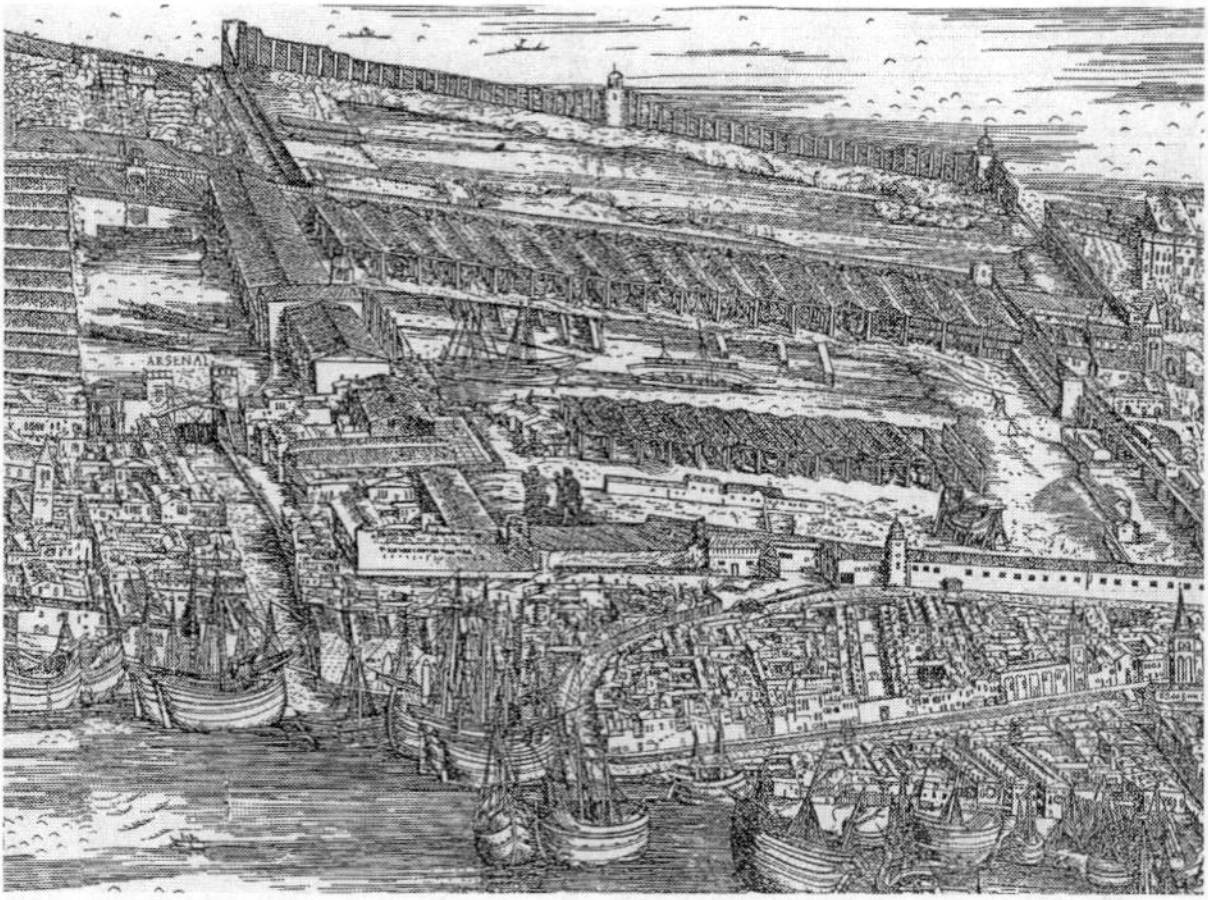

鳥瞰図の部分拡大　アルセナーレとその周辺部分。岸辺の帆船が大きく描かれる

に、そこにその時代の人々の抱いた価値観が読み取れ、一層興味を引く。

　そう考えると、ヤコポ・デ・バルバリの鳥瞰図は、海洋都市ヴェネツィアの栄光を高らかに表現しているようにみえる。正確な現在の平面地図と比較すると、その特徴は明らかである。本来、町全体のほぼ真ん中を流れるはずの大運河は、画面のだいぶ左手（西）に寄り、その分、サン・マルコからスキアヴォーニの岸辺、そしてセッテ・マルティィリの岸辺と右手（東）に続く最も重要な港湾空間が、プロポーションを崩してまでも、実際以上に大きく詳細に描かれている。裏手のアルセナーレも堂々と見事に描き込まれている。サンテレナ教会に隣接してあった船乗りの病院も克明に示されている。

そして、海洋都市を象徴する決定的要素が描かれている。画面の中央上部に、商業や貿易の神であるメルクリウス（ギリシアのヘルメス）、また、サン・マルコの沖で、カナル・グランデの入り口の少し手前の水上に、海の神ネプチューンの姿が大きく描かれている。ルネサンスの訪れを告げる時代だけに、古代ギリシア・ローマの神話や世界観から引き継がれた象徴的な要素であるが、いずれも東方の海に繰り出し、たくましく生きていた海洋都市ヴェネツィアを守り、支えている。画面中央に、総督宮殿とサン・マルコ聖堂をもつサン・マルコ広場が描かれ、その上下の位置に二つの神の像が配されるという象徴的構図が目を奪う。水の都市の幹線水路、大運河の両岸と商業・経済の中心、リアルト市場はもちろん丁寧に描写されている。しかし、大運河の西に広がるヴェネツィアの半分の領域は、大きさを縮小されているのだ。東方と繋がる海洋都市のイメージを賛美する構図といえよう。

海員の集合住宅

ヤコポ・デ・バルバリの鳥瞰図からも想像できるように、このあたりに見られる船の数たるやすさまじかったようだ。一四九四年にヴェネツィアから出航したミラノからの巡礼者、カノン・ピエトロ・カソーラは、船の数を数えるのは不可能だとした上で、「多くの海洋都市を訪ねた経験をもつさまざまな人々に尋ねても、ヴェネツィアほど船が多く、大きな港をもつ都市はないと誰もが答える」と書いている。

船の出航の儀式もまた盛大に行われた。一三六三年、スキアヴォーニの岸辺の家に三ヵ月住んだペトラルカは、ある晩、手紙を書いていて、大きな船の出航の騒ぎで妨害されたという。現在でも、この岸辺にかなり大きな地中海クルーズの船が接岸されることがある。

このスキアヴォーニから東に続く岸辺は、とりわけ東方の海との繫がりが深く、中世末には船乗りのための病院や、その家族のための住宅が、海を望む土地に三棟並んで建設された。その住宅は現在、市営住宅となっているが、一四世紀に起源をもち、共和国によって建設されたコルテ・コロンナの海員住宅である（現在のものはおそらく一五世紀の建物）。共和国のために命をかけて東方の海へ乗りだす船乗りに対し、その家族への社会保障として提供されたものである。

海員の集合住宅　船乗りとその家族への保障としてセッテ・マルティリの岸辺に面して建てられた。著者撮影

スキアヴォーニの岸辺とその裏手には、東方と繫がった港町らしいさまざまな要素が集まっていた。聖地エルサレムへの巡礼者が宿泊するオスピツィオが存在したし、ヴェネツィアの都市社会にとって重要な東方との繫がりを示す外国人としてダルマツィア人（スキアヴォーニ）やギリシア人のコミュニティが形成されていた。このエリアも後ほどゆっくり訪ねよう。

最大の中心、サン・マルコ地区

船で西へ進むと、いよいよ海洋都市ヴェネツィアの最大の中心、サン・マルコの一画が登場する。海からの象徴性をもつその正面玄関は、サン・マルコの小広場（ピアツェッタ）にとられた。

一二世紀の総督ヴィアーニ（在位一一七二〜七八年）の時代に、サン・マルコ広場の拡大・整備が行われ、現在に繋がる広場の構成が生まれていた。それは、内側の大きな広場ピアッツァと海に開く小広場ピアツェッタが、全体としてL型をなすというものだ。そのピアツェッタの水際に、オリエントから運ばれた二本の円柱が立てられ、玄関構えが実現した。現在と同じ階段状の立派な船着き場も、すでにつくられていた。ルネサンスが到来する少し前の一五世紀後半に、聖地エルサレムに巡礼として行く途中この地に立ち寄った、ネーデルラントのユトレヒトの画家、エルハルド・レウィックの景観画は、中世末にすでに存在した華やかな水辺の様子を生き生きと描いている。ゴシック様式の美しい総督宮殿、その奥のビザンツ様式のドームを五つ戴くサン・マルコ聖堂、そして、もともと海洋都市の望楼として生まれ、後に鐘楼となった高い塔がそびえている。それ以外の建物は、ルネサンス以後、より華やかに、そしてモニ

海から見たサン・マルコ広場　アドリア海からヴェネツィア入りする時の正面玄関となる

ュメンタルに建て替わったものといえる。

サン・マルコの沖を少し西へ進むと、大運河の入り口に、税関が置かれていた。現在見られるモニュメンタルな建物は一七世紀後半のものだが、中世のより簡素な姿はヤコポ・デ・バルバリの鳥瞰図に見てとれる。この税関の周辺には、積み荷のコントロールを考え、大運河に沿って、公共の岸辺がとられた。そのまわりに多くの帆船が停泊しているのがわかる。もともとリアルトにあった税関がサンタ・トリニタというこの位置に移ったのは、一三一三年である。海洋都市としてのイメージをより鮮明に築き上げる過程の一つだったのだろう。イスラーム世界の交易に生きる都市でも、港の税関は、外から到着した船にとって最初の儀式が行われる重要な場であった。アレクサンドリアでも東の港に面した城門のすぐ近くに税関があった。

サン・マルコからリアルト市場へ

水際から立ち上がる建築群

いよいよ、大運河を進もう。いつの時代でも、ヴェネツィアを訪ねる人々をまず驚かすのは、この町の建物が、運河の水の中から直接立ち上がるということだった。アムステルダムにも、古い一画に、そうした住宅群が部分的にあるが、ヴェネツィアのように水の側に住宅の正面入り口を向けているわけではない。まさにヴェネツィアならではの大きな特徴だ。そ

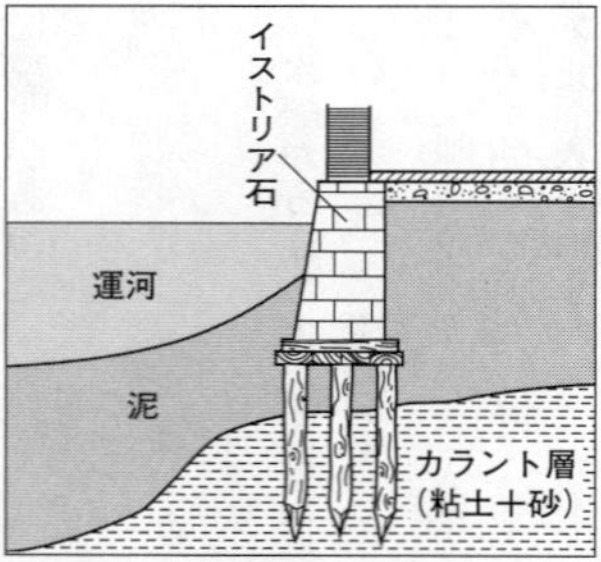

建築物の基礎構造

のためには、独特の基礎技術が必要だった。カラマツまたはカシの杭群を、粘土と砂でできた固いカラント層まで打ち込み、その上にカラマツの板材を並べたテーブル状の台を置き、その上に固くて海水に強いイストリア産の石材によって土台を築く。そこから壁や柱が立ち上がる。水に直接触れるのはイストリア石だけであり、木の部分は泥中で鉱化作用を受け、むしろ耐久性を増すのである。

　こうしてカナル・グランデに沿って各邸宅が水際に建設されたから、公共の岸辺が設けられている場所は限られていた。この町の幹線水路、カナル・グランデを船で進むと、両側には、水の中から直接立ち上がる形で、豪華な邸宅がぎっしりと軒《のき》を連ね、見事な水景を生んでいる。このような大運河沿いに、商人貴族たちが邸宅を最初に構えたのは、まさに東方貿易に乗りだした一二〜一三世紀のことであった。それまでは、ラグーナに浮かぶ群島に移住した人々は、分散的にそれぞれの島で木造の質素な住宅群を建て、コミュニティづくりを行っており、一二世紀に入る頃、内部の古い運河沿いに、煉瓦《れんが》造りの住宅をつくり始めていたが、いよいよ、カナル・グランデという幹線水路を形づくる時代が到来したのである。

　とりわけ東方の海に繰り出す冒険的商人たちは、リアルト地区を中心とした大運河沿いに、競って商館を建てた。この町における初めての本格的な石造り、煉瓦造りによる住宅建築はこうして誕生したのである。一階も二階も連続アーチで開放的に構成し、壁面や開口部のまわりに、さまざまな色の石を組み合わせ、装飾性の豊かなヴェネツィアらしい様式を見せるもので、従来から、ヴェネト・ビザンツ様式と呼ばれている。

それはカーザ・フォンダコと呼べる、住宅とフォンダコを組み合わせた建築の形式で、商業センターと私的な住まいを兼ね備えるものだった。東方から運ばれた物資が船で各商館へと運ばれたから、ここでは水際に正面玄関を設け、直接荷揚げできる開放的な構成がとられた。結局それは、波止場、荷揚げ場、倉庫、商館、住宅といったさまざまな機能を一つの建物の中に統合したものだった。主に一階に倉庫機能、二階に居住機能がとられた点も、先にみたような外国人滞在者にとっての宿泊および取引のための正真正銘のフォンダコとよく似ていた。こうして一二〜一三世紀の間に、開放的な建築表現を見せる華やかな商館が並んで、大運河はヴェネツィアのメインストリートとなったのである。

カナル・グランデ「幹線水路」となる大運河。
建物が水際に立ち並ぶ独特の景観。著者撮影

古代ローマのヴィッラを手本に

このような商館の典型とされるものは、一三世紀に

商人貴族の館としてつくられ、後の一七世紀にトルコ人商館となった建物である。中央に連続アーチによる広い二層のアーケードを置き、両端に塔を配するという構成をとっている。だが、中世には、このような開放的構成をとる都市住宅は、フィレンツェやローマをはじめ、他の都市にはまったく見られないものだった。それでは、このヴェネツィア独特の住宅建築はどのようにして成立したのだろうか。

まず、住まいであると同時に商取引のセンターである商館にとって、機能的にも直接船を横付けして物資を荷揚げすることのできる水に開かれた構成が必要であった。また、往来の激しい道路に面する他の都市とは違って、運河沿いの住宅建築は、開放的構成を可能にした。さらに、ヴェネツィアはラグーナに浮かぶ天然の要塞であり、しかも共和国のすぐれた政治のおかげで内紛が少なく治安もよかったため、それぞれの建物が防備をめぐらす必要がなかったのである。本土の他のイタリア都市では、教皇派と皇帝派に分裂し内部の争いが絶えなかった所も多い。

これらがヴェネツィアの開放的な商館建築の成立にとって欠かせない条件であったとはいえ、中世の比較的早い段階からこのように特異で、しかも高度な建築表現を生み出し得たのは、ヴェネツィア人の活動する世界の中に手本となるようなすぐれた建築の文化が存在していたからに違いない。

このような視点から従来注目されてきたのが、古代ローマ時代の別荘（ヴィッラ）なのである。ローマの勢力が拡大し、地中海世界に平和な時代が訪れると、イタリア半島のナポリ周辺、北イタリアのアドリア海沿岸、シチリア、さらに北アフリカなど、各地に開放的な外観をもつ別荘がつくられた。その多くは、ポンペイの壁画に見られるように、海辺に登場し、水際に開放的な柱廊をとって、直接船でアプローチできるような構成になっている。

ポンペイ壁画の海浜ヴィッラでは、その柱廊にまだアーチが用いられていなかったのに対し、カルタゴ出土のモザイクにあるヴィッラは、田園のものとはいえ、正面の二層目に連続アーチのリズミカルな柱廊を置いて、両端を塔で押さえる構成をとり、ヴェネツィアのトルコ人商館との類似性を示している。さらに、四世紀初めに現クロアチアのアドリア海に面するスプリットの町に登場したディオクレティアヌス帝の宮殿は、海を望む外部に、連続アーチの大きなギャラリーを設け、両端に塔を配するモニュメンタルな構成をとった。中世初期には、ヴェネツィア周辺にこういったヴィッラや宮殿がまだいくつも残存していたと想像されるし、アドリア海、地中海に繰り出すヴェネツィアの商人貴族たちは、各地で目にするローマ後期の堂々たる建築を憧憬《しょうけい》をもって見ていたに違いない。このような、一二〜一三世紀に大運河沿いに登場した開放的な商館建築の特徴ある構成の起源をローマのヴィッラに求める考え方は、K・M・スヴォボダによって提唱され、後の多くの研究者の間でも広く支持され、定説となっている。

確かに、一二〜一三世紀にヴェネツィアの貴族が町の幹線水路、大運河に沿って進出し、立派な商館建築を建て始めた頃、このようなローマ時代のヴィッラが重要なモデルとなったと考えるのは、ごく自然だろう。当時はまだ、ヴェネツィアの都市建設の早い時期で、未開発の沼沢地や空き地が多く残され、おそらく大運河の水面も、都市の幹線水路でありながら、むしろ大自然の雄大な水面という雰囲気をもっていたに違いない。したがって、当時の建設者にとって、海浜に建つローマの別荘はモデルとしてまさに格好のものだったと思われる。

イスラーム風建築への変化

しかし、都市形成が進み、中心地区において商館が軒を連ねるようになると、大運河は、大自然に開かれたおおらかな空間から、大都市の人工的な幹線水路へとその性格を大きく変えた。こうなると、自然の中に点在するヴィッラのイメージはもはやふさわしくない。実際、一三世紀中頃の商館は、トルコ人商館とは明らかに異なる性格をすでに示し始めている。すなわち、両端にアクセントを与えていた塔が失われ、逆に、一階の中央を大きなアーチによって強調する傾向が生まれる。しかも、トルコ人商館にも、普通の半円アーチに比べ、脚が長く中心が上に寄った上心アーチ、そして防御的性格をもたない装飾性に富むシンボリックな軒上のパラペット（胸壁）など、ローマのヴィッラ以外にその起源を求めなければ説明のつかないいくつかの特徴がすでに見出せるのだ。

そこでクローズアップされるのがオリエントのビザンツ世界とイスラーム諸国からの影響である。ヴェネツィアで商館が誕生し始めた一二世紀にはまだ、西欧に比べ、オリエント世界、特にイスラーム諸国の文化水準ははるかに高かったのである。

上心アーチはビザンツ建築にその起源があるとはいえ、それがのびやかに展開したのはイスラーム建築においてだった。アーチとアーチの間の円形装飾、メダイオンは、ビザンツにもイスラームにも共通している。一方、上端の装飾的パラペットは、古代ペルシアの首都ペルセポリスの王宮の大階段の手摺に「聖なる山」のシンボルとしてすでに用いられており、それが様式化して後にイスラーム世界全体に広まったと考えられる。

そして、建築の基本的構成としての、柱廊で外部に向けて開放的にし、しかも中央にアーチを置いて強調する考え方も、イスラーム建築に共通してみられる特徴だ。こうした建築の開放性は、ヴェネツィアの場合、安全な都市の状況と水に面する立地条件によって可能だったのに対し、イスラーム建築では、中庭側にアーチの並ぶ回廊をとることによって実現していた。アラブ圏の都市においては、モスクにしても住宅にしても、道路に面した外観にはあまり関心が払われず、各建物の華やかな正面はあくまでも中庭に面した内側に形成されたのである。

コマーレスの中庭　スペイン、グラナダに建つイスラーム建築、アルハンブラ宮殿の美しい中庭

スペインのグラナダにある有名なアルハンブラ宮殿の「コマーレスの中庭」を見ると、上心アーチを連ね、中央アーチを強調した軽快な柱廊の構成、そしてオアシスのイメージと結びつく中庭の池の水面に映し出された柱廊の姿は、まさに大運河を望むヴェネツィアの商館を連

想させる。宮殿や住宅などの世俗建築は残りにくいだけに、アルハンブラ宮殿は中世イスラームの建築として極めて貴重である。ヴェネツィアのカナル・グランデ沿いに登場した商館の方が時期的にやや古いが、アルハンブラ宮殿と相通ずる建築がイスラーム世界に広く存在していたと思われるのである。

このように、ヴェネツィアが水辺の自然に開かれた素朴な都市から、人工的で制御された密度の高い水の都市へと発展、転換していく中で、そしてまた、ヴェネツィア人の活躍の舞台が東地中海のオリエント世界へ広がったのを背景として、その商館のモデルも、海辺に建つローマのヴィッラから、中庭に開かれ、しかも水のイメージと結びつくすぐれた都市建築であるイスラーム建築へ置き換わっていったと想像されるのである。

「世界で最も美しい道」

こうして形成された水の大動脈、大運河は、交易都市にとっての水運・流通という日常的機能に加え、遠方の進んだ異文明との交流を表現し、都市の歴史と神話の交錯する象徴的な都市空間としての性格をもつようになった。

続く一四～一五世紀のゴシック時代には、ヴェネツィアは都市建設の黄金時代を迎え、今日見られるような運河と道のネットワークで見事に組み立てられた「水の都」を築き上げた。この時代の貴族住宅は、おそらくイスラームの宮殿や住宅から住まいの「快適性」という考え方を積極的に学び、それまでのもっぱら商館機能に重点を置いたフォンダコから、家族生活、接客機能を重んじ内部空間を充実させる方向へ徐々に変化していった。荷揚げに使う波止場の役割を果たしていた水際の開放的な柱廊が失われて、大きなアーチ一つをもつ正面玄関にとって代わられる一方、内部にイスラーム建築のパティオとよく似た中庭（コルテ）がとられ、落ち着いた居住環境を演出するようになった。また、アルプス以北から流れ込んだゴシックの様式を、オリエントからの影響下で培われたこの町独特の工芸的、装飾的趣向の中で華麗に展開させ、水辺にふさわしい見事な建築様式を創り出した。

中世も終わりを迎えた一五世紀末に、フランス王シャルル八世の大使としてヴェネツィアの地を踏んだフランドルの歴史家、フィリップ・ドゥ・コミーヌは、華麗に着飾った二五人のヴェネツィア貴族、ミラノ公やフェッラーラ公の大使たちに歓迎された時の様子を、回想録にこのように書いている。

カナル・グランデと呼ばれるとても広くて大きな道に沿って私は案内された。そこにはガレー船が通行し、また館のすぐ近くに四〇〇トン位の船が停泊しているのが見られた。町全体を弧を描いて貫き、家々で見事に飾られたこの運河は、世界で最も美しい道だと思う。建物はどれもたいそう高くて大きく、良質の石でできており、ファサードには、ここから一〇〇マイルの距離のイストリアから運ばれた白い大理石、そして斑岩《はんがん》や蛇紋岩《じゃもんがん》の大きな板が用いられている。どの家も内部には、金で飾られた床と大理石の暖炉のある部屋を少なくとも二つもち、金メッキされたフレームの板寝台、絵で飾られ金箔の施された屏風など、素晴らしい家具を備えている。

大運河には、一四世紀以後も、それぞれの時代の最も豪華な貴族の館が建設され、水の都のメインストリートとなっている。中世には、東方からの物資を運ぶ船が賑やかに行き交う経済幹線だった大運河は、一六世紀のルネサンス、一七世紀のバロック時代には、華やかな祝祭、イベントの舞台となり、船のパレード、レガッタなどがしばしば催された。船なしでは、この都市の文化も遊びも考えられない。ヴェネツィアはオペラを発達させた演劇都市でもあるが、劇場に行くにも、貴族は自家用のゴンドラを用いた。水の側からの入り口がとられているのである。

交易の中心、リアルト地区

幹線水路である大運河の入り口には、中世から税関があり（現在のものは一七世紀後半の建物）、荷のチェックを受けた。荷を積み替えた小舟は、大運河を進み、経済の中心、リアルト市場のある地区に向かって進んだ。

リアルトには、運河の両岸に公共の岸辺があり、使用料を払って荷揚げができたが、多くの船は、商人貴族の個人の商館に直接、横付けされ、荷揚げされた商品はそのまま倉庫に収められたのである。それには関税がかけられた。

交易都市、ヴェネツィアの真の中心は、リアルト地区であった。逆S字型に町を貫く大運河のほぼ中央にあり、地理的にもヴェネツィアの中心を占める。この地にあるサン・ジャコモ・ディ・リアルト教会は、四二一年にヴェネツィアが生まれたという創建伝説としばしば結びつけて考えられ、ヴェネツィア最古の教会ともいわれるが、信憑性は高くない。ちなみに今の建物は一一世紀のものである。

リアルト市場に関する最初の史料は一〇九七年にさかのぼる。オリオ家の土地の所有権が、公共の市場として使用するために、ヴェネツィア市に委譲されたことを伝える。一二世紀の間に、近隣に生活していた家族の多くは転出した。この島は、もっぱら市場機能に当てられ、東方都市のバザールのように、事実上、人は住まない商業に特化した場所となっていった。

リアルト市場　サン・ジャコモ・ディ・リアルト教会前の広場。かつては世界の中央市場の役割を担った。著者撮影

一二世紀、もともと商人であった実力派の総督ヴィアーニの時代、もう一つの中心サン・マルコ広場の拡張・整備がなされ、両者を結ぶ目的で最初のリアルト橋が架けられた。そもそも大運河はこのリアルト地区で幅が最も狭まり、橋を架けるには都合がよかった。最初の橋は、小舟を横に並べその上に浮き橋として架けられた。それが後の一二六四年に、木の常設の橋に架け替えられた。しかも、船の通行を考えて跳ね上げ橋であった。橋

跪いた男の像　船の発着や法令がここから告示された。著者撮影

の中央に通路がとられ、その両側にまるでアラブ都市のスークのように小さな店が並んだ。橋を渡る人々は、跳ね上がる中央の最も高い所を通る時に、初めて水上にいることに気付くのであった。

サン・ジャコモ広場とリアルト市場

サン・ジャコモ・ディ・リアルト教会の前に、回廊のめぐったこぢんまりとした矩形の広場がある。この広場こそ、かつて東西を結ぶ世界の中央市場の役割を果たした場所で、世界各地からの商人でごったがえしていた。その柱廊の中には、銀行や両替屋、保険会社が連なり、各種商品の相場が決まり、取引で賑わっていたのである。現金をいちいち動かさなくとも、自分の口座から相手の口座に振り込む、今日の銀行と同じシステムが、すでに成立していたのである。

リアルト市場で興味深いのは、このサン・ジャコモ広場のまわりと橋からまっすぐ伸びる軸の街路に沿って、共和国を支える公的な建物が置かれ、一階は連続アーチが連なる柱廊となり、統一感を生んでいる点である。柱廊をもつ計画的につくられた都市空間は、ヴェネツィアではサン・マルコ広場とこのサン・ジャコモ広場だけに限られている。両者が共和国の威信をかけた特別の意味をもつ広場であったことがわかる。

とはいえ、路上はまさにイスラーム都市のバザール、スークと呼ばれる市場のような活気に溢れていた。数多くの店がぎっしりと並び、アーケードの中に貴金属をはじめとする高級品を商う店が並んでいた。その上には、さまざまな税金を統括する一種の大蔵省のような役所が置かれ、政治や都市づくりを司るサン・マルコの役所に対し、こちらは海洋都市ヴェネツィアにとって重要な経済活動を担った。

サン・ジャコモ広場こそ、ヴェネツィア人にとって、その都市生活の中心だったといえよう。西の回廊の前には、跪《ひざまず》いた人物の彫像があり、その上が、為政者が法律や判決を読み上げる台となっていた。だが同時に、その像は、日頃の色々な出来事を面白く風刺した民衆の側からの文が貼り付けられる場でもあった。

バルバカーニ　２階を路上に張り出す形で、リアルト地区に多い。著者撮影

この広場を囲む回廊の中の一画に、近年、新しい動きがみられる。長らく倉庫として使われていた場所をリノヴェーションして、洒落《しゃれ》たワインバーが次々にオープンし、ヴェネツィア人の間で最も人気のあるスポットとなっている。

このリアルト市場は、まさにヴェネツィアの東方貿易の発展とともに大きく成長、拡大していった。そして、この市場空間の雰囲気が、イスラーム世界のスーク、バザールと、実によく似ているのである。実際、世界でも最も迫力のあるアレッポのスークとリアルト市場の構成を比較してみると面白い。どちらも、両側に小さな店舗がぎっしり並ぶ狭い街路が単位となり、それらが平行に何本も配列されて、市場全体ができている。サン・ジャコモ広場周辺を除くリアルト市場の大半は、柱廊をもたず小さな店舗、ボッテーガが連なる構成で、スークとよく似ている。現在のアレッポなどでは、ヴェネツィアにはない屋根の架かるスークに印象づけられるが、一五世紀以前は、それはない方が普通だったようである。

運河に対して垂直に、まるで櫛の歯のように何本も伸びる狭い道は、同時に、大運河との結びつきが生んだ交易に生きる港町にふさわしいものでもあった。大運河から荷揚げされた商品、物資を運び込むのに、このシステムが効率的であった。ピサでも、ジェノヴァでも、何本もの狭い道が水際から奥に伸びているのが観察できる。

リアルト市場の地区では、これらの路地に沿って長く続く建物は、二階を路上に張り出すバルバカーニと呼ばれる独特の形式をみせている。木の片持ち梁《はり》で上部を張り出すのである。この手法もまた、出窓を路上に張り出す傾向のある東方の都市の風景を連想させる。

本来、上階は住まいだったが、市場機能の強化のため、商人の倉庫として利用されることになり、リアルト市場でも、イスラーム世界のスーク同様、人の住まない商業に特化した空間が広がった。ヴェネツィアで最も人気のあるレストランの一つ、「マドンナ」も、こうしたリアルトの商業機能が集積した路地に面する典型的な建物の一階にある。

ファッション産業

ヴェネツィアは職人の町でもあった。一三世紀から手工業の発展をみたが、特に一六世紀以後、国内の手工業がおおいに活発になり、ファッション産業が栄えた。その活動の拠点が、リアルト市場の裏手のエリアに広がっていた。こうした光もささない狭い道に、ボッテーガ（店や工房）が並んでいた。その典型例として、「カッレ・トスカーナ」がある。フィレンツェやピサのあるトスカーナであるが、ここではもっぱらピサのやや北にあるルッカの町の職人たちが活躍した。彼らは現在でこそ同じイタリア人であるが、当時は外国人であった。

ルッカ人はヴェネツィアの重要なファッション産業の一つ、絹織物の業界を牛耳った。なかなかの勢力をもち、都心のサン・ジョヴァンニ・グリゾストモ教会の近くとリアルト地区の二ヵ所に、自分たちのオフィスやボッテーガを構えていた。ヴェネツィアでは、職人たちはギルドのように、守護聖人をかかげながら、スクオラと呼ばれる同信組合をつくっていた。ルッカの絹織物職人たちのスクオラは、町の北西、サン・マルクオーラ地区の一角に、三角の破風の形を見せる一風変わった形式の建物の中にあった。

ファッション産業のそれぞれの業界にとって、リアルト市場は最も重要な場所だった。羊毛組合も、貴金属などの高級店舗が並ぶ華やかなアーケードの一本裏手の道、「カッレ・デル・パランゴン」にそのオフィスを構えていた。ここは、布地のロールが正式の規格に合っているかどうかを品質管理する役割をもっていた。ヴェネツィア方言でいう「パランゴン」とは、まさに比較するという意味なのである。

「商売における誠実を擁護する」

都心の重要な場所をこれほど商人の活動で占有するということは、驚きである。イスラーム世界では、商人の活動はコーランで神聖化されていた。一方、キリスト教の教えでは反対に、商人や銀行家はネガティブにみられがちであった。しかし、商業都市ヴェネツィアでは、銀行家も心の苦しみを感じることはなかった。ヴェネツィアでは、このリアルトに二つの教会があり、重要な祭礼の日に総督の宗教行列がそのまわりをめぐることで、商売という行為も聖化された。サン・ジャコモ・ディ・リアルト教会の外に、二つの興味深い碑文がある。一つはラテン語、もう一つはヴェネツィア語で、「商売における忠誠と誠実を擁護する」と書かれている。ヴェネツィアでは、商売と宗教がこのように直接結びついていた。

リアルト市場の北側の大運河に沿った荷揚げのしやすい空き地には、ちょうど今日と同様に、場所をとる生鮮食料品の市場が置かれていた。しかも、中心に近い東側に野菜、遠い西側に魚、さらにその奥に肉という具合に、汚れ易いものを扱う業種を中心から遠ざけるように工夫していたことが読み取れる。

生鮮食料品以外の日常的なかさばる物も、市場のまわりの大運河に沿った公共の河岸に荷揚げされ、売られた。ワイン、オイル、鉄、石炭などの語が岸辺の名前に残されており、塩、胡椒、木材、鉛などの金属、さらに羊毛や生糸などの高級品も、リアルトの河岸で荷揚げされた。こうした商品にかけられる税金や河岸の使用料は、共和国の重要な財源であった。

フォンダコの機能と構成

一大商業ゾーンの要となるリアルト橋の北のたもとには、遅くとも一二二二年にはドイツ人のフォンダコ（商館）が存在したことが知られる。一二～一三世紀には、東西世界を結ぶ中央市場の役割をもったリアルト市場の周辺の水辺には、外国人がヴェネツィアで経済活動を展開する拠点として、フォンダコが設けられた。ドイツ人、ペルシア人、そしてトルコ人の商館が知られる。ヴェネツィアは、エジプト、ダルマツィア、ギリシアなど、地中海のあらゆる所にフォンダコを建てて、交易の拠点としたが、それと同じ

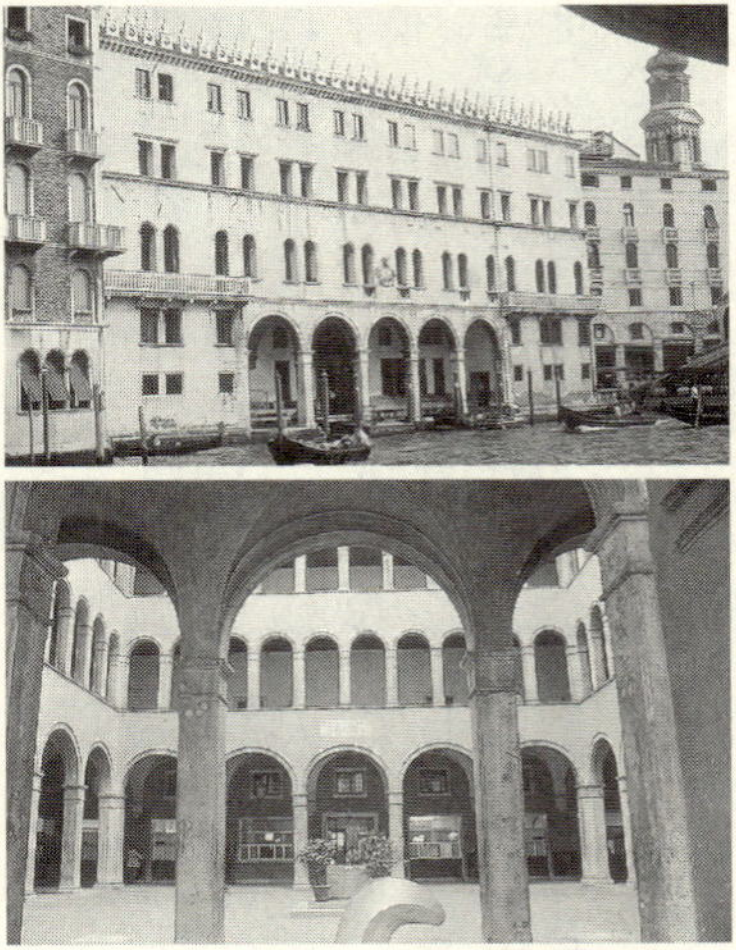

ドイツ人商館　大運河に面した外観（上）と、内部の柱廊（下）。著者撮影。長く中央郵便局として使用されてきたが、2016年以後は商業施設に転用されている

ものが、ヴェネツィアの町の中にもつくられたのである。

交易都市、ヴェネツィアの歴史を専門とするD・カラビは、フォンダコの社会的、政治的な役割に注目する。一四世紀末から一五世紀初め、ヴェネツィア共和国政府は、外国人の受け入れを奨励した。彼らを受け入れ、快適に住まわせることは、交易をスムーズに行うために必要だった。しかし、これら外国人コミュニティを受け入れる反面、ヴェネツィア市民を守る必要もあった。民族間の紛争は地中海世界、あるいはヨーロッパには古くから存在した。外からやってくる外国人との間に常に紛争を経験していた。ヴェネツィア人はそれをうまく抑える方法を考えた。これらの商館は、外国人と一般市民を衝突させないように意図してつくられた、特別なつくりの施設だったのである。交易を行う上で必要な外国人と、現地の人たちとの摩擦が起こらないように工夫されたものだという。

特に重要なのが、ドイツ人商館である。東方からの商品を買いにヴェネツィアに来るドイツ系の商人のために宿泊施設と倉庫をもつビジネス拠点を共和国が提供したのである。ドイツ人といっても、アルプス以北の広い範囲をさし、現在のオランダ人なども含まれていた。

一五〇〇年のバルバリの鳥瞰図を見ると、その頃までのドイツ人商館は複数の中庭をもつ構成をとっており、まさにイスラーム世界のフンドゥクと形もよく似ている。現在の建物は、一四七八年の火事で焼失した後、一六世紀初頭に再建されたものである。正方形のプランをとり、四面対称の中庭を囲んでいる。四層にわたって連続アーチがめぐるその構成は目を奪う。

一階には荷揚げの場があり、その両側に、共和国政府が派遣するヴェネツィア人の監視人の部屋があり、商品の質や量を監査して税金をかけていた。検査を受けた商品は中庭に運び込まれ、そのまわりの倉庫に収められた。今はガラスの覆いが被っている中庭だが、本来はアラブ世界のハーン、フンドゥクと同様、空に抜けていた。上階は、人々が宿泊できる施設になっていた。外部に目を向けても、装飾的な軒上のパラペットは、すでにみたトルコ人商館と同様、イスラーム建築との親近性を感じさせる。

そしてまた、このフォンダコの外観はかつて、大運河側はジョルジョーネ、カッレ側はティツィアーノという二人の著名な画家によるフレスコ画で華やかに飾られていた。初期ルネサンスのヴェネツィアには、中世の東方からの影響の下、この町の文化的アイデンティティとなっていた、建物の外観を多彩色に飾る美意識が受け継がれていたのである。古代の神話などに題材を得たフレスコ画で飾られた貴族の館（パラッツォ）は数多い。だが、水に囲われた湿気の多いこの地にあっては、こうした外壁を彩るフレスコ画は、時間とともに徐々に失われる宿命にあった。かつてのヴェネツィアは、今よりずっと艶《あで》やかな姿をしていたのである。

ドイツ人商館は、交易、商業の中心であるばかりか、さまざまな文化的な活動の拠点でもあった。一六世紀の絵画の巨匠、デューラーがヴェネツィアに滞在する際にはここに住み、ベッリーニ、ジョルジョーネ、ティツィアーノらヴェネツィア派の画家たちと交流を結んだ。また、一六世紀のフランドルの作曲家で、当時、サン・マルコ聖堂の楽師長であったヴ

木造のリアルト橋　ヴィットーレ・カルパッチョ画「十字架の聖遺物の奇跡」。1494年。右奥に橋が見える。アカデミア美術館蔵

アン・ヴィレールトもここに住んだという。中庭では、さまざまな公演が行われ、ドイツ系の人々の交流の場となったが、時には、ヴェネツィア市民も入ることができた。

リアルト橋の再建

ヴェネツィアの人々は、一般的に、自分たちが築き上げた独特の都市環境を変化させることに保守的な態度をみせた。大運河に架かる唯一の橋であるリアルト橋の、一六世紀に行われた再建の際にもそれが現れた。それまでは、一五世紀末のカルパッチョの絵に見られるような、中央が跳ね上がる木の橋が架かっていたのに対し、一五〇七年に競技設計応募案の中から選ばれたのは、差し渡し二八メートルの巨大なアーチによってひとまたぎで大運河に架かる、力強い石の橋のプロジェクトであった。だが、当時無名の建築家、アントニオ・ダ・ポンテによるこのあまりに大胆な案の実施に対してその後、幾多の敵対行動が起こったため、工事を完成にこぎつけたのは、実に八〇年以上経た一五九一年のことであった。この事実は、自分たちの町の景観の変化に対してヴェネツィア人がいかに慎重だったかを物

語っていよう。しかし、時間をかけて実現されたダ・ポンテの橋は、大運河のイメージを刷新した。

そもそも都市の経済を支えたリアルト市場は、もっぱら機能性を追求する場であり、せいぜいサン・ジャコモ広場の周囲をポルティコで統一するくらいで、サン・マルコのような象徴的建築は必要としなかった。そのかわり、大運河に架かるリアルト橋がまさにこの界隈を象徴する最大のモニュメントとして輝くことになった。ここでは橋は、単に対岸に渡る土木施設なのではない。大運河に架かる水上の記念門として、海とともに生きてきた共和国の輝かしき過去の記憶を思い起こさせる。

現在のリアルト橋　16世紀に約80年を費やして木造の橋から現在の石造に架け替えられた

しかも、従来の跳ね上げ橋と同様、橋の上に二列の商店街が設けられ、人々が常に集まり賑わう広場や市場としての役割を引き継いだ。さらに、水運河の側にも両サイドに通路を設けたことで、水上と橋の上の人々との視線のやり取りが生まれ、劇場的な華やかな性格が加わった。この時期には、東方からの物資を満載し行き来する帆船も減っていたし、建造技術の革新によって大型化した船はもはや大運河には入らなくなっていたから、橋の開閉も必要なくなっていた。一六世紀のルネサンスから一七世紀のバロックの時代、ヴェネツィアの幹線水路、大運河は東方貿易と結びつく港湾都市から、水上の祝祭やスペクタクルが展開する劇場都市へと、そのイメージを転換させていたのである。

この橋が一五九一年に完成した時の総督の名は、パスクアーレ・チコーニャ（在位一五八五〜九五年）。その末裔にあたる人物、ジャンパオロ・チコーニャ伯爵が、北イタリアのヴィチェンツァのルネサンス時代に建てられた素晴らしい邸宅に住む。ヴェネト地方の都市の調査を行った際に、紹介を受け、日本の写真家と編集者、建築家の仲間とともにこの邸宅を訪ねると、「あなた方は我々の家族をはるばる訪ねてくれた日本からの二番目のグループです」と歓待してくれた。何と、最初のグループは、天正少年使節団だったのだ。一五八五年に、ヴェネツィアの総督宮殿で日本の使節団を手厚く迎えたのが、彼の先祖であった。総督の大きな肖像画が残されており、その絵の隣に並んだ今の当主の面長で高貴な顔立ちは、まさに瓜二つであった。

マルコ・ポーロの家があった場所

ヴェネツィアでは、一二世紀初めの度重なる大火への反省に基づき、木造から煉瓦造り・石造りへの切り替えを実現しながら、本格的な都市づくりに乗り出した。とはいえ、最初から水の制御の難しい大運河沿いに建設するよりは、内部をめぐる小さい運河の条件のよい場所から、館の建設を始めたと思われる。運河に直接正面を向けて建つ形式ではなく、水に向

コルテ・デル・ミリオン　マルコ・ポーロの家があったあたりという。著者撮影

けてコルテと呼ぶ庭を前面にとり、荷揚げ場、作業場としていた。その奥に館がくる。

そんな構成を語ってくれる一二世紀の一画が幸いヴェネツィアに数ヵ所残っている。動植物の細やかなレリーフをもつビザンツ様式の美しい半円アーチが、時代を証言してくれる。その典型が実は、サン・ジョヴァンニ・グリゾストモ地区の裏手に潜む、マルコ・ポーロの家があった場所である。今でこそ町の裏手の薄汚れた地味な街並みとなっているが、この一画には、アマーディ家、モロジーニ家、そしてポーロ家という中世からの名門が、それぞれ独立したコルテを囲んで住んでいた。

マルコ・ポーロ（一二五四〜一三二四年）の東方についての土産話がいつも桁違いに大きく膨れたために、イル・ミリオーネ（Il Milione＝百万旦那）という異名をとっていたことから、この中庭も、コルテ・デル・ミリオンと呼ばれている。運河の側から、高い建物で囲われた大きなコルテを進むと、建物の右コーナーに一二世紀の動植物模様の浮き彫りをもつビザンツ様式のアーチが架かっている。二階までがオリジナルの部分で、ずんぐりした窓のアーチ、アカンサスのコーニス（蛇腹）に、ビザンツ世界の香りが感じられる。三階はゴシック時代に、四、五階は一七世紀以後に増築されたことが窓の様式ですぐ見てとれる。このあたり、一二世紀の開発で登場し、時代を重ねてきた場所である。その誕生、変遷のプロセスを現在の街並みを観察しながら、読み解くことができるのは、ヴェネツィアをはじめとするイタリア都市ならではの面白さだ。

「広場」の原風景

威厳にみちたピアッツァ

ヴェネツィアは、広場の都市でもある。これほど多くの広場が存在し、今なお市民生活の中で生き生きと使い続けられている都市は他にない。中世のある段階で馬の通行も禁じ、まさに人間の都市を形成したこの町ならではの特徴である。

数多くあるヴェネツィアの広場の頂点にたつのが、サン・マルコ広場である。狭くて何度も折れ曲がるメインストリート、メルチェリア（小間物通り）をたどって、お目当てのサン・マルコ広場を訪ねよう。地中海を舞台とした激動の中世に、居並ぶ列強諸国を退けて繁栄を実現したその都市権力の中枢がここにある。この町でイタリア語の広場にあたるピアッツァという称号を与えられているのがこの広場に限られているのをみても、ヴェネツィア人がいかにそこに特別の意味をこめていたかを窺い知ることができる。

この広場の形は、一風変わっている。L字型に折れて小広場（ピアツェッタ）へと連結し、そこで広い水面に開くという、劇的で巧みな構成をとるのだ。いかにも水の都にふさわしく、この空間が町にとっての正面玄関になっている。港町の船着き場には普通、下町的な雰囲気が漂うのに、小広場と広場が結ばれたこのサン・マルコの一画は、国家の代表的な建造物で囲われたハレの場なのである。宗教の中心サン・マルコ聖堂（ビザンツ様式）、政治の中心、総督宮殿（ゴシック様式）ばかりか、ここには官僚機構を支える旧行政館（初期ルネサンス様式）、さらに加えて、金融の中心、造幣局と文化の中心、図書館（ともに本格的

サン・マルコ広場周辺　L字型の広場（上）に面して、サン・マルコ聖堂、図書館（中、著者撮影）、総督宮殿や造幣局などが並ぶ、秩序と統一感のある都市空間。左は、鐘をつくムーア人の像と、ヴェネツィアの象徴・有翼の獅子像をそなえた時計塔の上部。海から到着すると、小広場の正面奥に見える

な古典主義のルネサンス様式）が雄姿を誇っている。

しかも、小広場と広場は、古代広場の伝統である列柱で囲む構成をとり、秩序と統一感をもった都市空間を創り上げている。一般市民の住居はここからは完全に締め出され、共和国の政治・行政を支える公共建築でのみ取り囲まれている。したがって、時代の違いに対応したさまざまな建築様式の建物が並ぶにもかかわらず、公権力を背景とした柱廊によるデザイン上の統一が可能だったのである。

この威厳に満ちた華やかな広場も、その形態が完成するまでに一〇〇〇年の歳月が費やされた。一二世紀までは、ほぼ半分の大きさで、木造の質素な建物が一部を囲む単なる空き地にすぎず、西の方にはブドウ畑が一面に広がっていた。本格的な拡大・改造を経た後も、一五世紀の版画を見ると、現在の図書館の位置には宿屋やパン屋といった質素な小さい建物が並び、小広場の円柱の近くには下町的な肉屋などの露店市が立っていたことがわかる。このような段階を経ながら、サン・マルコ広場は人間の意志によって、計画的に造形されていった。生活臭さを排除し、絢爛豪華な虚構ともいえる世界がそこに築かれたのである。

レウィックの景観画

絵になる町、ヴェネツィアは、数多くの画家の心を捉え、その風景は繰り返し描かれてきた。すでに述べた通り、一五世紀後半、この水の都にルネサンスの動きが登場し始めた頃、ネーデルラントのユトレヒトからやって来たエルハルド・レウィックという画家によって、ヴェネツィアの本格的な景観画が描かれた。この絵を描いた視点は、サン・ジョルジョ・マッジョーレ島の鐘楼の上に据えられており、今も我々は、同じ視点からこの町を眺めることができる。

この画家は、聖地エルサレムへ巡礼としておもむく聖職者に同行し、行く先々で都市の風景を絵に描くという任務をもっていた。ヴェネツィアには二五日間滞在し、その間に彼は、この町の全体を見事に一枚の絵に表したというわけだ（後に木版画として出版された）。この絵において、ヴェネツィアの周辺部はいささか歪められ、また背後に広がる本土の山並みは幻想的に誇張されているのに対し、最も重要な町の中心部はかなりの精度で描かれており、当時の都市景観を知るのにこの上ない史料といえよう。

レウィックの景観画　15世紀に描かれた風景は、今もほとんど変わっていない。G.Cassini, *Piante e vedute prospettiche di Venezia,* 1982.より

まだこの時期には、小広場の西側には粗末なパン屋や宿屋が並び、誇り高きヴェネツィアの海からの正面玄関にふさわしからぬ光景を呈していた。水際には、魚や肉などの露店が並んでいたし、また東方の海に乗り出す船乗りを探し求める場所として使われるなど、港町に共通した下町的な雰囲気がまだ残っていた。

サン・マルコ広場においてルネサンスの都市改造が始まったのは、ちょうど一五〇〇年を迎える頃だった。まず小広場の奥の正面に、建築家マウロ・コドゥッチによって時計塔がつくられた。鐘をつくムーア人の像で有名なこの塔は、ヴェネツィアのメインストリートにあたるメルチェリアが広場に流れ込む場所に、一種の凱旋門のような形で登場したのである。この塔の建設をきっかけとして、サン・マルコ広場と小広場では、都市空間のイメージを大きくつくり変えていくことになる。それは、すぐさま都市図の描き方にも表れ、バルバリの鳥瞰図に描かれたサン・マルコの小広場に再度注目すると、新たに登場していたムーア人の時計塔を正面に据え、遠近法的発想で高い視点からこの空間を巧みに捉えていることがわかる。すなわち、ルネサンスの新しい感覚でサン・マルコの都市空間をイメージし始めたといえるのだ。

演劇空間としてのサン・マルコ広場

ローマが外国人勢力に蹂躙され、フィレンツェがメディチ家の独占的な支配で重苦しい雰囲気に包まれる中、共和制を維持し、自由な空気の溢れるヴェネツィアには、多くの思想家、芸術家が集まり、一種のアジール（避難所）としての都市文化が生まれた。この地にやってきた建築理論家として知られるセルリオは、現実のサン・マルコ広場をルネサンスの空間理念に基づいて再構成した、実に興味深い舞台装置的な透視図を描き残した。

このセルリオのスケッチによって示された都市空間の遠近法的解釈を現実のものにしたの

が、ローマからやってきた古典主義の建築家、サンソヴィーノだった。彼は、小広場の西側の、それまで粗末な宿屋やパン屋が並んでいた場所に、ローマ風の本格的なルネサンス様式で図書館を建設し、共和国の表玄関に威厳を与えた。それは奥行きの浅いどちらかといえば書き割り的な建築で、小広場を遠近法的構図をもつ一つの舞台に仕立て上げるのに、最も効果的に設計されていた。

サン・マルコ広場の十字架の行列　ジェンティーレ・ベッリーニ画。1496年。アカデミア美術館蔵

遠近法は演劇と結びついて発達したが、そもそも祝祭的な雰囲気に包まれた水都の中心サン・マルコ広場自体がもともと、ベッリーニの絵をはじめ多くの人々の手で描かれ続けたように、宗教行事、祭り、スペクタクルがしばしば催される演劇的空間なのであった。特にカーニバルの期間中は、ここでさまざまな見世物、芝居が繰り広げられ、占い師、中にはペテン師までが集まって、盛り場のような活気に包まれた。コンメディア・デラルテ（即興の仮面劇）の芸人が人気を集め、人形芝居の小屋や仮設のステージで歌う歌手のまわりに人々が群がった。

小広場を舞台として、より本格的なスペクタクルも催された。中央にステージが組まれ、その上に仮設の凱旋門が置かれて、仕掛け花火が打ち上げられる。広場にそびえる鐘楼から軽業師が綱をつたって空中を舞い降り、貴賓席の総督にさっそうと花束を捧げる、といった演出も見られた。共和国の表玄関にあたる小広場の先の水面には、「世界劇場」と呼ばれる移動劇場が登場し、音楽、踊り、演劇で祝祭の雰囲気を一層盛り上げた。

狭くて暗い迷路を徘徊し、時計塔の下をくぐってサン・マルコの広場に躍り出た時の、あのまばゆいばかりの空間体験は、今もまったく変わらない。ここに立っていると、共和国時代の祝祭的な気分に溢れたサン・マルコ広場にいつの間にかタイムスリップしている自分を見出すのだ。

それにしても、現在のサン・マルコ広場は、大勢の観光客とそれを当てに集まる鳩の大群で、昼間はゆっくりとこの空間を味わうのが難しい。そこで、深夜、人々が寝静まった頃の時間帯に、この広場を訪ねることを勧めたい。共和国の栄光の歴史を語る素晴らしい建築群で囲まれた広場には、自分以外に誰もいない。独特の照明で夜空を背に浮かび上がった回廊のめぐる広場の秩序ある空間をすべて自分が独り占めにでき、身震いがするほどの感動を覚える。

カンポという空間

高密度に組み立てられた迷宮的な都市空間の中の、ローカルな広場にも目を向けよう。ヴェネツィアでは、最初から広場として形成された真のピアッツァは、サン・マルコ広場のみだが、都市としての形成が進むにつれ、それぞれの地区＝島にも住民生活の中心としての広場が形づくられていった。それがヴェネツィア方言でカンポと呼ばれる空間である。共和国を象徴する輝きに満ちたサン・マルコ広場に対し、各島の共同体の生活と結びついた普段着のローカルな広場である。カンポとは、イタリア語では田畑や野原を意味している。そのことからも、もともとこれらの都市空間は広場として築かれたのではなく、島の上のプリミティブな居住地に接してとられたのどかな空き地に過ぎなかったことが知られる。菜園や果樹園があり、共通の作業場でもあっただろう。時代が下り、都市が発展するにつれ、沼沢地が干拓造成されて宅地となり、カンポは完全に建築群で囲まれた広場の体をなすようになった。煉瓦で、そして石で舗装され、樹木も姿を消して、人工的に造形された立派な公共空間になった。だが発生の起源を示すこのカンポという呼び名は、その後、今日にいたるまで受け継がれ、サン・マルコのピアッツァとは明らかに意識の上で区別されて、ヴェネツィア市民の日常生活の中で親しまれてきた。

サンタ・マルゲリータのカンポ

中でもその本来の雰囲気をよくとどめるサンタ・マルゲリータの広場（カンポ）を訪ねてみよう。サン・マルコからは、大運河を橋で反対側（西側）に渡ることになる。私自身、一九七三年〜七五年の二年間、ヴェネツィアに留学した際に、この広場のすぐ近くに住み、その後も一貫してウォッチングしてきただけに、愛着の強い場所だ。

この広場の歴史も古い。サン・マルコ広場と同様、九世紀にまず教区教会堂が創建され、

サンタ・マルゲリータ広場　カンポと呼ばれる広場。露店が並び、人々は木陰で寛ぐ。著者撮影

一〇〇〇年の時間をかけて現在の形態ができ上がった。ただし、その機能と造形の原理はまったく異なる。

国家のデザインで幾何学的につくられたサン・マルコ広場に対し、こちらは自然体の姿を見せる。まず、住居群が、運河の流れの向きに規定されて建ち並ぶ。広場西面の逆反りに湾曲した面白い壁面も、実は自然発生的に運河に平行になるように決定されたものである。広場の抽象的な理念が先行して形が決まるのではなく、水との強い結びつきをもち、共同で営まれる島の生活の論理によって広場が造形されたといえる。

周囲を取り巻く建物は、公共建築ではなく、一階に店舗を置き、上階を住居とするごく普通の建物である。日本の職住が一体の町家とは異なり、店舗と上の住まいは普通、繋がっておらず、商人は通ってくる。いずれにしても、広場のまわりに大勢の市民が住んでいる点が、サン・マルコ広場とは根本的に違う。

個々の建物のデザインは、民間の所有者に委ねられ、一軒一軒が少しずつ異なりながら、全体としては見事に調和がとれ、雰囲気のある都市空間を生んでいる。

一九八〇年代以後、時代の変化を反映し、若者向けの洒落た店や観光客を意識した派手な店が増えたとはいえ、今なお、この生活広場は活発な営みを続けている。生鮮食料品を中心とした露店は、やや数が減ったとはいえ、この広場に庶民的な賑わいを与える主役であり続けている。

広場を囲む建築群の中にとられた居酒屋、カフェ、バールといった人々の集まる場所は十数ヵ所におよんで、終日、老若男女を問わず地元住民をひきつけている。近年の変化の一つは、緑が増えたことだ。本格的な広場に発展したカンポには本来、樹木はなかった。ところが、緑の思想がこの町にも影響を与えたようで、カンポに植樹された木々が大きく生長した。その木陰にベンチが置かれ、ますます高齢化するヴェネツィア住民たちにとっては、最高の寛《くつろ》ぎの空間となっている。

国家の象徴としての広場＝ピアッツァと民衆の日常生活の中心としての広場＝カンポ。ヴェネツィアにある対照的な性格のこれらの広場を理解していれば、ヨーロッパ都市の広場はどれも容易に読み解ける。

港町に集う人びと

人口の一〇パーセントが外国人

港町には当然、外国人が溢れる。国際交易都市、ヴェネツィアにも、古くから大勢の外国人が訪ね、また居住した。特に、サン・マルコ広場やリアルト市場には、いつもたくさんの外国人が集まった。

外国人の商館（フォンダコ）として、すでにくわしくみたドイツ人のフォンダコに加えて、やはりカナル・グランデに沿って、ペルシア人、トルコ人の商館が設けられた。その北隣には、ペルシア人の商館があった。

なかでも重要だったのは、さらに大運河をさかのぼった地点にあったトルコ人商館である。もともとは一三世紀につくられた貴族の館だったものを、ヴェネツィア政府が買い上げ、一六二一年にトルコ人のフォンダコに転用したのである。トルコ人とはいえ、そこにはアルバニア人、マケドニア人、セルビア人など、オスマン帝国領の人々も含まれていた。

堀井優によれば、一六世紀前半のオスマン帝国とヴェネツィアは、特別な対立激化の時期を除き、ほとんどの期間、友好関係の下にあった。だが、一五四〇年頃から、ヴェネツィア船の自由な来訪も認められていた。だが、一五四〇年頃から、オスマン帝国領へのヴェネツィア船の活動を規制する方向に変わったという。そして一五七一年のレパントの海戦で両者が激突した。トルコ人商館は、その後もオスマン帝国と表向き戦争状態にありながら開設され、交易の拠点となったものであり、ヴェネツィアの狡猾な外交政策がうかがえる。

同じキリスト教徒のドイツ人に比べ、異教徒であり、地中海を舞台に戦いを繰り返していたトルコ人を、ヴェネツィア人は好戦的で危険な民族とみなしていた。しかし一方では、トルコ人は交易には欠かせない存在であった。恐れを感じながらも、ヴェネツィア人は必要なトルコ人商館を開設したのである。

ヴェネツィアは、レパントの海戦でオスマン軍に勝利したが、当時、トルコとは非常に緊張関係が高まっており、とりわけ注意を払わねばならない相手だった。この館をトルコ人が使うための規則も非常に厳格だった。ドイツ人商館と同様、水際に荷揚げ場があり、その両側にいる門衛には、何世代にもわたる信心深いキリスト教徒が選ばれた。ヴェネツィア人の女性が中に入ることも極力避けられていた。この建物のすぐ外には、ヴェネツィアの町が広がっているが、側面にある窓や戸は閉じられており、外からも内からも双方が見えないようになっていた。

ヴェネツィアには、フォンダコを拠点とした外国人以外に、ギリシア人、ダルマツィア人、アルメニア人、ユダヤ人らが大勢住んだ。それぞれ自分たちの教会やスクオラ（同信組合）をもち、コミュニティを形成した。ヴェネツィアは、外国人に対し寛容で、彼らは都市社会における商業、生産部門などで重要な役割を果たした。一六世紀には、人口の一〇パーセントを外国人が占めたのである。

ドイツ人には、ヴェネツィアの都市社会に溶け込んで活動する人たちも多かった。靴の分野での活躍が知られ、サント・ステーファノ地区の「カッレ・デッレ・ボッテーゲ」（工房通り）に彼らのスクオラだった建物がある。入り口の上に、靴の可愛らしいシンボルマークがある。踵《かかと》の高い洒落た形の靴で、ヴェネツィアのファッション業界を支えたセンスを感じさせる。当時の職人はしばしば旅をした。このスクオラは、ドイツ圏から来た職人を三日間だけ宿泊させ、面倒をみる役割ももった。

ゲットーの誕生

外国人の中でも、特異な位置を占めたのがユダヤ人である。商才にたけた彼らは早くからリアルト市場の周縁で経済活動に携わっていた。一五世紀末には、それまでイベリア半島でイスラーム教徒の支配のもとで彼らと共生していたユダヤ人が、レコンキスタ（キリスト教徒再征服）とともに、イベリア半島から追い出されてヴェネツィアに流れ込み、その数は一段と増えた。ユダヤ人が一般市民と一緒に住む上でのさまざまな問題が生じたため、共和国政府は一五一六年、法令によって、すべてのユダヤ人を町の北西部のややはずれにある島の中の限定された土地にまとめて住まわせることにした。これがいわゆるゲットーである。

ゲットーが誕生した土地はもともと湿地で、その隣にあった銅の鋳造工場から出る廃棄物を捨てる場所となっていた。この工場が、都市全体のなかでの産業施設の再配置の方針にのっとり、東のアルセナーレの近くに移転したのにともない、干拓によって宅地化が進み、その後、ユダヤ人の居住区となったのである。「鋳造する」という意味のgettareにちなんで、この一画はもともとGettoと呼ばれ、そこからGhetto（ゲットー）の言葉が生まれ、やがてユダヤ人居住区を意味する言葉として世界中に広まったのである。

ゲットーの誕生は、もともとここに住宅を所有しているキリスト教徒にとっては高額の家賃が保証されるし、ユダヤ人にとっては安全が保障されるという利点があり、双方から歓迎された。これまでにみたフォンダコのように、厳しい監視制度があり、番人が船で巡回し、外部、内部双方から見ることができないよう、窓は閉じなければならなかった。

とはいえ、この一画が都市空間から遮断されていたわけではない。夜間は締められたが、昼間は制限されていたとはいえ、一般市民が中に入ることができた。大きな広場のまわりに店を構え、利子をつけて金を貸すユダヤ人の銀行は、人々の暮らしにとって重要だったのである。また、ユダヤ人は必ずしも規則を守らなかった。小運河が島の周囲をめぐり、監視人が回っていたものの、窓をあける家があったし、船着き場のような所に食堂など多くの店が出ていたという。

それにしても、このゲットーの一画は異様なほど、質素な住宅が高くそびえている。天井を低くし、八階、九階もの高さに積んで、密度の高い居住地を築き上げた。ヴェネツィアでは通常、三～四階、多くて五階止まりであるから、その姿には驚かされる。そもそもこれらの建物の低層部分は、キリスト教徒が所有していたものをユダヤ人に貸し与えたものだが、上階に増築した分は自分たちの所有になるという法律上の興味深いルールが存在していた。したがって、普通の賃貸よりずっとユダヤ人にとって条件がよかっ

ゲットー　ユダヤ人居住地。質素で天井の低い住宅がそびえる。著者撮影

た。増築がどんどん進んだのも納得できる。

逆に、島の真ん中に大きな広場がとられ、コミュニティの重要な空間となっている。中央には、他のカンポと同様、水を供給する貯水槽があり、まわりには工房、食料品などの店舗があり、銀行もあった。ユダヤ人は貧しい人だけでなく、富裕な商人にも金を貸した。

ヴェネツィアは、ユダヤ人にとっては、比較的居心地のよい土地だけに、流入する人々が増え、新たな地区を拡張した。多くの店舗、学校、老人ホームや病院などの社会施設がどんどんつくられた。ユダヤ人といっても、出身地により異なるグループを形成し、ドイツ系、スペイン系、イタリア系をはじめ、五つのシナゴーグ（集会所）ができた。それぞれのグループで、言語も食生活も宗教儀礼も違うのである。相互の衝突を避けるため、共和国はユダヤ人の居住地域を巧く分けていたのである。したがって実に多様な施設が出来た。貧しく高密な居住環境でありながら、ゲットーほど豊かな施設が整った場所は、ヴェネツィアの他の地区には見当たらない。

ダルマツィア人のコミュニティ

東方との繋がりを強く示すギリシア人、ダルマツィア人は、海洋都市の表舞台であり、港湾区域にもあたるサン・マルコからスキアヴォーニの岸辺の裏手に彼らのコミュニティを形成した。

初期にはビザンツ帝国の影響下にあったヴェネツィアには、ギリシア人が古くから居住し、オスマン帝国の拡大する過程でかなりの人数が流れ込んでいた。さらに、コンスタンティノープルが陥落した一四五三年には、彼らを受け入れ保護するヴェネツィアに大量に避難してくるようになった。

やがて彼らは、ユダヤ人社会を除くと、ヴェネツィアで最大の外国人社会を形成したのである。一五世紀後半の調査では、約四〇〇〇人のギリシア人が住んでいたとされる。その大半は、商人、出版者、芸術家など、教養人が多かった。彼らは一五二六年、努力の甲斐あって、ヴェネツィアの公権力からついにギリシア正教の儀礼を行う権利を得た。サン・ロレンツォ運河に面した広い土地の購入も認められ、そこに教会、学校、病院、文書館、そして墓地がつくられて、ギリシア人コミュニティのまさに拠点となった。

スキアヴォーニの岸辺　サン・マルコの東側に伸びる船着き場のようす。18世紀中頃、カナレット画

この場所は、迷宮都市にあっても見つけやすい。サン・マルコから少し東に行くと、運河沿いにピサの斜塔のように傾き、今にも倒れそうに見える塔（一六世紀末）がある。これがお目当てのサン・ジョルジョ・デイ・グレーチ教会

の鐘楼で、教会堂（一六世紀）の内部では今もギリシア正教会の方法で独特の宗教儀礼が行われている。建築からみたビザンツ様式の特徴としては、内陣と中央礼拝空間の間に、イコンで飾られた仕切り壁（聖像障）が設けられ、また正面入り口の上に女性専用の二階席がとられている。

地理的にはより近い、アドリア海の東海岸地域からの移住者が多かったのは当然である。彼らはスキアヴォーニ（ダルマツィア人）と呼ばれた。この海洋都市の船着き場として最も重要なサン・マルコから東に伸びる岸辺が、「スキアヴォーニの岸辺」と呼ばれることをみても、いかに彼らの存在が大きかったかがわかる。

スキアヴォーニの名を有名にしているもう一つの要素は、カルパッチョの素晴らしい絵で飾られた彼らのスクオラ（同信組合）である。橋のたもとに建つルネサンス様式の小振りの建築の一階の壁面に、どこかオリエントの香りを感じさせるこの画家の一〇枚ほどの作品がある。ダルマツィア人たちは、一五世紀初めにヴェネツィアに住み始めた。もっぱら船乗りと職人だった彼らはスクオラを形成し、最初はマルタ騎士団慈善院に集まり祭壇を譲り受けたが、やがてその勢力が拡大したため、自前のスクオラをもつことになったのである。

他にもヴェネツィアには、アルメニア人やアルバニア人のコミュニティがあった。このように同じ都市の中に、さまざまなエスニック・グループが集まって住む地区がいくつも存在し、複合的な社会を形づくる様子は、エルサレムやダマスクスなど、中東の大都市とも相通ずる特徴といえよう。

巡礼者の宿泊所

ヴェネツィアは、古くから聖地エルサレムへ向かう巡礼者が立ち寄り、しばらくとどまる中継地点にあたっていた。そのため、交易や商業以外の目的でも、この都市には多くの外国からの旅人が集まった。

地中海にはすでに古代ギリシアの時代から、旅人や病人、貧民を泊めさせる施設が存在し、中世にはキリスト教の慈善精神とともに、こうした施設は非常に普及した。ヴェネツィアでも、「オスピッツィオ」（養護院）と呼ばれる慈善施設が一〇世紀からつくられるようになった。一三世紀までのオスピッツィオの中には、巡礼者を泊める機能をもつものが多く、サン・マルコからスキアヴォーニの岸辺やその背後に集中する傾向がみられた。

サン・マルコ広場の南面にも、一一世紀に創設されたオスピツィオ・オルセオロがあり、巡礼者を泊めていた。そもそも、総督ヅィアーニによるサン・マルコ広場の拡大整備の大事業は、この共和国の権威を象徴する公共空間でありながら、オスピツィオ、宿屋、商店など、宗教的、世俗的、そして慈善的な性格をもった要素を混合して取り込む寛容な姿勢を示すものだった。イスラーム世界には、私有の財産を停止して公共の福祉に使用させる「ワクフ」という慈善制度があるが、その制度によって展開した都市づくりともよく似た性格がみられるのである。

一二七二年にスキアヴォーニの岸辺に登場した「神の家」と呼ばれるオスピツィオもやは

り、元は巡礼者を泊める目的でつくられたものである。この海に面した位置は、聖地へ旅立つ旅人にとっては都合がよかった。この「神の家」はその後、貧しい女性を収容する施設となり、一六世紀に建築家、サンソヴィーノによって建て替えられたが、今もその歴史は途切れることなく続き、老人ホームとなっているのが興味深い。サン・マルコの沖合の海を眺めながら、多くの高齢者が、ゆったりした老後の時間を過ごしている。

共和国の心臓部・アルセナーレ

ここで少し足を東に伸ばし、海洋共和国を支えた海軍基地であり造船所であったアルセナーレを訪ねてみよう。

町の東端に位置するアルセナーレは、防御の目的でやや奥まった場所に形成されたが、一本の運河でラグーナと密接に結ばれていた。アルセナーレという言葉は日本語に訳しにくいが、海軍の基地であり、同時に造船所であった。海と結び付いた都市には、古くから立派なアルセナーレがつくられ、特にピサ、ジェノヴァ、パレルモ、イスタンブル、アムステルダムにもあって、こうした海の歴史的施設への関心が近年、高まっている。

ヴェネツィアのアルセナーレは、視覚的に外部からは目立たないこともあって、サン・マルコの華やかさの陰に隠れがちだが、実は、都市の最も重要な花形施設だった。実際、一六世紀初めの元老院の公文書にも、「ヴェネツィア共和国の心臓部」と書かれている。創設されたのは一一〇四年で、ちょうどヴェネツィアが東方貿易で活躍し始めた頃にあたる。また、一一世紀末の十字軍の開始にともない、強力な艦隊を組む上での船の需要が増大したことも背景にあった。

国力の増大とともに、アルセナーレはどんどん立派になった。一四世紀初めの大拡張によって東側にアルセナーレ・ヌオーヴォ（新しいアルセナーレ）が建設されたばかりか、一五世紀末、一六世紀初めにも拡張が繰り返された。共和国を訪ねる国賓を歓待する際にも、この自慢のアルセナーレを案内するのが習わしであった。

アルセナーレ正門　15世紀頃には世界最新の造船所だった。今も海軍基地として使用される。著者撮影

今も、イタリア共和国の現役の海軍基地として使われており、陸からと水からの壮麗な入り口が並ぶ正面の姿と、まわりをものものしく取り囲む大きな囲壁が印象的である。この内部にかつて世界最新の造船所があり、軍艦を製造するのに、各部分ごとに流れ作業で組み立てていく、近代のベルトコンベアー・システムに近い先端技術が用いられていた。最近は、あまり有効に使われていないこのアルセナーレを活用して、文化や情報を発信する市民に開かれた施設につくり変えるための提案も真剣に検討されている。実際、ヴェネツィアが世界に発信するビエンナーレの開催期間中、このアルセナーレの施設や水上が、展示やイベントの

空間に開放され、人気を集めている。

このアルセナーレの船の歴史博物館は必見である。ラグーナに面するこの建物は、元はといえば、船団の基地であるアルセナーレに近いため、長期の旅に出る船に積み込む保存用のパンのための穀物倉庫だった。一七世紀末、ヴェネツィア政府がドックでつくった船の模型を保存するためにつくらせた模型館としてこの博物館が誕生したという。

ヴェネツィアのアルセナーレのまわりは、世界で最初の工業地帯が形成された所でもある。この地区には、アルセナーレの内部で働く人々の職種や、その周辺に発達した関連活動の名称をとった地名が今日なお数多く残り、この地区の社会経済的性格を思い起こさせる。爆撃手通り（カッレ）、甲騎兵《こうきへい》通り、樹脂《じゅし》通り、鉛《なまり》通り（同名の運河）、錨《いかり》通り（同名のカンピエッロ）、楯《たて》通り（同名の橋）、帆《ほ》通りなどがその典型である。このようにアルセナーレの周辺には、都市の中で特別に明確な役割をもった地区が形成されたのである。近代都市計画の特徴の一つといわれる「ゾーニング」の考え方が、ヴェネツィアでは何世紀も前にとっくに実現していたともいえよう。

娼婦の出没と女性の隔離

外国からの旅人、商人が大勢集まる港町を語るのに忘れられないのは、娼婦の存在である。ヴェネツィアは特に娼婦の多い町としても知られた。一六世紀初頭には、一〇万の人口に対し一万人の娼婦がいたという指摘もある。

リアルト市場の背後には、旅人が宿泊できるオステリア、あるいはタベルナと呼ばれる場所が数多くあった。一階が居酒屋であり、上階にベッドのある部屋が設けられ、ホテルの役割をした。オステリアやタベルナは実は、娼婦の集まる場所でもあり、売春窟となっていた。

野放図な状態の売春の取り締まりに力を入れた共和国は、一三六〇年に、リアルト市場の少し西裏のサン・マッテオ地区にある民間の二軒の住宅を利用して、「カステレット」（ベッドの城）と呼ばれる公営の売春宿を設けた。娼婦を一ヵ所に集めて、公的な管理の下に置く政策をとったのである。娼婦の管理は一四世紀末から一五世紀初めにかけて一層厳しくなり、夜間の外出が禁止され、さらに町を自由に歩き回ることも禁じられて、売春はカステレットとその周辺の地区だけに限られることになった。

だがやがて、こうした制度は破られ、娼婦たちの出没するいかがわしい場所が広がっていった。一方で、売春は優雅な方向へも発展し、オステリアを捨て、豪華な貴族の館の階段を上る女たちが登場した。売春婦が、いわゆる「コルティジャーナ」と呼ばれる高級娼婦になったのである。ヨーロッパ中に知れ渡った彼女らの発する華麗なイメージが、また多くの人々をヴェネツィアに旅させることになった。高級娼婦の著しく自由で派手な衣装はファッションリーダーの役割を果たした。また、一八世紀には女性がカフェに入って楽しめる雰囲気も生まれた。

だが、本来のヴェネツィアの女性たちの行動はまったく異なっていた。一四九四年のカソーラの記述には、「女性たちは家の外へ出るには身体を隠し、特に教会に行くには、ほとんどの部分を黒い服装で覆っていた。年頃の婚期に達した女性も、完全に顔を隠しているので、自分の進む道が見えるのかどうか疑わしい」とある。こうした女性の隔離、ヴェールの使用は、ヴェネツィアへの訪問者がよく指摘したことであり、イスラーム社会との類似性を示唆している。

現代も生きる「海のスピリット」

現代の交通事情

海洋共和国ヴェネツィアも、一八世紀末にはナポレオンの支配下に入り、その輝く歴史に幕を下ろした。一八六〇年頃、イタリアの統一が実現し近代化が進んで、鉄道橋が、そして自動車の橋が架かった。本土と西側で繋がり、都市の表玄関が大陸の側の西へ移動した面もある。それでも、今なお、共和国時代の表であるアドリア海の東側への意識は強く、海洋都市のスピリットを人々は失っていない。

このヴェネツィアの町には、今も車は入らない。町の北西の一画に、鉄道駅があり、そこまでは列車でくる。その鉄道橋と平行して自動車橋も一九世紀後半につくられ、ローマ広場というバスターミナルまで車で入れる。現在、ヴェネツィア市民の中に自家用車をもつ家族は多いが、この周辺の新しい近代の埋め立て地の立体駐車場に車を置いている。

島の内部を移動するための交通手段は、歩くか船による。ここでは、あらゆる種類の船が使われている。水上バス、水上タクシー、荷物の運搬船、レクリエーション用の自家用船、郵便船、消防船、さらには霊柩船などもある。観光のゴンドラが有名だが、かつては、上流階級はどの家族も自家用のゴンドラをもっていた。ゴンドラばかりが知られるが、それに似た伝統的な小舟の種類は数多い。ヴェネツィアの市民は船を操るのが実に巧みである。

ヴェネツィアの歴史的部分の南東に近代港がつくられ、貨物船がいつも入るが、東方貿易のような遠隔地との船による交易は今日、ほとんどない。大運河や主要な運河沿いの岸辺、あるいは個人の館の前で、遠隔地からの物資が荷揚げされることはない。都市内交通の物資、ワインや食料品、日用品などの物資が荷揚げされるのみである。だからこそ、現在では、貴族の館をコンバージョンしたホテルなどで、水際をアメニティの高い快適なオープン・テラスに使うようなことが可能になっている。木杭を打って、優雅な水上テラスとしている所も少なくない。朝食をそこでゆっくり楽しむ気分は最高である。

他のイタリア都市のような、産業経済振興のための大規模な見本市（フィエラ）会場こそないが、各種の国際会議や学会、シンポジウムなどのイベントは極めて多く、この町は一流のコンベンションシティといってもよい。これらの催し物に招かれる際にも、必ず、運河沿いのホテルに宿泊し、運河に面した会場（いずれも貴族の館を転用していることが多い）に水上ハイヤーで送られ、夕方には再び船でホテルに戻り、シャワーを浴びてからまた船でレストランに繰り出すといった、最高の持てなしを受ける。

東方貿易はなくなったが、東地中海と結ぶ舟運は今なお、活発である。しかし、物資のかわりに大勢の観光客を乗せてくる。地中海クルーズの大型船が、しばしばサン・マルコ広場の沖合をゆったりと進み、町の東南の近代の港に停泊するのである。まるで巨大な集合住宅のような豪華客船が水上を移動していく姿に驚かされることがよくある。

活発な都市内の船の交通

実は、近代になると、一八八一年に初めてヴァポレット（蒸気船）が登場し、その普及によってヴェネツィアの都市内の水運も実に便利になった。以後、鉄道駅、ローマ広場（バスターミナル）、サン・マルコ、リアルトなどを中心として、数多くの停留場が設けられ、市民の足として実に便利な乗り物となっている。陸上の鉄道よりもずっと時間に正確で、しかも終夜営業である点も優れている。急行、各駅止まりなど、いくつかの種別に分かれている。

都市内の公共交通としての船で忘れられないのは、大運河の対岸を結ぶ渡し船（トラゲット）である。一八四六年の地図には、一七艘の渡し船の存在が示されている。当時、大運河には橋はリアルト橋しかなく（文庫版の注：近代に二つの橋ができ、長らく三本だったが、斬新なデザインの四本目が二〇〇八年九月に開通した）、ヴァポレットも登場していなかったから、対岸に行くのに渡し船は必需品だった。今でも、市営のトラゲットが五ヵ所あり、いつも大勢の人々が利用している。通勤、通学時には、増発されるほど、混み合う。

水上タクシーも便利である。飛行場から、あるいはローマ広場から、大きな荷物をもった観光客がホテルに向かうのに、数多く利用する。流しのタクシーはなく、発着所に行って乗るか、電話で最寄りの船着き場、あるいは自分の建物の水側の入り口に呼ぶことができる。

プライベートな船をもつ人々は数多い。普通の都市で車をもち、使用するのと同じ感覚である。路上駐車と同じように、岸辺に、あるいは自分の家の前に水上駐船している。ゴンドラなどは平底式で、伝統的に、館の一階のホールに持ち上げて保管することが多い。店を営む人たちは、卸売り市場に買い出しに船で行く。リアルト市場は今では卸売り機能はなくなったが、大勢が買いに集まるので、早朝の岸辺は魚、野菜や果物を搬入する小舟で水上はぎっしり埋まる。

水の中から直接建物が立ち上がるデリケートな環境のヴェネツィアでは、運河ごとにその状況を考慮し、厳しい制限速度が設けられている。スピードを出して航行する船は波を立て、建物の基礎部分や周囲の環境にダメージを与えるからである。歴史的地区をめぐる小運河（リオ）は時速五キロ、大運河は七キロ、ジュデッカ運河は一一キロ、その外側では一四キロ、ラグーナ全体では二〇キロとなっている。

リアルタイムで世界と繫がる

歴史に包まれたヴェネツィアは、ただ過去の栄光にしがみついて生きている町との印象が強いかもしれない。現実から取り残されたがゆえに、現代人の郷愁を誘う場所というニュアンスで受け止められているかもしれない。

だが、現実は大きく違う。リアルタイムで世界と繋がり、クリエイティブな文化を発信する都市でもある。

海洋都市として世界に開き、常にネットワークを形成して、何度もサバイバルに成功し、逞しく生き抜いてきたヴェネツィア人の精神は近代になっても遺憾なく発揮されてきた。人口二七万人（島の部分だけでは六万二〇〇〇人）のこんな小さな都市でありながら、常に世界に向けて話題を発信する底力には驚かされる。

嬉しいことに、ヨーロッパの主要な都市のどこからでも、飛行機で二時間足らずで着いてしまうのだ。しかも空港から水上タクシーに乗れば、三〇分ほどでホテルに入れる。たったそれだけのスイッチの切り替えなのに、もうそこには、日常の世界を脱出した異次元の、想像力を掻き立てる豊かな空間が待ち受けている。その魅力に惹かれ、繰り返しヴェネツィアを訪ねる人々が多いのもうなずける。

エコシステムと海洋都市の精神

ラグーナという、浅い内海のデリケートな土地につくられたヴェネツィアは、水とともに呼吸するエコシティといえる。そのことを近代のヴェネツィア人は忘れた時期があった。大陸側の浅瀬を埋め立てて一大工業地帯をつくり、大量の地下水の汲み上げで、地盤沈下を引き起こした。タンカーを通すのに、水路を深く掘った。これが高潮の原因となったのである。アドリア海の水位が著しく上昇する際に、ラグーナの奥深くに水の逃げ場がなくなったし、深く掘られた水路は水が一気に押し寄せるのを加速した。水の微妙なエコシステムが崩れたのである。おまけに大気も水も汚染された。

その反省から、いち早く地下水の汲み上げを禁じ、ローカルな意味での地盤沈下はとまった。だが、地球温暖化による海面上昇の心配は大きい。アドリア海とラグーナの間にある三カ所の水の出入り口（海峡）に可動式の水門を設置する大プロジェクトの工事が進められている。普段は海底に眠っているので、風景を損ねず、いざ危険な時だけ立ち上がり、水の浸入を防ぐという優れものの水門である。だが、環境派は水の流れの微妙なエコシステムに悪影響があるとし、また費用が膨大にかかることを批判している。あまり深く考えず前に進み失敗することを繰り返す日本流のやり方と比較すると、こうしてあわてずじっくり議論を繰り返すヴェネツィア人の姿勢は、決して悪いことではないように思えてくる。

現在の国際イベント　2004年のヴェネツィア・ビエンナーレ国際建築展。著者撮影

ヴェネツィアに一九八九年、世界の水の都市の再生を目的として、情報を交換し研究し合う、「ヴェネツィア国際水都センター」という組織ができた。その所長で私の友人、ブルットメッソ氏は、世界に向けて、ウォータ

ーフロントの都市再生をめぐる重要な展覧会を次々に実現し、話題を集めてきた。二〇〇四年のヴェネツィア・ビエンナーレ国際建築展では、すでに述べた共和国の歴史を物語るアルセナーレ内部の広い水面に浮かぶ展示空間を格好よく設計し、その中にバルセロナ、ソウルをはじめ、世界の十数都市の水辺再生の優れた成果を一堂に展示し、世界から集まった人々を魅了した。海洋都市ヴェネツィアの精神は今なお健在である。

二〇〇八年の六月から九月にかけて、サラゴサで「水の万博」が開催されたが、その中にブルットメッソ氏がプロデュースする「水の都市」と銘打つパヴィリオンがあった。私が所長を務めていた法政大学のエコ地域デザイン研究所も彼から依頼を受け、「水の都市」東京の過去・現在・未来を紹介する映像作品を出展した。世界の水の都市と並んで東京の姿を多くの人々に知ってもらう絶好の機会となったが、それも海洋都市ヴェネツィアとの深い交流が実を結んだものなのだ(文庫版の注：ヴェネツィア国際水都センターは、多くの成果をあげながらも、財政上の理由で、二〇一三年四月に惜しまれながらその活動を閉じた)。

第三章　斜面の迷宮・アマルフィ

生きている中世都市

南イタリアの立体迷宮

ナポリの南、約四五キロの位置に、南イタリアが誇る魅力的な中世海洋都市アマルフィがある。ピサ、ジェノヴァ、ヴェネツィアといった北イタリアの名高い中世海洋都市よりもいち早く、地中海を舞台にオリエント、イスラーム世界との交易に活躍したこの都市は、共和制の下で一〇〜一一世紀にはすでに繁栄を極めた。羅針盤を使った航海術を発達させ、航海に関する先進的な規則を海法として細かく定めていたことでも知られる。

いかにも地中海の港町らしく、太陽に溢れたアマルフィは、背後に険しい崖が迫る渓谷の限られた土地に、その斜面を有効に生かしながら、迫力のある高密な迷宮都市を築き上げている。曲がりくねった道のあちこちでトンネルが頭上を覆い、光と闇が交錯する。しかも急な階段が多い。そんな立体迷宮を抜けてしばらく上り詰めていくと、パッと視界が開け、海洋都市の美しいパノラマが眼下に広がる。中世初期のアマルフィの人々が、この狭い故郷に限界を感じ、目の前に広がる地中海の広い世界に新たな可能性を求めて船出した気持ちもよ

海から見たアマルフィ　17世紀の絵。背後に岩山が迫る渓谷につくられた町には、海からアプローチするしかなかった。Centro di cultura e storia amalfitana 提供

くわかる。

この町を歩くと、オリエント世界との交易に活躍した華やかな歴史の足跡がいたる所に刻まれている。ビザンツやイスラームの高度な文化の香りが、この町の建築や都市空間に独特の魅力を与えているのである。

地中海に君臨したアマルフィは、海の美しい自然景観を誇るいわゆるアマルフィ海岸に点在する他の小さな町や集落も一緒になって、中世の強力な一大共和国を形成していた。そして現在、アマルフィの町を中心とするこの海岸全体が世界遺産として登録されている。明るい輝きに満ちたこの海の町は、過去の栄光と美しい風景で、今も世界中から大勢の観光客を引きつける。夏場はとくに、長期滞在型リゾート地として人気が高い。

ところが、これだけ観光地化し、訪ねる人々も多いのに、その生活空間の真の姿は案外、知られていない。旧市街（チェントロ・ストリコ）の都

市空間や住宅に関する調査研究は、ほとんど行われてこなかった。比較的近くにあるナポリ大学の建築学部の連中も、このアマルフィまでは手が回らないらしい。それよりも、複雑な中に豊かさを内包したこのような都市の空間を評価し、調査・考察する学術的な方法というものが、イタリアでもまだ確立していないのだ。

そこで、一九八〇年代の末からイスラーム世界、そして南イタリアへと、地中海都市のフィールド調査に取り組んできた私の研究室では、一九九八年から六年間、毎夏この町に通って、現地調査に取り組んだ。いかにも地中海らしく、人々が密度高く住みながらもさまざまな形で居心地のよさを獲得しているこのアマルフィを、地中海世界の他の都市とも比較しながら、その生活空間の構造を読み解き、豊かな空間や環境のあり方について考えてみたいと思ったのである。

急な坂道　住宅が入り組み、トンネルも多い。西側の住宅街にて。著者撮影

中世の国際交易都市

アマルフィならではの見所は次のようなものだ。まず、歴史的なパースペクティブからみると、地中海世界の中で、アマルフィは極めて重要な位置を占める。

ビザンツ、アラブ・イスラーム世界との密接な交流の中で繁栄したアマルフィは、

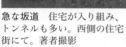

すでにみたヴェネツィアと同様、あるいはそれ以上に東方的な要素をたっぷりと吸収した建築や都市空間をつくり上げてきた。

そもそも中世の人々は、地形を生かし、場所の条件を考えながら、その場に固有の空間を生み出し、それが連なる変化に富む都市の風景をつくり出した。アマルフィでは、特異な立地条件を考えた精力的な都市建設の過程で、高度に発達したアラブ・イスラーム文明の知恵や技のエキスをたっぷり取り入れたことによって、複雑に組み立てられながら、環境的にも視覚的にも実に理にかなった、美しく居心地のいい生活空間ができ上がったのである。

つぎに、アマルフィの海洋都市国家としての性格が注目される。地中海に開いた港町で、外国からの商人、旅人が多く集まる国際交易都市であった。モノと人と情報が集まるダイナミックな場を形成しただけに、都市の機能や活動も多様に展開し、そのための複合化した都市構造が形成された。建築の側から都市形成の歴史を語るのに、形態や空間構造といったフィジカルな視点ばかりに重きが置かれがちだが、ここでは機能、活動、使い方、意味など、ソフトな視点に光を当てる新たな都市の歴史研究を試みるにも、格好の対象といえるのである。

城壁の外側の海沿いに展開する港のエリア、ドゥオモ（大聖堂）とその前の広場を中心とする公共的・象徴的なエリア、港と結びつきながら城壁の内側に広がっていた商業エリア、その背後の東西の斜面地に大きく広がる住宅エリア、さらには渓谷上流に発展した水車を活用した製紙業などの産業エリアなど、普通の都市以上に多様な機能がアマルフィの都市を形づくっている。

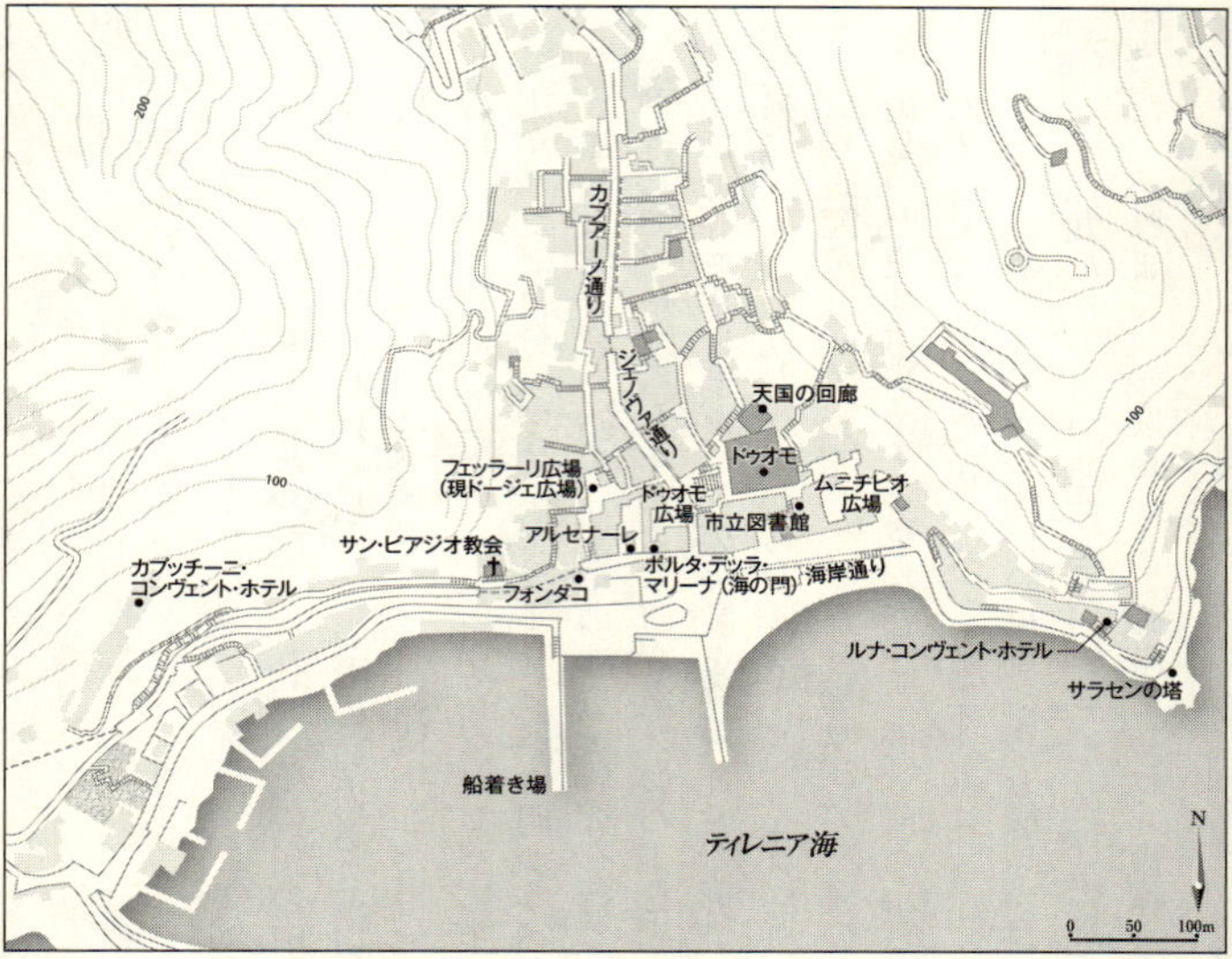

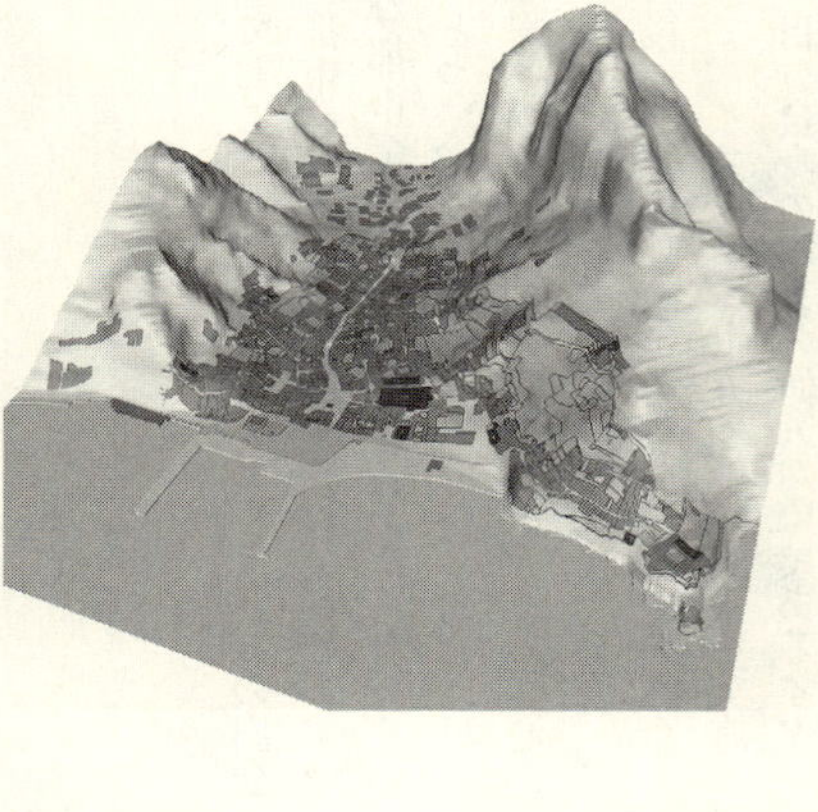

現在のアマルフィの市街地と地形　渓谷を流れる川に蓋をしてメインストリート（カプアーノ通り・ジェノヴァ通り）とし、その左右に斜面に貼りつくように住宅が密集する。東側よりも西側の方が斜面はきつい。丘の上に都市が発達したイタリアには珍しく、谷間にあるアマルフィは、東と西の二つの斜面がほどよい距離で向き合う形をとるため、住民たちの間には、視覚的、精神的一体感が育まれた

「生きている歴史」を実感

まずは、アマルフィと私自身の関係について述べておこう。そもそもアマルフィとの出会いは必然的なものであった。一九七一年の夏の中世都市をめぐるイタリア旅行で初めてアマルフィを訪ねた時に、私はこの町の迫力ある複雑な都市空間にすっかり魅了された。その後、博士課程の間にヴェネツィアに留学した自分にとって、地中海的な世界へと眼を向けるのは、ごく自然なことだった。南イタリアへ、そしてその後は、イスラーム世界へと関心が広がった。自分の中に、アマルフィへと向かうベクトルはこうしてすでに芽生えていた。

法政大学で教え始め、東京の調査・研究を行った後、その体験を生かしながら中国調査と平行して、一九八九年から、研究室メンバーを率いて、イスラーム世界の都市調査を実施してきた。さらにまた、その経験を発展させる形で、自分自身の本来の研究対象であるイタリアに戻り、一九九三年からサルデーニャを皮切りに、南イタリア都市のフィールド調査をやはり研究室として展開してきた。アラブの影響の強いシチリアのシャッカ、プーリア地方の美しい歴史都市レッチェを調査した後、前々から魅せられていたアマルフィをいよいよ研究対象としようと心に決めたのである。イスラーム世界との関係を考察するのにも最良の町で、ヴェネツィアとの比較の視点からも最高の対象なのであった。

一九九八年五月の連休を利用して、私は予備調査と下準備のためにアマルフィを再訪した。それまで、幾度となくこの町を訪ね、複雑な迷宮空間を彷徨《さまよ》っては、本格的な調査をしたいという気持ちを募らせていたのである。

まず、定石通り市役所の都市計画課で市街地のくわしい地図を入手した後、西裏手の市立図書館にもうけられている「アマルフィ文化歴史センター」の事務局長、ジュセッペ・コバルト氏を紹介してもらい、早速訪ねた。このセンターは図書館と一体となって、海洋都市アマルフィの歴史と文化に関する膨大な文献史料を所蔵すると同時に、活発な研究活動を展開し、展覧会、シンポジウムなどもしばしば開催している。こんな小さな地方都市にこれほど立派な文化施設があるのに驚かされる。アマルフィ共和国の栄光が市民の間に確実に生きているのが実感できる。

この訪問で、ジュセッペ・コバルト氏と知り合い、意気投合したことがすべての始まりだった。私の調査の計画を伝えると、眼を輝かせ、自分たちにとって、そういう建築と都市空間の調査が待ち望まれていたのだ、と全面的な協力を約束してくれたのである。

ガルガーノ氏との出会い

その年の八月下旬、研究室のメンバーとともに、本調査でアマルフィに乗り込んだ。夏の真っ盛り、リゾート地の華やかさは眩《まばゆ》いばかり。そこをぐっと気を引き締めて、浜辺には目もくれず、我々は調査を開始した。

早い段階で、コバルト氏が、我々のために価値ある会合をセットしてくれた。地元の歴史家で住民の間でも評判の高いジュセッペ・ガルガーノ氏が、アマルフィの都市形成の歴史について、実にわかりやすく内容の濃いレクチャーをしてくれたのである。

ガルガーノ氏との出会いは、我々にとって決定的な意味をもった。ともかく彼はアマルフィをよく知っている。可能な限りの文献史料を読み尽くしてきたガルガーノ氏の頭には、まるでコンピュータのように、中世のアマルフィに関するすべての詳細なデータが詰まっている。この町の誰もが、彼はアマルフィの歴史のデータバンクだと敬意を表する。そして彼も、いかにも嬉しそうに、その知識を話してくれ、どんな質問にも即座に答えてくれるのだ。自分はいつも中世のアマルフィのイメージの中に生きている、と笑う。

しかもありがたいことに、文献史学の歴史家には珍しく、ガルガーノ氏は建築や都市空間が大好きで、実際の町を一緒に歩きながら、意味あるスポットを次々に案内してくれた。まったく学者ぶらず、いかにも南イタリア人らしいオープンで気さくなこのガルガーノ氏とは、私ばかりか我が調査隊の若い面々も意気投合し、調査は楽しく進んだ。

以後、六年間、毎夏、ガルガーノ氏の絶大なる協力を得ながら、調査を進めることができた。中世のアマルフィのイメージを再構成する上で、とりわけ意味のありそうな地区を選び、家の一つ一つを訪ね、話を伺いながら、建築の内部、さらにその外部の庭、街路、広場などの実測を行う。こうして都市と建築のすべてを対象に実測調査を行い、その空間構成を図化、分析することを通じて、中世海洋都市としての栄光をもつアマルフィがいかに組み立てられ、どのような特徴をもつのかを解き明かす研究を行った。

彼にとっても、建物や街路空間を実測し、丁寧に観察しながら都市の成り立ちを読む我々の方法は新鮮で、面白いという。コバルト氏、ガルガーノ氏との出会いは、南イタリアの懐の深さを感じさせるものだった。

起源と歴史

険しい崖が迫る地に

四大海洋都市のなかでも、最も南に位置するアマルフィは、ヴェネツィアと並んで、中世の早い時期に、まさに海と密接に結びついて誕生した。

カンパーニア地方の平野部につくられていた古代のローマ・タウンの市民たちは、五世紀から六世紀の初め、異民族である東ゴート人の北からの侵入を逃れ、安全な場を求めて、隠れ家のような海沿いの土地に移住した。ヴェネツィアが、浅いラグーナの内海に囲まれた天然の要塞のような水上の地を選んだのに対し、アマルフィは、背後に険しい崖が迫る渓谷の限られた土地に建設された。船を操れないゲルマン系異民族から身を守るには、格好の場所だったのである。

我々が調査を開始して間もなく、アマルフィの中心部からローマ時代のヴィッラの跡が発掘され、人々を驚かせたが、古代のこの地には都市核はまだ存在せず、ただ漁師の村があるに過ぎなかった。アマルフィは純粋に中世初期から形成された都市であり、したがって、その空間の構成は、地形や自然条件に応じながら複雑に入り組む有機的な姿をとることになった。その点においても、ヴェネツィアとよく似ている。また、後背地が限られたアマルフィの人々は、ヴェネツィア人と同様、早くから自ずと海に繰り出し、勇敢な船乗りになる必然性をもっていた。

いつの時代にも、地元の人たちが陸の小さい道を使ったのを除けば、この都市にやってくる人々は、もっぱら船でアプローチした。したがって、アマルフィには、かつてと同様、ぜひとも船で海から訪ねてみたい。眩い太陽を浴び、くっきりとその姿を現すアマルフィの海からの眺めは、まさに絶景である。

まず、東の一画に突き出た小さな岬に、イスラーム教徒の海からの攻撃に備える塔（「サラセンの塔」と呼ばれる）が見えてくる。敵船の襲来を烽火《のろし》で伝達するこうした防御のための塔が、シチリアからカラブリア、アマルフィ海岸、サルデーニャ、そして北の沿岸地域に向かって、一つのシステムとしてある間隔ごとに分布していた。

奥行きの浅い小さな湾に入り、港の正面に近づくと、アマルフィの輝く全体像が目に入る。中央にドゥオモと鐘楼《しょうろう》が、都市のランドマークとしてそびえ、その左右には、厳しい崖の傾斜を巧みに活かし、中世から発展してきた迫力ある住宅群が広がる。海洋国家時代にはさまざまな船が停泊していた港の周辺には、今は海水浴場や緑のプロムナードの賑わいがみられる。

都市形成の始まり

アマルフィの都市形成の歴史をたどっておこう。

イタリア各地では、ローマ帝国の崩壊後の五世紀から七世紀にかけて、北からやってくる異民族の侵入の危機を避けて、それまで平野部の都市に居住していた人々が安全な地を求めて移動した。背後に山が迫り、海に開く渓谷の地のアマルフィも、その目的にとって、格好の場所だった。ゲルマン系の異民族は、船を使って海から攻めるすべをもたないから、背後を断崖で守られたアマルフィは、まさに天然の要塞だった。五世紀から六世紀初め、アマルフィにやってきた人々は、その渓谷の地形を生かしながら、とりわけ防御のしやすい高台から都市の形成を開始した。したがって、アマルフィの都市形成を読み解くには、地形と道路、そして古い居住地の核となった教会の位置関係に注目することがまず重要である。

谷の中央には、もともと川（現在のメインストリートにあたる）が流れており、中世の早い段階では、その川沿いの低地には人々は住めなかった。むしろ、居住地は東、そして西の斜面の高い位置からつくられた。

ガルガーノ氏によれば、五～六世紀の間に、まずは東の高台にカストゥルムと呼ばれるアマルフィで最も古い居住核ができた。そこが防御上も衛生上も最も守りやすい場所だったのである。同時にそれは、東隣の町、アトラーニへと結ばれる古い道路に沿った重要な場所でもあった。

アマルフィが公式に歴史に登場するのは、五九五年の教皇グレゴリウス一世の手紙の中である。その中で教皇は、ビザンツ帝国支配下のナポリ公国の南の国境付近に位置するアマルフィという名前の城塞都市に触れている。アマルフィの山間部には、塔をもつ大きな城塞の一部が残っており、六世紀のビザンツ様式のものと考えられている。七八五年頃には、アマルフィの市壁の外側にいくつかの集落が存在しており、後に領土内の重要な小さな町へと成長していった。ミノーリもその一つである。

アマルフィの東の高台にできたカストゥルムの西端にあたる位置（現在のドゥオモの北側）には、六世紀に、初期キリスト教時代の小さな教会が建てられた。ほぼその位置に、九世紀に三廊式の構成をとる「十字架のバシリカ」、続いて一〇世紀末には、現在のドゥオモであるサンタンドレア教会がつくられ、アマルフィの宗教の中心が形成された。それが、後のドゥオモ広場、さらには低地全体への発展と繋がることになった。

ちなみに、この町の守護聖人、聖アンドレア（アンデレ）は、聖ペテロの弟で、二人とも漁師であった。この兄弟がガラリアの海辺で海に網を打っている際に、通りかかったイエスに「私についてきなさい。あなたがたを、人間をとる漁師にしてあげよう」と呼びかけられ、彼らは網を捨て、イエスにしたがって、その弟子となった。マタイ伝はそう伝える。このように漁師の象徴でもある聖アンドレアを聖人としていただくというのも、アマルフィが海と結びついた都市であることを物語る。

一三世紀初めに、コンスタンティノープルから運ばれた聖アンドレアの遺骸がクリプタ（地下礼拝所）に安置された際に、教会堂も拡張された。後にもさまざまな改造が進んだこの大聖堂に残る最も古い要素は、正面のコンスタンティノープルで鋳造され、一〇六五年に据え付けられた、柱廊玄関からの入り口にあるブロンズの大きな扉である。ビザンツの職人の技が発揮された精巧な細工は目を奪う。アマルフィとオリエントの交流を語る最も重要な要素の一つだ。

川の西側でも、まずは斜面のかなり高い位置に教会がつくられ、周囲にコミュニティを形成した。その一つ、南西の高台に一段と高くそびえるサン・ビアジオ教会の鐘楼に上らせてもらったことがある。東に広がるアマルフィ中心部と海とが結びついた歴史都市の姿を一望のもとに眺められる光景は、感動的だ。

ナポリ公国から独立

政治経済的な視点を交えて、アマルフィの歴史をより深くみていこう。アマルフィは谷状の特殊な地形をもち、内部への発展が困難なため、海と結びついた産業が早くから発展したが、低地の港に近接した城壁内（現在のドージェ広場の位置）に、八世紀頃にはすでに、商業・生産活動が集中したコミュニティができていた。

七世紀までのアマルフィは、ビザンツ帝国の影響下にあるナポリ公国に組み込まれていた。自由をもたず、こうした従属関係にあったことが幸いにも、ある期間、東地中海に広がるビザンツ領の諸地域と活発に交易することを可能とし、アマルフィは南イタリアとレヴァント（東地中海沿岸地方）の間の交易の最大の中心となった。アマルフィ人の知性、航海術の高い能力、交易への才覚がおおいに発揮され、この都市は急速に発展した。

ナポリ・アマルフィ周辺

しかし、ゲルマン人の一派、ランゴバルドが南下し、彼らはアマルフィが従属するナポリを征服することはできなかったが、アマルフィの海洋での能力と交易の富を最大限利用するために、ビザンツ帝国から切り離そうと画策した。ティレニア海を舞台に、ナポリ公国、ランゴバルド、イスラーム勢力の間で、領土獲得をめぐって激しい争いが続き、アマルフィの艦隊がしばしば活躍した。

こうして力を付けたアマルフィは八三九年九月一日、ナポリ公国からの独立を宣言し、指導者を市民自ら選ぶ独立した共和国となり、海岸周辺の小さな町や村をその支配下に置いた。隣の力のある都市アトラーニとも一体となり、その領土は、東はチェターラ、西はポジターノまでの海岸域全体と、カプリ島およびスタビアの領地をも含んでいた。ラッターリ山地の連峰に取り囲まれ、スカーラ、トラモンティ、ラヴェッロといった戦略上重要な城塞となる町がアマルフィを背後から守る形をとった。近隣の高所に点在する小さな町々を訪ねると、中世の古い城壁や建造物を今も見ることができる。こうして海から山間に広がる地域が一体となって、アマルフィは海洋都市としての繁栄を実現できたのである。

ノルマンの影響が強まる一〇七〇年代後半まで、アマルフィでは共和国としての自治を誇る体制が続いた。独立した国になったとはいえ、賢明なアマルフィの人たちは、政治的にも交易の上でもいまだ役に立つビザンツ帝国への緩やかな従属を意識的に活用した。

輝かしき海洋都市国家の歴史を築き上げた政治権力の館は、ヴェネツィアやジェノヴァと同じようにアマルフィでもパラッツォ・ドゥカーレ（総督宮殿）と呼ばれ、大聖堂の東南の裏手に隣接して設けられていた。とはいえ、その存在はさほど目立たず、サン・マルコの小広場に海に面して堂々とそびえるヴェネツィアの象徴的な総督宮殿とは、そのあり方がいささか違っていた。

その分、アマルフィでは、大聖堂の象徴性がより際立って見える。ここで結婚式を挙げる男女も多い。広場から一気に上がる壮麗な大階段で、まるで映画スター気取りでヴィデオ撮影するカップルの姿がしばしば見られる。

アラブ人との戦いと同盟

八四九年、シチリアのメッシーナを征服したアラブ軍が、北に向かって領土を広げ、カンパーニア地方全体を威嚇した。そしてガエタ、モンテカッシーノ修道院を攻撃し、フォンディを破壊し、テヴェレ川を上ってローマに迫った。驚いたローマ教皇レオ四世は、ナポリに援軍を求め、これに呼応したナポリ、アマルフィ、ガエタの艦隊が連合を組んだ。オスティ

オスティアの戦い　ヴァティカン「ラファエロの間」のうち、「火災の間」の東壁を飾る。弟子たちの手によるものとされる

ア沖の海で激しい戦いが行われ、アマルフィを主力とする連合軍の船が、圧倒的な勝利をもたらした。強い突風が吹いたことも幸いし、その勝利は完璧なものとなった。アラブ軍の生き残っていた多くの船を破壊し、大量のイスラーム教徒を捕虜にできた。

　このオスティアの戦いによって、アマルフィ人は、「信仰の敵に対して、つねに戦った」と称えられ、その国力をおおいにアピールしたのである。ルネサンスの巨匠、ラファエロは、ヴァティカン美術館の一室に、オスティアの戦いでのアマルフィの活躍を称えるフレスコ画を残している。やがて、ナポリ公国はアラブ人と同盟を結ぶことになった。

　この後、アマルフィは、海洋都市として一層、その勢力を伸ばした。コンスタンティノープルからも促されて、八七二年、サン・サルヴァトーレ島（現在のナポリの卵城）を守っていたアラブの軍隊に対する海戦で素晴らしい勝利を得た。ビザンツ帝国からの褒賞として、カプリ島がアマルフィに譲渡された。

　やがてアマルフィもまた、実りある交易の可能性を考え、アラブ人と同盟を結んだ。キリスト教徒としては不信心なこの同盟は、教皇とビザンツ皇帝の圧力によってある期間、中断した。それにもかかわらず、イスラームとの友好関係によって、アマルフィの交易の大幅な拡大が実現した。ティレニア海、シチリア、そしてアナトリアからシリア、パレスティナ、エジプトにかけての東地中海沿岸地方（レヴァント）の港に加え、エジプト以西のアラブのアフリカ、つまり地中海の南岸のすべての港での交易活動が可能になったのである。彼らは、木材のない北アフリカに対し、木材を輸出し、金で支払いを受け取っていた。その金で、コンスタンティノープルでは貴金属、上質の布などを、シリア、パレスティナでは他の物を買った。密輸ももちろん行われ、仲介貿易で富を得たのである。特に重要で多大な利益をもたらしたのは、エジプトとパレスティナであり、そこにはインド、中国、ザンジバルといった遠方から運ばれた絹、スパイス、胡椒、象牙など高価で希少な、ヨーロッパでは贅沢品とされる品々が溢れていた。

中世海洋都市最初の繁栄

一方、ビザンツ帝国の首都、コンスタンティノープルに一〇世紀には活動の拠点を構え、通商交易を積極的に推し進めていたアマルフィは、やがて黒海沿岸の地域にまで交易活動の範囲を広げた。実際、現在のウクライナの黒海沿岸の町、セバストポリに、アマルフィの港の跡が残されている。

アマルフィ共和国は一〇〇〇年頃、大きな商業中心となり、南イタリアとビザンツ世界、アラブ世界の間の重要な交流の拠点となった。こうして、イタリア中世の四大海洋都市の中でも、アマルフィが最初に繁栄を獲得し、東地中海の豊かな港町からやってきた外国人たちも眼を見張るほど、富の集まる裕福な都市となった。アラブ人、シチリア人など、各地の外国人が集まり、エジプトやシリアから運ばれる世界各地の商品の集散地として、活気に溢れていた。バグダードから来た商人であり旅行家であるイブン・ハウカルは、アマルフィを気高く裕福な都市だと称え、領土を接するナポリは美しいが、アマルフィほど重要でない、と書き残している。

その頃のアマルフィは、まさに地中海貿易によるイスラーム文化との交流が活発で、文化的にも大きな影響を受けており、当時の中世建築が現在も随所に残っている。また、海洋都市アマルフィの繁栄を支えた税関、造船所、フォンダコ（商館）などの主要施設が港周辺にあったことが史料から知られている。

羅針盤・海法・製紙技術

海上交易が都市に富をもたらす一方、高度な文明を誇る東方の人々との交流を通じて、アマルフィ人は、芸術、文化、科学技術などの分野で素晴らしい実りを得た。

海洋に関することを例にとるならば、東方の進んだ科学技術を取り入れながらアマルフィが考案した磁石を用いた羅針盤は、まさに文化交流を象徴的に示すものである。一一世紀頃には磁石の針を水中に浮かべ方向を知る方法が、中国からアラビアをへて船乗りの間で広まった。

しかし、船のゆれで水がこぼれて役に立たないため、水を使わず水平に磁針を保つ乾式羅針盤がアマルフィ人によって発明された。羅針盤が使えるようになるまでは、星や太陽だけを見て航路を決めていたから、天気の悪い冬場は航海ができなかった。この乾式羅針盤を使って、一三世紀の中頃から、冬でも安心して航海ができるようになったのである。それがヨーロッパで広く用いられ、やがて一五〜一六世紀の大航海時代を迎えることに繋がった。

もう一つの重要なものは、航海に関する先進的な規則を海の法典として細かく定めた「アマルフィ海法」の存在である。それは、中世の時代にアマルフィ人によって編集された。この海法は、船主・船長・出資する商人・船員の間での権利と義務、利益の配分・報酬と捕獲や難破の場合の対処法などを定めたもので、後の時代の同じような法典はすべて、この記念碑的な存在であるアマルフィ海法に関する知恵からインスピレーションを得ているのである。慣習法としては、アマルフィ海法の規範内容は古い時期にさかのぼることが想像できるが、問題は、それが成文化されたのはいつの時期なのか、という問いである。

このアマルフィ海法に関しては、幸い栗田和彦の詳細な研究がある（『アマルフィ海法研究試論』関西大学出版部、二〇〇三年）。このアマルフィ海法の編纂の時期をめぐる長い論争を分析考察した上で、栗田は、ラテン語文の規定については、その内容はすでに一一三一年以前に定められ、後の一三世紀か一四世紀にそれがきちんと成文化されたのであろう、と推測する。一方、イタリア語文の規定は、一三世紀から形成され、一四世紀に最終的に成文化されたとする。

中国で発明され、アラブで発展した後、やはりヨーロッパに伝わったといわれるもう一つの代表的なものが紙の製造技術である。一一〇九年にシチリアで書かれた手紙が、現存する手漉《す》きの最古の紙であるという。一三世紀に、紙とその生産技術がヨーロッパに導入された。その技術を最も早く導入し、完成させたのがアマルフィだ、とここの市民は誇る。

製紙の舞台は、都市の北の外側、川に沿ったエリアである。一〇世紀にすでに小麦を挽く水車があり、一一世紀頃からは、産業のエリアが発達した。一三世紀に入ると、水車を利用して、紙をつくる工場がつくられた。大きな木槌が川の流れの力で動き、石灰岩をくり抜いた桶の中を叩いて、木綿や麻の布きれをすりつぶすことで、紙をつくったのである。その技術を伝える紙博物館があり、今も年配の職人がその製法を説明してくれる。

こうして中世に重要な産業となったアマルフィの紙の製造は、やがて一七～一八世紀に大きく復活し、この都市の再生に大きく寄与することになる。

エルサレム、コンスタンティノープルでの活動

一方、海外でのアマルフィ人の活動にも目覚ましいものがあった。交易の相手である主要な都市には、その活動を円滑に進めるために、自分たちの地区を形成し、倉庫、教会、宿屋、病院などを建設した。

そもそもアマルフィ共和国全体で修道会の活動が活発で、外国にも進出し、エルサレム、コンスタンティノープル、ギリシアのアトス山にもアマルフィ人により修道院が建てられ

た。アトス山には、アマルフィ人によってつくられたベネディクト派の修道院の堅固な塔の遺構が残されており、その上部に海洋都市国家の最初の紋章といえる鷲のマークが彫り込まれている。

このアマルフィ人のベネディクト派の修道院は、平和な関係で外国人とうまくつき合ったが、一方で、身を守るために武装したことから、修道僧は同時に戦士ともなり、また医者をも兼ねた。これらの修道僧は、エルサレムのアマルフィ病院に出向き治療を行った。その病院は、九世紀末、富裕なアマルフィ出身の商人、マウロ・コミテによって、ベネディクト派のサンタ・マリア・ラティーナ修道院とともに、聖ヨハネに捧げてこの地に建設されたものである。

こうしてエルサレムには、病院の教団が創設され、それが宗教と軍事の団体である、聖ヨハネを守護聖人とする聖ヨハネ騎士修道会となり、マルタ騎士団として今も存在している。

エルサレムの中心近くに位置するサンタ・マリア・ラティーナ修道院のまわりには、アマルフィ人が集まるコミュニティが形成され、フォンダコ、店舗や工房、住宅群、教会がつくられたことが知られている。サンタ・マリア・ラティーナ修道院は、とりわけそのキオストロ（回廊）に、柱廊のめぐる中庭の美しさを今も残している。この修道院と結ばれ、サンタ・マリア・マッダレーナに捧げられる第二の修道院（サンタ・マリア・ラ・ピッコラ修道院とも呼ばれる）もつくられた。修道士、修道女たちは、宿泊所—病院において、聖地におもむく巡礼者を世話し、また病人の治療看護を行った。

コンスタンティノープルにあっても、やはりアマルフィ人が、その金角湾《きんかくわん》に面する古い中心地区の一画に最初に住み着いたヨーロッパの商人だった。一〇世紀にはすでに、サンタンドレア教会と二つの修道院がつくられ、住宅群、フォンダコ、工場もできて、彼らの居住区を形成していた。それはイスラームのモスク、イエニ・ジャーミーのすぐ近くにあった。後に、ヴェネツィア、ピサおよびジェノヴァも隣接地に居住地を置くことを承認された。それぞれ一〇八二年、一一一一年、一一六九年のことであった。

ノルマン人の脅威、ピサとジェノヴァの台頭

アマルフィはこのように海外交易で富を蓄積し、市民生活も進歩を遂げたが、内部では政治的な争いが常に繰り広げられた。封建的な勢力に囲まれ、共和国はその影響を避けることができず、民主的な性格を徐々に失っていった。九五八年には、指導者セルジョ・コミテは、完全な君主制をしき、権力の座を世襲制とし、それが一二世紀前半のアマルフィの国家の消滅まで続いた。

とはいえ、アマルフィは大きく富裕な都市であり続けた。ティレニア海で最大の商業中心地として、その華やかさを誇った。こうした恵まれた状況にあって、アマルフィは他の海洋都市のように厳しい戦いを続けることもなく、自分を守る精神も長い間のうちに薄れていった。富裕な生活から崩壊へ進むめぐり合わせにあった。

一一三〇年、スカンジナヴィアにルーツをもつ、勇敢な船乗りで兵士のノルマン人が地中

海世界、特に南イタリアに勢力を広げてシチリア王国を建てた。ノルマン人の王、ルッジェーロ二世は、一一三一年にはアマルフィを威嚇し、武装解除と都市の明け渡しを迫った。この都市の人々は抵抗する気概もないまま、ルッジェーロ二世の支配下に入り、シチリア王国に併合されることになった。

征服されたことで、アマルフィは急速な崩壊へ向かった。しかし、共和国としての自治権を失い、政治的に厳しい状況でありながらも、アマルフィは自らの法律で領土を統治することはでき、海洋都市として、交易活動を一三世紀いっぱいは維持できたようである。ヴェネツィアは、イタリア半島の反対側で位置が離れるため、ライバルとはなりえなかったが、やがてピサ、ジェノヴァが強力なライバルとして台頭するようになった。

ガルガーノ氏は、イギリスの詩人、サムエル・ロジャースの「攻撃され続けるが、決して支配されないアマルフィ」という一八二八年の表現を引きながら、アマルフィは、厳しい状況においても、文化や自らの法律、生活様式は決して征服されることはなかったことを強調する。

とはいえ、ティレニア海に台頭してきたピサの脅威はあまりに大きかった。独立を失いノルマン支配下に入って間もない一一三五年、ピサの艦隊が突然、アマルフィの前に姿を現した。少し前まではティレニア海の女王でありながら、もはや自衛能力を失っていたこの都市は、なすすべもなく襲撃を受け、火を放たれ、破壊された。一一三七年にも再度、同じようにピサの攻撃と略奪を受けたのである。

こうして、主役の座をピサに明け渡し、アマルフィの輝かしい共和国繁栄の時代は短命のうちに終わった。南イタリアの政治状況をそのまま反映し、他の地域とともに、ここでも外国勢力による支配の歴史が始まった。一一三一年のノルマン支配からシュタウフェン家（一一九四～一二六六年）、フランスのアンジュー家（一二六六年～一三世紀末）、その後はスペインのアラゴン家がアマルフィを支配した。それらの支配者の館は、現在も、部分的に跡が残されている。

富の集積と壊滅的ダメージ

政治の歴史では以上のように語られる。しかし実際には、一三世紀になっても、アマルフィは依然、文化的な活気に溢れ、建設活動もすこぶる活発だったと思われる。港の施設の本格的な建設がこの時期に行われたし、渓谷の谷を流れる川に蓋をする大規模な土木事業が実現した。そしてアマルフィの中には、この時代のものと思えるヴォールト天井をもった立派な住宅、商業施設、宗教建築がいくつも存在する。枢機卿ピエトロ・カプアーノによって、聖アンドレアの遺骸がコンスタンティノープルからアマルフィの大聖堂に運び込まれたのも、一二〇八年であった。また、アマルフィを飾る大聖堂の鐘楼も「天国の回廊」も、この世紀の後半に見事に完成した。富の集積は確実に続いていたのである。

特に、町の東西両端の崖の中腹に、海を望む大規模な修道院が一三世紀に建設された。富と権力をもつ修道会は、最高の場所にこぞって拠点をつくった。どちらも近代に、その立地

カプッチーニ・コンヴェント・ホテルの古い絵葉書　カプチン会修道院は1840年代になってホテルに転じた

を生かし、見事な眺望を誇る高級ホテルに転じた。西のカプチン会修道院がカプッチーニ・コンヴェント・ホテルに、東のサン・フランチェスコ修道院がルナ・コンヴェント・ホテルとなっている。後者は、イスラーム教徒の海からの攻撃に備えるために、岬の突端につくられた「サラセンの塔」を買い取り、眺めのよいレストランやカフェを設けている。海洋都市の記憶を思いつつ、ちょっとリッチな地中海のリゾート気分を楽しむには、いずれもお勧めのホテルである（文庫版の注：カプッチーニ・コンヴェント・ホテルはしばらく休業状態にあったが、二〇一〇年にグランドホテル・コンヴェントとしてリニューアル・オープンした）。

しかし、一四世紀の半ばにさしかかる頃、アマルフィの衰退にさらに追い討ちをかける重大な出来事が起こった。一三四三年、一一月二四日から二五日にかけての夜に、嵐によるはげしい荒波によって海底の大規模な地滑りが起こったのだ。地滑りは八時間も続いた。砂浜は大きく浸食され、中世アマルフィの海岸側に建設されていた港の諸施設やまわりのさまざまな建物がすべて海中に水没した、といわれている。この突然襲った未曾有《みぞう》の大災害でアマルフィは壊滅的なダメージを受けた。造船、染色、繊維、製紙などの産業が持続はしたものの、アマルフィは単なるローカルな小都市になり下がった。

歴史の表舞台から完全に姿を消したアマルフィが、再び経済力を取り戻すのは一七〜一八世紀のことである。川の上流域に水車を利用した数多くの工場ができ、再び経済的な繁栄が戻った。さらに、一八世紀後半からのグランドツアーによる来訪者の増加も経済の発展を促したのである。とりわけ一九世紀に入る頃、太陽の溢れる風光明媚《ふうこうめいび》な海岸の風景と、ビザンツ、イスラームのエキゾチックな建物の魅力によって、アマルフィは旅情溢れる場所としてヨーロッパの人々の心を惹き付けた。

このように時代とともに変容をみせたアマルフィであるが、今なお中世の遺構がこれほどたくさん残っている町は、イタリアといえどもそう多くはない。現在では、アマルフィの町を中心とするこの海岸全体が世界遺産に登録され、夏場になると、世界中から大勢の観光客がこの地を訪れる。

城壁の外の港エリア

水中に失われたアマルフィ

歴史を概観したところで、早速、実際の都市空間を探訪しよう。海洋都市アマルフィを語るのに、まずは、港のまわりに目を向けたい。

オリエントをはじめ諸外国の貿易船がいくつも入港し、さまざまな民族の商人たちが交易、取引に集まる。かつて、海洋都市国家として繁栄したアマルフィにとって、港を中心とするゾーンはそのような国際色豊かな熱気に満ちた場所だったはずである。しかし、世界のどの港町でも、港そのものは時代とともに変化しやすく、古い時代の形態をとどめるものはきわめて少ない。アマルフィにおいても、アラブの旅行家イドリシの記述などから、ここに優れた船の停泊地が存在していたことは知られるが、港の構造の具体的な姿はわからないままだった。

一二〇九年頃、都市づくりに関心をもつ枢機卿ピエトロ・カプアーノが、港を暴風雨から守り、また本格的な港湾機能を整備するため、防波堤を建設した。それは、サン・ピエトロ・デッラ・カノニカ修道院の下の小さな入り江から始まり、アマルフィの町の沖合に大きく張り出していた。彼によって着手されたこの困難な土木事業が、一三世紀後半から一四世紀初めにかけて継続され、見事完成したことが、残されたいくつもの史料からわかる。それは、当時シチリア王国で流行していたアラブの先進的な水中での土木工事技術の方法に基づいて実現した。

都市の最盛期には、防波堤で守られたことにより、城壁の外側に海に開いて、教会やさまざまな建物、港の施設が大きく広がっていた。だが、一三四三年の海底の地滑りでこの一帯が破壊されたため、本来の港周辺の姿を知ることは容易ではない。「水中に失われたアマルフィ」という言い方が、一つの伝説のように市民の間で語り継がれてきたのである。

しかし、ガルガーノ氏の文献史料からの研究に加え、幸い、一九七〇〜八三年に行われた水中考古学的な調査などによって、謎に満ちた失われたアマルフィの姿が徐々に解明されつつある。

一三世紀初めにピエトロ・カプアーノによって建設された防波堤の基礎が実際に発見された。その東端に位置するアーチは、港の灯台の機能をもつ垂直の構造体の一部をなしていたと思われる。より海岸線に近い部分には、波止場《はとば》、船の係留柱など港に欠かせない要素が海中の調査でいくつも見つかった。

そのなかで、かつての港の施設の遺構として、アルセナーレ（造船所）とフォンダコ（商館）、そして港から都市に入る正面玄関のポルタ・デッラ・マリーナ（海の門）が今も残る。特に、アルセナーレやフォンダコは、交易ネットワークで結ばれた地中海世界の港町には欠かせない重要な存在だった。

現存最古の造船所

そもそも、海とともに生きてきたアマルフィの造船の歴史は古い。交易にも海戦にも使える船が建造された。最古の記録として八一〇年にビザンツ帝国から二〇隻の船の建造の発注を受けたことが知られている。こうした輝かしい造船の歴史を雄弁に物語るものとして、中世のアルセナーレの巨大な建物が海に向かって存在する。このアマルフィのアルセナーレは、一〇五九年に創建されたことが史料からわかる。その後、一二四〇年にシチリア王フェデリコ二世によって再構成されたことも知られている。石の支柱群から尖頭《せんとう》アーチが立ち上

アマルフィのアルセナーレ跡　内部は尖頭アーチと交差ヴォールトの重厚な造り。著者撮影

がり、大空間にはたくさんの尖頭状交差ヴォールトが架かっている。ヴォールトとは、アーチ型を基本とした天井の形の総称で、さまざまなタイプがあり、建築時期を判定するのに役立つ（二二三頁および巻末の用語解説参照）。アマルフィに伝わるアルセナーレのヴォールトは、その形態から判定してまさに一二四〇年のものであると考えられる。

ここではあらゆるサイズの船がつくられた。ヴェネツィアのガレー船に匹敵するような、一二〇のオールをもち、幅五メートル、長さ四〇メートルほどの船も建造できた。アマルフィでは、色々な方向に帆を張ることができる優れた性能の航海しやすい帆船が発明された。当時、アレクサンドリアからメッシーナを経由してアマルフィに着くのに、アラブの一番早い船でも少なくとも二〇日間を要したが、向かい風も利用できるこの船の出現で、時間がだいぶ短縮できた。

他の海洋都市、ヴェネツィア、ジェノヴァ、ピサのいずれも、アルセナーレは都市の中心から外れた位置につくられたのに対し、アマルフィのそれは、最も重要な都心の海辺にある。古くから建設され、しかもこの都市にとって極めて重要な施設であったことがわかる。

現在残っているものも四〇メートルの長さにおよぶが、

本来はその倍の長さを持っていたという。アルセナーレの建物は城壁から大きく外へ突き出していたため、すでに述べた一三四三年の暴風雨による海底の地滑りで、その半分が破壊されたのである。

半分となっても、とてつもなく巨大なこの建造物は、世界に残っている最古の造船所といえるだろう。利用のしがいのある壮大な内部空間をもつだけに、今は、展覧会などのイベントにしばしば活用されている。その一つが、イタリアの四大海洋都市の記憶と結びついて開催されるレガッタに関する興味深い展覧会だった。

フォンダコ、税関、広場

アマルフィでは、都市のどの部分をとっても、その空間が中世の早い段階からスタートし、時間とともに上に新たなものをどんどん重ね、成長していったプロセスを読み取れる。その積層の状態が面白い。

巨大施設、アルセナーレの上部の利用の仕方も巧みである。後の時代に、大きな人工基盤のような屋上の空間が整備され、ちょっとした広場として活用されるようになったのである。結果的には、よそ者が入りにくい落ち着いた空間となっていて、ここからアプローチをとる貴族の邸宅も生まれた。現在、夏の期間、ほどよい大きさのこの広場を活用して、カンツォーネのコンサートがよく催される。開放感溢れるこうした戸外空間でのコンサートは、いかにもイタリアの夏にふさわしい。まわりの住民は、ボリュームを上げた演奏に文句を言うどころか、特等席である自分の家の窓辺からちゃっかり聴いている。

さて、アルセナーレのまわりの海に開いた場所には、中世の時代、商品を管理し、外国からの商人が宿泊できるフォンダコ（商館）がいくつかあった。アマルフィでは、港からの搬入の便を考え、城壁外の、アルセナーレのすぐ西あたりに集中した。アラブ都市においても、チュニジアの中世のイスラーム時代に形成されたカイラワンなどで、ハーン、フンドゥクが城壁の外につくられる傾向がみられた。アレッポでは、ハーンの多くは旧市街の中心部に集中するが、ラクダの隊商がそのまま入れる大きなハーンは、やはり城壁の外につくられた。

現在のアマルフィで、観光客用の土産物屋や旅行代理店などが入っている古い建物は、フォンダコの遺構であると考えられる。中世後期のものと思えるヴォールト天井が連続的にかかった巨大で重厚な建物である。何世紀も、時に一〇〇〇年を超えてまで、歴史的な建造物がその機能を変化させながらも、生き続けられるのは、やはり石の文化の特徴である。

アマルフィのアルセナーレ周辺には、やはり港町に欠かせない倉庫や税関なども存在したが、現在は失われている。税関を海からの入り口近くに設ける発想も、アラブ世界から学んだと思われる。今日では、かつての城壁の外の海側には、アマルフィ海岸の広域をむすぶ近代の大きな道路がつき、大型観光バスが絶え間なく発着し、賑わいを見せている。

この広い空間は、フラヴィオ・ジョイア広場と呼ばれ、その中央に、海洋都市アマルフィ市民にとっての英雄、フラヴィオ・ジョイアの像がそびえる。このモニュメントの台座の銘文には、羅針盤の発明者と書かれている。彼は一四世紀に活躍した船乗りで、磁石を利用した羅針盤をヨーロッパで最初に実用化し、航海に用いた人物とされてきた。実際、何世紀にもわたって、羅針盤は彼の発明になるといわれてきた。だが、最近では、フラヴィオ・ジョイアは想像上の人物であることがほぼ明らかになっている。

アマルフィの隣に、ポジターノという魅力的なリゾート地がある。やはり古い起源をもち、海に開いた急峻な谷間の斜面に密度高く発達した都市空間の魅力で世界の人々を魅了する。この町を訪ねた際、ある地元の男性が、「アマルフィ人は狡《ずる》い。本来ポジターノ出身のフラヴィオ・ジョイアをアマルフィ出身に仕立て上げ、広場にその像を立てて、歴史をねじ曲げている」と私に怒りをぶつけた。イタリアでは、このように隣同士の町の間に、ライバル意識が極めて強い。それがこの国の面白さであり、底力のもとになっている。

公共的な中心エリア

中世の城門周辺

アマルフィには、幸い、海に開く最も重要な城門の遺構がよく残っている。一二世紀につくられたポルタ・サンダラを起源とするもので、ポルタ・デッラ・マリーナ（海の門）と呼ばれる。背後を険しい山の崖で守られた天然の要塞、アマルフィであっても、危険性のある部分には堅固な城壁が築かれ、さらに軍事上重要な崖上の高い位置に塔が建設された。水車の谷に通ずる北側、アトラーニと結ぶ東側、ポジターノと結ぶ西側から旧道で町に入ってくる地点にそれぞれ城門が設けられた。同時に、南側にあたる海からの入り口にも、立派な城門がつくられた。この海の門は、アマルフィに残る唯一の中世の城門である。

門の外の海を望む壁の上に、アマルフィの最盛期の版図を示す、色鮮やかなタイル画の大きな地図がある。画面の左端（西）にアマルフィがあり、シチリアの姿もある。中央にギリシアのペロポネソス半島、右（東）にはレヴァントのシリア、パレスティナ、エジプトなどが描かれている。もちろん、上方やや右寄りにはビザンツ帝国のコンスタンティノープルがある。一九五〇年に想像力豊かに描かれたもので、アマルフィ共和国の海洋都市としての栄光の歴史を雄弁に物語る。

海の門　上層は住宅、低層は店舗が入った複合建築と化している。著者撮影

船で港に到着した中世の旅人たちと同様に、海の門を潜ると、その中央のトンネル状の通路部分には、尖頭状の三つの横断アーチと二つの手の込んだ交差ヴォールトの構造がよく留められていて、タイムスリップする感覚を楽しめる。

我々の都市のフィールド調査では、長い歴史の中で複合的に築き上げられた都市空間がどんな仕組みでできているかを解き明かすべく、それを構成する建物の一つ一つを実測し、図面化していく。

人々が住んでいる住宅を訪ね、調べることが多いが、同時に、教会や公共建築、都市施設も重要な対象となる。中世海洋国家アマルフィの都市像を描くのが大きな目的だけに、それを象徴する貴重な遺構であるこの海の門も、当然、丸ごと実測の対象となった。

積層都市の空間プログラム

城門に入り、交差ヴォールトが架かった通路のすぐ右手（東側）に、サンタ・マリア・ピアッツァという教会がある。ルネサンス時代につくられたもので、別名「安全な港のサンタ・マリア教会」とも呼ばれ、海の町アマルフィらしく、今なお漁師と船乗りのための教会になっている。トンネル・ヴォールトが架かる単純な内部空間をもち、床面は現在の道路面より五〇センチほど低い。時代とともに、道路面が上がっていったことがわかる。

高密な都市アマルフィらしく、この城門の建物には、中世から一階にいくつもの店舗や倉庫が存在し、複合化の様相をみせた。現状でも、通路に面する一階には、肉屋や本屋をはじめ、内部に古いヴォールト天井を残す店舗が並び（いずれも床面は現在の道路面より五〇センチほど低い）、この城門のオリジナルの形態をほぼ受け継いでいるものと思われる。現状では、城門の建築複合体は四階建てとなっている。

二階の住宅への古くからのアプローチは、大アーチの右脇の縦長の入り口から同じようにとられているが、その上に増築された二層分の住宅へは動線を完全に分け、先に見たアルセナーレの屋上広場から外階段で上るように工夫されているのが、興味を引く。古い構造をそのまま残し、従来の所有者の権利、利益を損ねないよう配慮しながら、その上に新たな二層分の住宅を、別の所にアプローチ用の動線を確保して、立体的な方法で巧みに重ねていった過程が読み取れる。

このように積層都市アマルフィでは、空間のプログラムが面白い。まるで魔法にかけられたような、複雑に組み立てられた不思議な都市空間が、こうしてできているのである。

ドゥオモ広場と大聖堂

さて、再び中世の世界に戻ろう。

海の門を潜ると、右に折れる形で大聖堂の広場に入る。城門から都市の内部が見通せないのは、アレッポなど、アラブの中世都市とも通じる、防御のことも考えた古い形式といえよう。地中海世界では古くは、中庭型の住宅に入るにも、城門から町に入るにも、見通しのきくまっすぐなアプローチを避け、折り曲げることにより、内部の豊かさ、壮麗さを外部に対して隠す方法をとったのである。それが身の安全を守る知恵でもあった。

この狭く絞られた城門の空間を進み、右に折れると、目の前に突然、賑わいに満ちた広場が開け、その奥に、壮麗な大階段の上に堂々とそびえる大聖堂の姿が目に飛び込む。しかも、それがヨーロッパでは極めて珍しい、エキゾチックなイスラーム様式の建築であり、東方との繋がりを象徴する。広場にそびえる鐘楼も、ロマネスクながらアラブ・イスラームの強い影響を受けた様式をもち、一一八〇年ごろから建設された。黄色と緑のマヨリカ焼きの

ドゥオモ広場　大聖堂の大階段と鐘楼は、町の象徴となっている。著者撮影

タイルで飾られた頂部やその下にめぐるアーチの造形に、イスラーム世界との強い結びつきを表現している。

南イタリアの都市では、教会は絶対的な力をもってきただけに、この大聖堂を中心に宗教施設が複合化し、裏の山に向かう斜面にまで聖なるゾーンが広大に形成されている。これまでの経験でも、ナポリ、レッチェなど、南イタリア都市を調べていて、常に都心の宗教団体が所有する施設、土地の大きさに驚かされる。

広場の国、イタリアにあっても、アマルフィのドゥオモ広場は、ヴェネツィアのサン・マルコ広場、シエナのカンポ広場にも負けない、とりわけ迫力のある美しい広場といえよう。渓谷の高台のエッジに大聖堂がそびえ、その下の谷底にあたる位置に広場があるという独特の立地が、この広場の魅力を生む上での最大の立役者である。

中北部イタリアの真に市民自治が発達した共和制の都市では、市民の集まる中心の象徴的な広場には、堂々たる市庁舎が存在する。それに比べ、アマルフィは共和制の海洋都市を築き上げたが、市民自治はそこまでは強くなれず、この町の広場にそびえる最大のシンボル

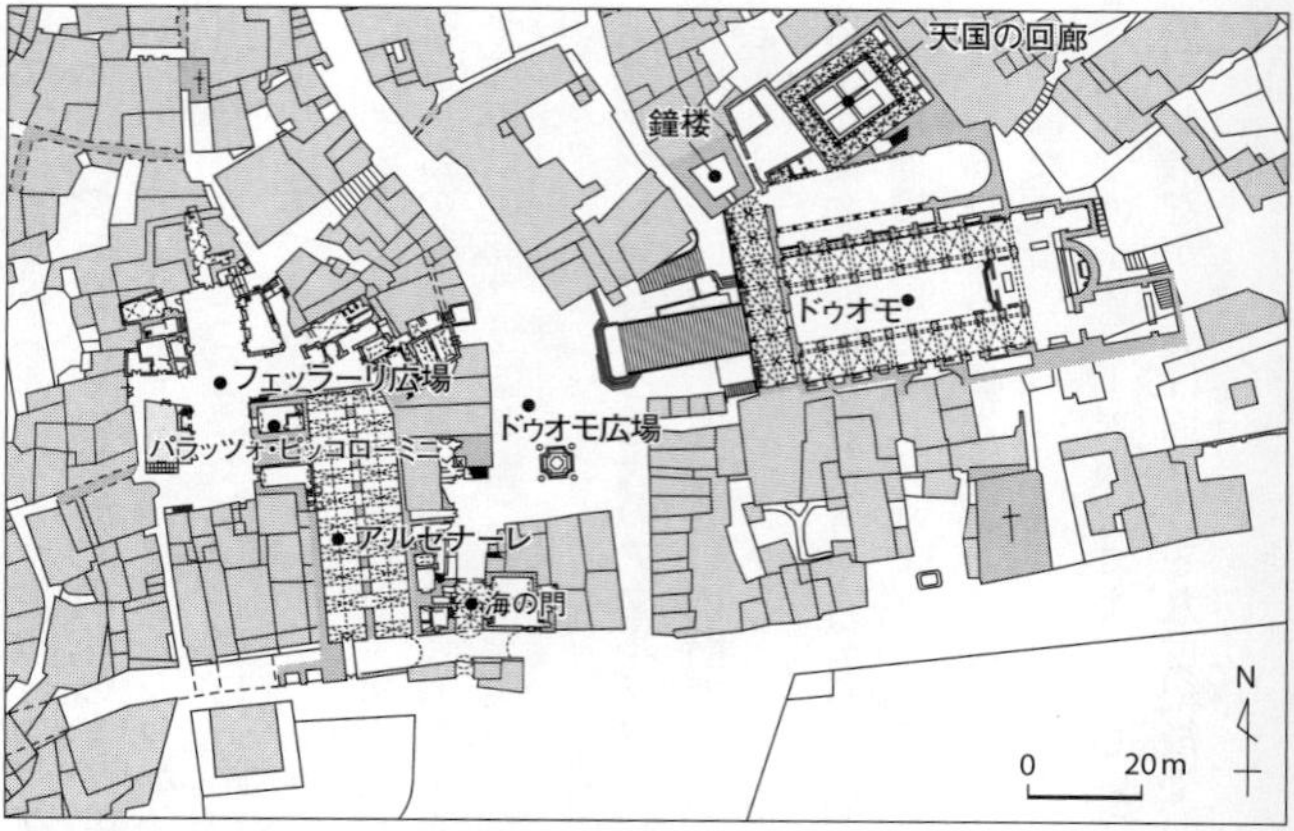

ドゥオモ広場とフェッラーリ広場の周辺

は、やはり大聖堂ということになった。

もちろん、今我々が見るようなダイナミックなドゥオモ広場の形態を獲得するには、当然のことながら長い時間がかかった。中世には、この広場はプラテア・カルツラリオルム（靴屋の広場）と呼ばれ、その名前の通り、古い時代には靴屋の活動があったことが知られる。城門のまわりにも、活気ある海洋都市らしく、商業や職人の生産活動が集まっていたのである。この城門は、外に広がる港のエリアと内部の商業エリアをむすぶ役割をもっていたのである。そもそも、この海の門の元の名前、ポルタ・サンダラも、サンダル（履物）を商う職人の生産活動からきている。

この広場は、中世の前半にはまだ、川を挟んで東側に、大聖堂前の広場と接する形をとっていた。海に開く渓谷に形成されたアマルフィには、その谷底にまっすぐ奥へ北に向かって、主要道路（ジェノヴァ通り〜カプアーノ通り）が伸びるが、その緩やかに曲がる道筋は元は川であり、その下流で現在のドゥオモ広場を真っ二つに分けるように流れ、海に注いでいた。アンジュー家の支配下に入った一三世紀後半に、衛生上の理由と都市開発のため、川に蓋《ふた》がされたことにより、谷底に道路が建設され、現在のような堂々たるドゥオモ広場も誕生したのである。

主要道路に設けられたマンホールの蓋を開けてもらうと、今も上流から勢いよく清流が流れているのを確認できた。それにしても、中世の段階からこうして大規模な土木工事によって都市のインフラ（基盤）整備を実現したことは注目に価する。

グランドツアーと近代のアマルフィ

広場の平面的な形態はその段階でできたとはいえ、今のように教会前に大階段が設けられたのは、一八世紀のことであり、階段の下にあたる場所に、一三世紀にはアラブ式の公衆浴場が、後の一四世紀終わりには五軒の店舗があったことが知られている。古い時代には、人々は鐘楼の裏を回り込むようにして、ドゥオモに横からアプローチしていた。現在見ているアマルフィの華麗なる都市空間ができ上がるまでには、いくつもの段階があったことを忘れてはならない。

大聖堂のイスラーム様式による美しいファサードは、中世からずっと続いてきたものだと思いがちだが、実は違う。一九世紀後半の地震で大きく亀裂が入り、その修復の際に、部分的に残っていたイスラーム様式の装飾を手掛かりに再構成された近代の産物なのである。

一八世紀には、古代文化を受け継ぎ、その再生によって先進的ルネサンスの文化を創り上げ、建築や都市空間の魅力を発信していたイタリアは、イギリス、ドイツ、フランスなど、アルプス以北のヨーロッパの国々の人にとっては憧れの地だった。この世紀に、永遠の都ローマの真ん中で、古代広場フォロ・ロマーノの発掘が進み、またポンペイが発見され、発掘によって古代都市がその姿を現したのも大きな刺激となり、はるばるアルプスを越えて南下し、このイタリア各地の都市を訪ねる「グランドツアー」という動きが活発になった。ヨーロッパ各地から、大勢の芸術や文学を志す人々が危険を覚悟で苦労しながら旅を続け、多くの刺激を自国に持ち帰り、新しい文化の創造に貢献したのである。

彼らの訪問先はせいぜいナポリまでで、ナポリからシチリアに船で渡るルートはあったものの、カンパーニア地方の南までがツアーの対象になることはなかった。だが、南のパエストゥムのギリシア都市遺跡が再発見され、評判になると、人々の流れは南に向かった。当時、ギリシアの地はオ

18世紀のドゥオモ広場　この頃、ドゥオモのファサードはバロック式になり、大階段がつくられた。*La costa d'Amalfi nella pittura dell' Ottocento* より

「天国の回廊」から鐘楼を望む　稲益祐太撮影

スマン帝国に支配され、古代のギリシア文明に対するヨーロッパ人の関心が大きくなっても、実際にアテネのアクロポリスなどを訪ねることは極めて困難だった。南イタリアに受け継がれた古代ギリシアの神殿建築や劇場、都市の遺構がおおいに人々を触発したのである。

その影響が一九世紀初めにはアマルフィにまでおよび、アルプス以北のヨーロッパ人が多くこの地を訪ねるようになっていた。ただしここで彼らが惹かれたのは、古代文化ではなく、イスラームやビザンツのエキゾチックな文化だった。ヨーロッパの人々の間に、中世の文化に惹かれ、ピクチャレスクな風景に魅せられる新たな感性が生まれつつあった。本来国際感覚をもっていたアマルフィの人たちも、そのことを強く認識したのであろう。中世の誇らしい歴史の中で育まれたそのオリエンタルな美意識を、自分たちの文化的アイデンティティとして強く自覚したのである。海洋都市ならではの賢明な選択だった。

大聖堂の広場と「天国の回廊」

アマルフィはそもそも、防御を考え、最も安全な高台から人々が住み始めた。

天国の回廊　ヤシの茂る中庭の四周をアラブの建築様式の回廊が飾る。左は大司教館から見下ろした中庭。著者撮影

後の都市の発展によって、アマルフィは結果的には、海に開く渓谷の東西両側の斜面に、市街地をぎっしりと築き上げることになった。したがって、アマルフィのどの場所に住む人も、降った雨が低い方に流れるがごとく、坂を下り、必ずこの大聖堂の広場を通って、城門を潜り、港のエリアに出ていく、という独特の構造をとることになった。港エリアのすぐ背後の城壁の内側に、要の空間としての広場があるという、港町にふさわしい中心性、象徴性をもつ都市空間をつくり上げた。これほどの象徴性をもつ大聖堂の広場は、さすがのイタリアでも他にない。

このドゥオモ周辺で、圧巻なのは、聖堂の左手奥に潜んでいる「天国の回廊」である。もともとアマルフィの有力者たちの墓地として一二六四年につくられたもので、太陽のまぶしい華やかな港町の表情とはうって変わった静かな落ち着きをもつ。ここに入ると、アラブ世界の国の中庭空間に彷徨い込んだような錯覚に陥る。回廊の四周を飾る、尖頭アーチをずらして重ねるイスラーム建築独特の手法は、ヤシの生い茂るオアシスの雰囲気を生み出している。まさに砂漠の民、アラブ人が求めた「地上の楽園」のイメージがここにある。西洋建築史の分類からいうと、この回廊は、シチリアのパレルモにノルマン人の王によって建設されたサン・ジョヴァンニ・デリ・エレミティ教会（一二世紀中頃）の回廊などと同様、ロマネスクの範疇に入ることになる。だが、実際はアラブの建築様式そのものといえる。地中海世界の南欧には、西洋の枠組みからみるより、イスラーム世界との関係でみた方が理解できることも多い。本書に登場する海洋都市は、どれもその代表である。

片足はブドウ畑、片足は船

「天国の回廊」の背後にも眼を向けたい。そこには宗教上の強大な権力をもつ大司教の館がそびえる。一一世紀にこの場所につくられた司教館を受け継ぐもので、最近の修復で内部のフレスコ画も見事に蘇った。この建物の上の方から見下ろす「天国の回廊」の姿は圧巻である。世俗の都市の喧噪を離れ、聖なる空間が囲われた内側に生み出されているのがよくわかる。

そして、大司教の館の背後には、それと対照的に、斜面に教会所有の緑豊かな果樹園が広がり、いくつもの段状に造成された土地に、枝もたわわにレモンがなっている。高密に建て込んだ町の背後に、このような広大な果樹園が中世以来、ゆったりと存在してきたのである。

ちなみに、アマルフィ海岸の沖合を進む船から見ると、急な斜面のいたる所に、棚田のように段々状にレモン畑がつくられ、独特の風景を生んでいる。それがアマルフィの旧市街のすぐ周縁部にも迫っている。中世のアマルフィ人は航海に長けていたが、同時に、農業にも力を注いだ。「片足はブドウ畑、片足は船」という表現があるという。経済活動の始まりはまず、土地を開墾することだった。険しい岩壁の山肌に段々畑をつくり、クリ、ブドウ、レモンなどを作った。一三世紀以降には、たくさんのレモンが作られた。レモンも東方からもたらされた。そして、こうした段状にレモン畑を造成する技術もまたアラブ人から学んだ、と地元の人たちは言う。レモンは中世には、胃が痛む時や熱がある時に、薬のように使われた。また、青いうちに摘み取ったレモンは、船に積まれ、航海中の船員たちの壊血病の予防に効力を発揮したという。

加速する観光化

近代には、栽培にも収穫にも手のかかるレモンは、生産性が低く、見捨てられがちだった。ところが、この十数年、リモンチェッロというレモンからつくるリキュールが大評判となり、起死回生の地場産業として脚光を浴びている。もともとアマルフィからソレントにかけてのこの海岸地域において、ちょうど日本の梅酒のように家庭でつくられていたお酒が、知恵者の手で、市場に出るようになり、それが大ヒットし、今やイタリア全国、そして日本にまで広がっているのである。

アマルフィ周辺のレモンは、太陽が一杯の大地でラグビーボールを小さくしたくらいにま

東側斜面から見る　ドゥオモのファサードが衝立状なのがわかる。著者撮影

で大きく育つ。それを豊かな海産物や新鮮なサラダにじゅっと搾って食べる、地中海ダイエットともいえる食事は、健康そのものである。自然の恵みを象徴するのが、レモンともいえる。そのリキュールは、美味しい上に、身体に力を授けてくれる。というわけで、アマルフィの調査を続けている六年間のうちにも、リモンチェッロの評価がどんどん高まり、広場やメインストリートの商店街には、リモンチェッロを売る店がひしめくようになった。手作りでファンタジーに満ちた絵を描いた瓶に入っていて、実に可愛らしい。

とはいえ、洒落《しゃれ》た商品が普及し、観光が加速すると、日常生活に影響が出るのも事実である。先ほど見た海の門の中にあった古くからの肉屋は、リモンチェッロを中心とする小奇麗な土産物屋に姿を変えた。フェッラーリ広場に面する老夫婦が経営していた八百屋も、息子の代に替わった際に、やはりリモンチェッロなどを売るお洒落な食材屋、土産物屋に変化した。観光地の宿命とはいえ、庶民的な生活と結びついた店が失われ、見慣れた顔が消えていくのは、やや寂しい。

さて、大司教館のレモン畑のさらに上に登ると、山裾の高台には、その眺望の良さを生かし、立派な邸宅がいくつか建っている。そのバルコニーからは、アマルフィ全体の眺望が一気に開ける。大聖堂のドームと鐘楼がひときわ目立ち、その先に真っ青な海が広がる。最もアマルフィらしい風景を誰もがここから楽しめる。こうしたパノラマが開ける高い位置に、中世からすでに数多くの住宅が建っていたことは、史料からも我々が行った調査からもよくわかる。

ここから眺めると、面白い発見もある。都市景観を飾る大聖堂の華麗なファサードだが、こうして裏手から見ると、実は、書き割り的に立ち上がる単なる衝立《ついたて》状の壁にすぎないことがバレてしまう。だが逆に、都市を美しく演出するとはこういうことなのだ、と感心させられる。

低地の商業エリア

表情豊かなフェッラーリ広場

中世のアマルフィの港に近い城壁内の低地には、商業生産活動が集中する広場、プラテア（ラテン語の広場）がいくつも存在し、店舗や職人の工房が取り囲んでいた。その中でも最も古い広場の一つがフェッラーリ広場（現在名はドージェ広場）であり、今なお中世の平面形態をそのまま受け継いでいる唯一の広場である。中世にはプラテア・ファブロルム（鉄職

フェッラーリ広場　現在はドージェ広場と呼ばれる商業の中心地。著者撮影

人の広場）という名前で呼ばれた。

華やかなドゥオモ広場とは対照的に、その西裏手に、庶民的な感覚に溢れたこの広場がある。現在は日用品を取り扱う店が集中し、地元住民の集まる生活に根付いた場として機能している。そこでは鉄職人の活動などがみられ、アルセナーレの背後に位置しその生産活動とも関係していたと思われる。

表情豊かなこの広場を囲む建物には、中世後期の建築要素を残すものが多い。そのいずれもが、一階が店舗、上階が住宅という構成をみせており、こうした形式が中世から確立していたことが想像できる。特に、一階に老夫婦で経営する八百屋（近年、土産物屋に変化）がある建物は、中世の塔状住宅の遺構として興味深い。

イタリアの中世都市には、塔状の建築がしばしばつくられた。もちろん防御の機能をそなえるもので、もともと農村部の要塞化したカステッロという館に付随した塔の形式が、都市の内部に持ち込まれたとも説明される。有名なのは、トスカーナの丘上都市、サン・ジミニャーノで、一三本もの塔が今もそびえ、トスカーナのマンハッタンと呼ばれる。実は、フィレンツェにも、中世の前期、家族間の争いが絶えなかった社会状況を背景に、多くの塔がつくられた。後に共和制が確立し、封建時代の産物であるこうした塔の上部は切り落とされ、公共的なシンボルである市庁舎の塔だけが高くそびえる形をとった。こうして市民自治に基づく共和制の精神を表現するスカイラインの造形がなされたのである。

後に登場する海洋都市、ピサ、ジェノヴァも実は、数多くの塔状住宅で知られる町である。中部イタリアに多く分布する塔状の住宅だが、ローマの古い地区にも二、三の例をみつけることができる。ナポリでは見たことがないだけに、このアマルフィに一つ存在するというのも、面白い。

近年のリノヴェーション

二〇〇二年、広場の北東に独立する形で建つ、みすぼらしく見えた古い建物がリノヴェーションされ、美しいインテリアをもつエレガントな薬屋としてオープンした。アマルフィの近年の再生の動きを象徴する建物といってよい。その設計は、アンジュー時代（一二六六年～一三世紀末）の支配者の館があったドゥオモ広場の北面の一画に事務所をもつ、地元の有力な建築家、ジュセッペ・アメンドラ氏が担った。地下一階、地上二階の建物で、一階はもともと三つの小さな店に分かれていたのを統合した。三層を垂直に結ぶ動線は、現代的な螺《ら》旋《せん》階段を挿入して格好よく実現している。

こういうリノヴェーションの例を見ていると、保存というよりむしろ、歴史的な建物の現代的な可能性を巧みに引き出す積極的なデザイン行為という気がする。それが歴史都市を今に蘇らせる。

近年、この広場は急速に魅力を高めている。あまり有効に扱われていなかった古い店や倉庫がリノヴェーションで蘇り、また広場を利用してのミニコンサートも行うようになって、活気が蘇りつつある。今も嬉しいことに、観光客よりも地元住民が集まる、コミュニティに根ざした生活感のある場として機能しているのである。

贅沢なライフスタイル

市民の生活を支えるこの広場は、現在、ドージェ広場と呼ばれる。この広場の角にアラゴン時代（一三世紀末〜一六世紀）の統治者の館がつくられ、パラッツォ・ドゥカーレ（総督宮殿）と呼ばれたことから、この広場にもドージェ（総督）の名前がついたのである。一五八三年までその機能が継続した。現在その位置に建つ堂々たる建物はパラッツォ・ピッコローミニと呼ばれ、今も薬屋の経営者や弁護士などいくつかの裕福な家族が住む。それらの住宅への入り口は、ドージェ広場からとらず、裏手に隠れたアルセナーレ上部の屋上広場にある。こうすればセキュリティが保障されるし、ドージェ広場側にはすべて商業機能を集中できる。

このパラッツオの最も居住条件のよい四、五階は、まさにアマルフィを代表する名門、パンサ家の所有である。五階には、海の門のすぐ脇にオフィスを構える有力な弁護士、アントニオ・パンサ氏の家族が住む。五階からの眺めは最高で、港、そして海への美しい眺望をもち、アマルフィの景観を家の中から満喫できる。しばしば、親戚や友人を招き、海を見晴らしながら屋上テラスも活用して、ホームパーティーを楽しむ。現代のアマルフィらしい贅沢なライフスタイルである。我々グループも毎夏、招かれ、最高に幸せな時間を楽しませてもらった。この住宅は、海の側ばかりか、ドージェ広場、さらにはアルセナーレの上の広場にも面し、素晴らしい眺望を三方向に楽しめる。ドゥオモのファサード、鐘楼の姿も手にとるように見える。

貴族のパラッツォの元の使い方を復元するのは容易ではない。ここでは、数家族が共通の階段室を使っている。現在の階段室は一八世紀頃に再構成したものに見えるが、その基本の形態はさらにさかのぼるものと推測される。もともと階段室をもつ貴族のパラッツォとしてつくられた建物において、内部の所有権が徐々に分かれ、有力な家族も一層分だけを使うという、アマルフィ的な住み方のスタイルが、早い段階から確立したのではないかと思われる。

重なりあう個人邸宅、ドムス

都市の内部に入っていく前に、フェッラーリ広場から近い西の一画にある、いかにも海洋都市アマルフィらしい、中世世界に我々を誘う存在感のある住空間を訪ねたい。

アマルフィでは、教区（コントラーダ）の教会を中心に住宅地が発展した。しかも、安全な高台に古くから教会ができ、そのまわりにコミュニティが形成されたことが知られる。南

ドムスのアトリウム　個人邸宅の中庭。著者撮影

西の高台にも、中世の早い段階からギリシア人コミュニティの地区ができ、その中心として、サン・ニコラ・デ・グレチス教会がつくられ、さらにサン・ビアジオ教会が隣接して登場した。サン・ニコラ教会は今では教会としての姿をとどめていないが、その周辺の複雑な道の形態や建築の集合の仕方には、中世の古い形が受け継がれているに違いない。

その東の足下に、中世の有力家の個人邸宅、ドムスの貴重な遺構がある。フェッラーリ広場から西に伸びるトンネル状のヴァリエンドラ通りをゆるやかに上がり、左へ折れる公道を離れ、狭い階段状のトンネルをさらに上り詰めると、回廊のめぐる小さなアトリウム（中庭）のある不思議な一画がある。初めてここに彷徨《さまよ》い込んだ時には、こんな古い気配をとどめた場所を潜ませているアマルフィに度肝を抜かれた。何か宗教的な機能をもつ空間かとも思えた。ガルガーノ氏に後に尋ね、元ドムスの建物（一二世紀末）であるとわかり、納得できた。

この複合体も、ギリシア・コミュニティに属する有力家のドムスとしてつくられたと考えられる。都市の喧噪から離れた、よそ者の入りにくい安全な高台の奥に、狭くて暗いトンネル状の階段でアプローチするという形で、初期の重要な邸宅がつくられたことが注目される。

ラテン語のドムスとは、個人の邸宅を意味する。古代のポンペイに数多く登場した、人工的な中庭であるアトリウムや、柱廊がめぐる庭園のようなペリステュリウムをもつ邸宅が、ドムスの一つの典型的なイメージである。平屋かせいぜい屋根裏部屋をともなう形式である。ガルガーノ氏によれば、アマルフィでは、中世の史料にドムスがしばしば登場し、それがすでに何層も重なり高層化していたことがわかるという。アマルフィに受け継がれたいくつかのドムスの遺構を観察しても、四層ほどの高さをもっていたことが確かめられる。ちなみに、一七〜一八世紀に経済が復興したのを受けて、再び登場してきた貴族、富裕階級の邸宅は、アマルフィでも一般にパラッツォという名で呼ばれる。

この元ドムスの建物では、空まで吹き抜ける中央部のアトリウムの一階には四本の円柱がめぐり、その上にはビザンツにイスラームの様式が加わった脚の長いアーチが連なる。アトリウムを見上げると、二、三階に、やはりビザンツの特徴ある小円柱や柱頭がよく残っている。しかも、アトリウムのまわりをめぐる通路状のギャラリーの天井には、この時期の小さな交差ヴォールトが連続して見られることから、三階までは確実に一二世紀末のオリジナルと考えられる。集合形式は四階も同じなので、そこまで当初の建物という可能性もある。

アトリウムを中心に高層化

ガルガーノ氏の紹介で、この最上階である四階に長く住む有力者、ムオーイオ氏を訪ね、彼らの住宅を含むこの建物の大半を実測できた。一二世紀の姿をそっくり残す生きた住宅建築を、直に触りながら実測できるとは、アマルフィならではの調査の醍醐味である。しかも、アトリウムを囲む空間の構成は今のセンスで見ても、格好よい。

袋小路の奥というアプローチ、狭いアトリウムを囲んで高層に伸びるいささか圧迫感のあるつくりからは想像もできないほどに、それぞれの住戸の内部は広くて明るい。ムオーイオ氏の家のバルコニーからは、アマルフィの町のパノラマが百八十度広がり、真っ青な海もドゥオモの正面や鐘楼も、そして背後にそびえる険しい崖もすべて手に取るように見える。かつては周囲の建物はもっと低かったから、高台に上り詰めた所にあるこの建物の三階や二階の住まいからも、眺めが十分得られたと考えられる。

建築の空間構成を見ると、前後に部屋を並べた一列二室型の細長い姿が浮かび上がり、これが中世の住居単位の標準形だったと想像される。それがアトリウムを囲み、数層重なって全体ができているのがわかる。このドムスは、アトリウムを中心として一体化した空間構成をもち、かつては有力家が建物全部を所有していた。その建物全体の中に数多くの居住単位が受け継がれていることをみると、かつても血縁関係にある多くの家族ユニットがその中に住んでいたのであろうと想像される。だが、時代の変遷とともに分割されて所有者がふえ、現在のような集合住宅になったと思われる。

今の住み方は多様である。最上階の見晴らしのよい好条件の住戸に、富裕な実業家のムオーイオ家が住む。同じ階のアトリウムに面する内向きの住戸には、上品で美しい老婦人が一人で住み、その下の階の条件のよい住戸にその娘夫婦がいて、常に行き来している。我々にとっても、この素敵な老婦人を日本からのお土産をもって訪ねるのが、毎夏の楽しみとなった。近年は、リゾート地だけに不動産市場が活性化し、夏の家として貸し出される住戸もある。

一一～一三世紀に建てられたこうしたドムスの遺構が、アマルフィには少なくとも五棟残されている。そのほとんどがアトリウムを中心とした興味深い構成をとっている。

中庭型住宅は、古代から地中海世界に広く分布し、その系譜が中世の早い段階のアマルフィにも受け継がれたが、その後、アマルフィでは発展しなかった。なぜなら、斜面都市においては、中庭を中心にして、内に閉じるタイプよりも、前庭や菜園を建築のまわりにとって外に開き、眺望を得られるような建築タイプの方が理にかなっていたと考えられるからである。その意味ではアマルフィは、中庭型の建築文化に徹底してこだわったアラブの都市とは異なる方向に進むことになった。それは地形や風土の違いからくる必然であった。

サン・ビアジオ教会

元ドムスの複合体をあとに、さらに町の南西に向かい、高台にそびえるサン・ビアジオ教会を訪ねる。旧道から階段を延々と上り、一度折れてさらに上へ進むと、ようやく入り口に

海から眺めた西側絶壁の建築群　最も高い位置にそびえるのが、サン・ビアジオ教会。著者撮影

たどり着く。こんな厳しい場所だけに、今は神父がなかなか来てくれず、ミサが行えないのが悩みだという。この教会の鍵を開けてくれたのは、フェッラーリ広場に面した立派な家に住むまだ若い男性、アルフォンソ・プロート氏で、彼の家族が代々維持管理をしてきた。普段はサレルノの銀行で働き、週末の時間を使って、この教会の鍵を開け、清掃をし、管理をしている。一七七九年にバロック様式で改修された内部は立派で、特に黄と青の色調が鮮やかなマジョリカタイルの床の美しさが印象的である。空に突き刺さるようにそびえるこの教会の鐘楼に幸い上らせてもらい、最高のアングルから、アマルフィの中心部と真っ青な海を視界に収める壮大なパノラマを堪能できた。

ゴツゴツの岩山を背景に高台に建つこのサン・ビアジオ教会と、その下の絶壁にへばりつくように建設された建築群が生み出す景観は、海から見ると迫力満点である。近代を迎えると、防御の必要がなくなり、崖の下の方までびっしり建物がつくられ、その迫力は増加した。

サン・ビアジオ教会の下を通る旧道の側から、この急斜面にへばりつくフォトジェニックな外観の住宅群を訪ねる。この部分でも、道路の上に建物がかぶり、トンネルが続く。木製の扉を開けると、予想以上に急勾配の階段が一気に下りていく。狭くて薄暗い階段の先には、何と、明るい陽光に満ちた港の水面がキラキラ輝く。中世にタイムスリップした空間の中に組み込まれた、素晴らしい演出だ。近代に増築された海に開くテラスに出ると、ティレニア海を眼の前に、最高の開放感を味わえる。トンネル状のいささか鬱陶しい道路の側からは、こうした内部に隠された生活空間の豊かさ、輝く価値はまったく想像できない。アマルフィの想像を越える凄さは、その内側に潜んでいる。

この階段からアプローチする住戸は四つある。信じられないような中世そのものを受け継ぐ特殊な居住空間だが、そこにアマルフィの人たちの日常の生活がある。右下の家だけはナポリに住む家族の所有で、毎夏、彼らはこの最高の場所でヴァカンスを優雅に楽しむ。

メインストリートの賑わい　13世紀に川を暗渠にして発展した。陣内研究室提供

川の上にできたメインストリート

さて再び、中心部に戻ろう。アマルフィの商業機能は、このフェッラーリ広場、そしてドゥオモ広場から続き、谷底の部分を南北に貫くメインストリートに集中している。

目抜き通りに入っていこう。このメインストリートの商業空間は、一三世紀後半に、谷底に流れていた川を暗渠《あんきょ》にすることで発展した。イスラーム都市のスークのように、道路沿いの一階に小さな店がぎっしり並び、活気がある。ただしスークと異なり、上階には住宅が幾層にも重なることで迫力のある街路空間を形成している。基本的には、店は上階とは繋がっておらず、商売のために毎日通ってくる。住みながら商売をする日本の町家、店舗併用住宅とはまったく異なる。

商店は、アラブのスークと同様、どれも小さいのに、大きな売り上げがある。商店主や店員は、これまたスークと同じく、狭い店の中から出て、店先に立っていることも多い。何年も調査をしていると、ほとんどの店の人たちと顔なじみになるから、その前を通る時には、挨拶をしないわけにはいかない。親しさに応じて、「チャオ」「ボンジョルノ」「サルヴェ」などと声を掛け合うのに忙しくなる。町の社交空間なのである。

地形上、谷底を通るメインストリートは、幅四~七メートルほどで二~四度の緩やかな勾配の道路となっている。微妙に曲がり、海に近い部分で道幅が広がっている。川が地上を流れていた頃、東と西の地区を結んで、四ヵ所に橋が架かっていたことが知られる。現状でもその地点では、南北軸のメインストリートから、東と西にほぼ対応した道が分岐して伸びている。しかし、さりげなく脇に入るので、他所から来てメインストリートを進む大勢の人々は、その存在にはほとんど気付かない。

アラブ式の風呂の遺構

ここに川が流れていた頃は、人の流れは、西側の少し高台を抜ける通りと、東側の内部の高台を折れながら進む通りにあったはずである。これらの旧主要道は、今も裏手に潜み、住民が使いこなす重要な役割を果たしている。一方、川に蓋をして新たな街路が生まれてから、この新しい軸に沿って、今に繋がる活気ある商業空間が発展したと考えられる。

だが、ここで注目されるのは、現在のメインストリートの中程（ドゥオモ広場から一五〇メートルくらいのところ）から、その東側の裏手をほぼ平行に北に向かって伸びるトンネル状の通路、スッポルティコ・ルーアの存在だ。素朴な曲面のヴォールト天井のトンネルがどこまでも続き、緩やかにうねるその壁面は石灰で白く塗られ、土着的な地中海都市らしい迫力ある空間造形を生んでいる。その自然発生的ともいえる形状は、中世の早い段階でこの道筋が決まっていたことを物語る。このことから考えると、もともと川に蓋がされる以前、川沿いの東側には、ドゥオモ広場から片側に道がずっと続いており、

スッポルティコ・ルーア　トンネル状通路（上）を入るとアラブ式風呂の遺構が（下）。著者撮影

現在のスッポルティコ・ルーアに接続していたのではないかと推測される。

そして、スッポルティコ・ルーアに入ってすぐの一階に、一三世紀のアラブ式の風呂の遺構が残っているのが注目される。アマルフィにはアラブ人のコミュニティそのものは存在しなかったが、アラブ文化から受けた影響は大きく、この浴場は、公共的なものではなく、個人のドムスに属する私的なものだった。レモン搾り器のようなドームを中央にもつアラブ特有の建築形態を見せている。今は土産物屋となっているため、そのドームの形も商品で隠され気味ではある。

そもそも、古代ローマ人があれほど愛した風呂の文化も、キリスト教が広がった中世のヨーロッパでは衰退した。一方、心とともに身体を清潔に保つことを重んじ、特に礼拝の前に身を清めることを説くイスラームの教えに合致することもあって、アラブ世界では浴場が広がった。実際にアラブ支配が長く続いたアンダルシアのグラナダには、アルハンブラ宮殿の内部と街の中とに、アラブ式の風呂の遺構が残っている。それ以外のヨーロッパの地域では、アラブの風呂は極めて珍しい。アマルフィのこの例に加え、やはり近くの町、スカーラとポントーネに中世につくられた個人の邸宅に、よく似た形のアラブ式風呂の遺構（一三世紀）が残っている。海洋都市アマルフィとアラブ世界との強い結びつきを示す貴重な要素だ。

東西で非対称の町並み

次に、さまざまな段階を経て形成された現在の目抜き通り沿いの両側の建物を観察すると、下の階ほど古く、上に向かって新しい様式で増築していった過程がよくわかる。一階の店舗には、天井に中世のトンネル・ヴォールトや交差ヴォールトを残すものが多い。

メインストリートの東側に面し、背後でスッポルティコ・ルーアに接する帯状の一画に、間口が狭く奥行きの浅い、一室のみからなる伝統的な店舗が並んでいる。その一つが、仕立て屋のピント・ガエターノ氏の仕事場である。もう半ば引退気味のこの職人さんが、我々のために特別に開けて見せてくれた。トンネル・ヴォールトの架かった単純明快なワンルームからなる典型的な店舗の空間構成は、興味深い。ヴォールトの曲面の下の空間を有効に使うため、木の板を張って中二階を設け、梯子で上る。商品や材料の収納スペースであり、同時にそこに寝泊まりも可能である。

商業空間と住空間を分ける

このメインストリート沿いを観察して興味深いのは、一階の店舗が表通りから直接アプローチを取っているのに対して、上にある住宅への入り口は表通り沿いにはなく、そこから枝分かれする階段状の脇道からとっている点である。このように、パブリックな「商業空間」とプライベートな「住空間」を分ける傾向は、イスラーム世界を含む他の地中海都市に相通ずるものであり、特に外来者の多い海洋都市にとっては、居住者の生活を守る上で重要な意味をもった。

こうした住宅群への脇のアプローチの階段の取り方そのものにも、賑やかな商業空間と静

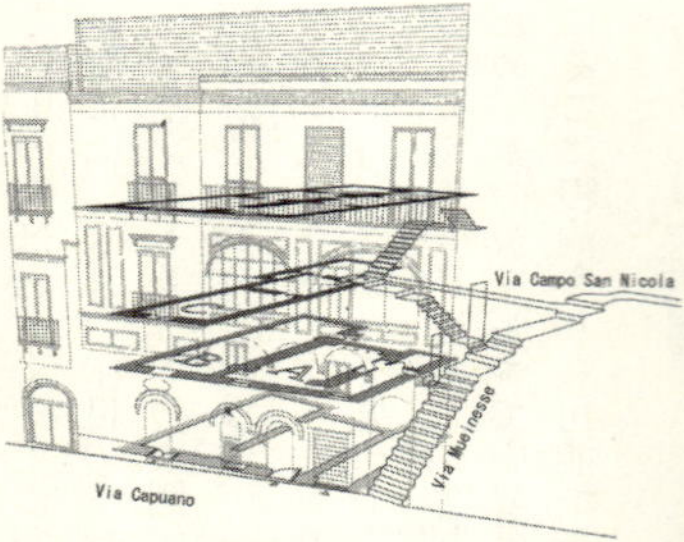

カプアーノ通り西側の建築　右手前のトンネルは建物の入り口ではなく、2階および３階の住宅の入り口や、坂上へ向かう階段（右）。上は見取り図

かな住空間とを隔てるための工夫がみられる。住宅地へ導く階段状の坂道は、統一感のある街路空間の中に巧みに隠され、目につきにくい存在となっているのである。まず、東側では、トンネル状のスッポルティコ・ルーアから何本かの階段が分岐するが、奥にあるため表通りからは見えない。一方、西側では、メインストリートから西側高台の旧メインストリートへ上る階段状の坂道が、おおむね二〇メートルほどの間隔で立ち上がるが、どれも入り口の上に建物がかぶさりアーチ状のトンネルになっているため、道沿いの壁面が途切れず、その存在は目立たない。心理的にも、観光客などよそ者にとってはやや入りにくくなっている。

しかも、これらの脇道の階段は、どれも勾配がちょうど三〇度となるように設計されている。一見複雑な迷宮のように見えるアマルフィの都市空間は、地形を生かし、人間の心理も考えながら、実にうまくできている。

積層した町並み

メインストリートのカプアーノ通りの西側に、この地方独特の緩やかな二連アーチ（一四～一五世紀）の架かるベランダが、持ち送りによって少し街路に張り出す面白い建築があり、道行く人々の眼を奪う。その左隣がガルガーノ教授の両親の住まいということもあって、我々にも馴染みの深い一画である。このあたりでは、川に蓋をしたメインストリートと西の裏手の高台を通る旧主要道との間を、階段状の狭い坂道が結んでいる。賑やかなメインストリートに面した一階は店舗として利用され、街路にすべて開いている。背後に斜面が迫るから、一階の店舗の奥行きは浅い。一方、その上に重なる住宅へのアプローチは、メインストリート側には決してとらず、脇から急角度で上る階段状の狭い坂道に依存している。

この階段を上るには、中世のアーチが架かったベランダの下のトンネルを潜ることになるから、心理的にやや入りにくい。好奇心をもってこの階段を上ろう。まず、二層目の中二階への入り口があり、天井高の低いその内部の空間は、現在、もともとの倉庫に加えヴァカンス用の家になっている。注目の三層目へは、脇の階段をさらに上った所に入り口が設けられ、内部の数家族で共有する階段と通路を経て、各住戸に入る形式をとる。手前が二連アーチのベランダが張り出す中世の外観を残す立派な住まいで、その奥にガルガーノ氏の両親が住む。街路側から寝室、居間、台所とまっすぐ三室を並べる構成は、一八世紀頃のアマルフィの典型といえる。だが、天井の形態は、トンネル・ヴォールト、パヴィリオン・ヴォールト、そして帆状ヴォールトとすべて異なり、さまざまな時期のものが混在している。おそらく一八世紀のものと思えるパヴィリオン・ヴォールトが架かるエレガントな居間を中心に、その時期に、中世から存在したこの住まい全体を再構成したものと想像される。こうして持続可能な発展を常に実現してきたといえる。日本の発想からすると意外なことは、寝室が優先され、眺望が開ける環境のよい街路側にそれをとる傾向が強い点である。

さらに上の四層目は、明らかに後の一八〜一九世紀に一人の所有者によって一体として増築されたことがわかる。街路側からこの建築複合体の全体を改めて眺めると、一階から四階までその外観はバラバラのままである。最後に加わった四階だけが、かろうじて統一感をもつにすぎない。積層した都市アマルフィの町並みは、すべてこうした原理でできている。

斜面に発達した住宅エリア

複雑な増築過程を推理する

アマルフィは一三世紀に入ると、ピサ、さらにはジェノヴァに完全に主導権を奪われ、フランスのアンジュー家、スペインのアラゴン家の支配下に入り、急速に衰退した。しかし、一七〜一八世紀、渓谷の上流地域（水車の渓谷と呼ばれる）での水車を用いた製紙業、パスタ工業の発展で、再び経済発展を遂げた。その時期に建設活動がおおいに活性化し、新たなパラッツォが登場し、また中世の建物の上にどんどん増築した。アマルフィの建築は天井も屋根もすべて石造であり、壁も厚く、上への増築は容易であった。
険しい山の谷間に形成されたアマルフィの建物は、このようなプロセスを経て、幾層にも積み重なってできている。複雑に空間が絡み合う独特のシステムも、斜面都市だからこそ可能になった。斜面を克服し、その固有の条件を巧みに生かして、高い密度で積層する都市が形成されたのである。

どの建物も、初めから今のような形で建っていたわけではない。必要に応じて増え続ける住戸に対して、さまざまな方法で上階への新たなアプローチをとってきた。次第に形づくられていったその建物は、思いもよらないような所に入り口をとり、居室へと入っていく。アプローチの取り方を分析し、そのシステムを解明することで、住宅の増築過程や住まい方の変化が明らかになってくる。アマルフィという複雑に編まれた推理小説のような都市を解明するための鍵もそこにある。

アマルフィの建物が歴史の中で上へ積層していった過程は、アプローチの取り方ばかりか、基本的に次のような方法で読み取ることができる。文字で書かれた史料のかわりに、建物に刻み込まれたモノそのものの情報が、歴史を読み取る貴重な史料として活用できるのである。建築の分野から都市の歴史を研究する醍醐味である。

まずは、建物の外観を見て、アーチや窓の形、オーダーと呼ばれる柱の形式などの様式的な特徴が、建設された時代を知る手がかりになる。また、建築内部では、ヴォールトの形状が建設年代を知るのに重要な判定の材料となる。いずれも建築史の研究方法のイロハだが、これが有効に使えるのも、何世紀も存続できる石造文化をもった南イタリアならではの特権かもしれない。

さらに、住宅の平面構成、すなわちプランの形状もまた、時代の特徴を現し、その建設の時期を示すことが多い。住戸単位のプランを見ると、中世ではシンプルな一列奥行き二室の構成であるが、時代が進むと、奥行きはガルガーノ家のように三室に増え、あるいは面積に余裕が出てくると、横に二室、奥にも二室という構成に変わる。さらに最上階に登場する富裕な邸宅では、三列に部屋を並べる傾向をみせた。

また、アマルフィの住宅の積層のあり方をみるのに、建物の断面を観察するとよい。上下階の各住宅がどのレベルからアプローチをとるのかを知ることもできる。多くの場合が、斜面に沿うようにセットバックする傾向にあり、パノラマの開ける側にテラスを設けている。場所によっては、街路の上に部屋をかぶせる形で増築を行った。こうして生まれたトンネルがアマルフィには多い。

石造文化とヴォールトの種類

アマルフィの伝統的な建築は、社会階層や家の規模・格式を問わず、基本的にどの部屋にもヴォールトが架かっている。こうした石造建築の豊かさは、アマルフィ海岸、ソレント、カプリ、イスキア、そしてナポリ周辺にかけての地域に共通する大きな特徴である。イタリアの中でも、本書の終盤に登場するプーリア地方と並んで、石造文化を最も発達させた地方

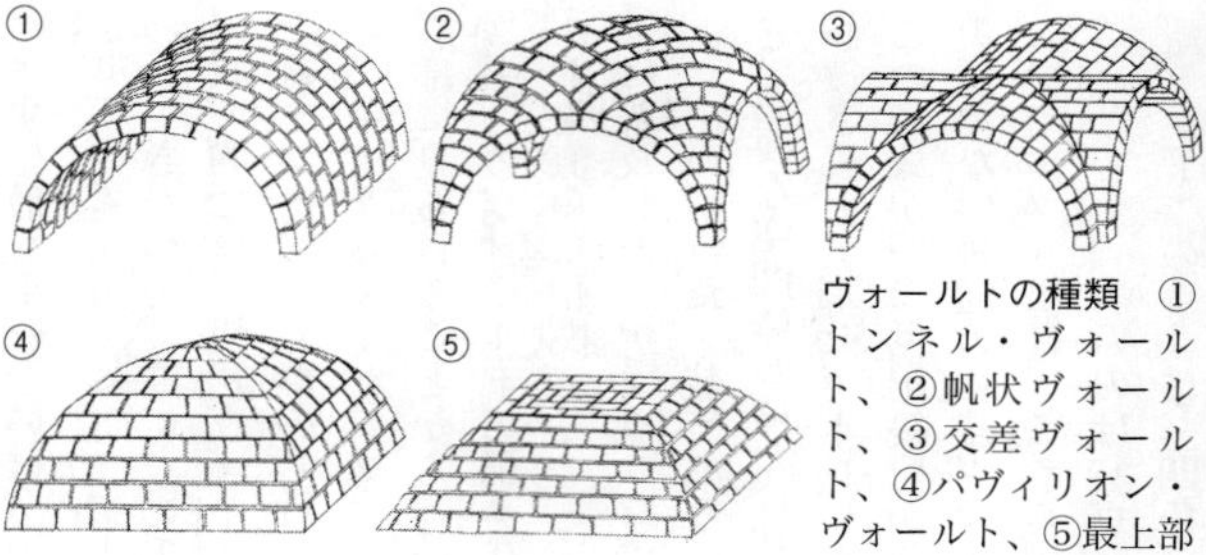

ヴォールトの種類　①トンネル・ヴォールト、②帆状ヴォールト、③交差ヴォールト、④パヴィリオン・ヴォールト、⑤最上部をフラットにした型

といえる。

日本の木造文化に対し、ヨーロッパは石造文化だとよくいわれる。しかし、それは事実といささか異なる。パリやアムステルダムでは一六世紀頃までは普通の都市の住宅には、木骨が主体のハーフティンバーという形式が用いられたし、ロンドンでは一八世紀の大火以後、木造から煉瓦《れんが》造りの町並みに置き換わったことがよく知られる。すべて石でつくられる建物というのは、イタリアでも限られる。ヴェネツィアばかりか、フィレンツェやローマの普通の住宅にしても、梁や床、屋根を支える小屋組みのすべてに木材が使われたのである。そう考えると、アマルフィの石造文化の本物ぶりが輝いて見えてくる。

この地方のヴォールト技術は古代ローマにさかのぼり、中世以後もその伝統を継承、発展させてきた。前述のように、用いられるヴォールトのタイプによって、建設された時期を判定することができる。ちょっと建築の専門的な話になるが、西洋史に関心をもつ方にとっては、これを知っておいて損はない。

まず、最も単純なのは、トンネル・ヴォールト（または樽状ヴォールト）で、エジプト人が四〇〇〇年前にすでに用いたといわれ、最も古いタイプである。ただ、あらゆる時代に使われてきたので、逆にこの形態だけで建設の時期を知るのは難しい。

原理的には、帆状ヴォールトもまた単純な形態をとる。正方形の平面に外接する半球のドームを架け、正方形のそれぞれの辺で垂直面を立ち上げてカットすると、この形ができ上がる。中世からルネサンスにかけて長い期間用いられたが、アマルフィの古い地区の建物の低層部に見られることから、一三世紀を中心に、広く登場したと考えられる。

中世のヴォールトの最も代表的なものが交差ヴォールトである。二つのトンネル・ヴォールトを直角に相関させると、この形態が生まれる。帝政ローマ時代にもすでに使われたが、中世に普及した。アマルフィでは、その中でも、アーチの先が尖った尖頭《せんとう》状交差ヴォールトがよく用いられた。装飾的な効果をもつ美しい形なので、建物の玄関ホールや象徴的な広間など、重要な空間にしばしば架けられた。一一七九年建造の海の門にも、一二四〇年に大規模に修復されたアルセナーレにもこの形式の尖頭状交差ヴォールトが使われており、そこからもこの形式が一二世紀終盤から一三世紀を中心に用いられたことが想像される。それに対し、尖頭でない普通の交差ヴォールトの年代は、それよりもやや古く一二世紀頃と考えられる。

アマルフィには、これら中世のヴォールトが数多く残されている。だが、建物の上の方の階となると、多いのはパヴィリオン・ヴォールトである。それはちょうどパヴィリオン（大型テント）のように、四角い部屋のそれぞれの辺から、中央部分に向かって四つの曲面が立ち上がって構成される。一七世紀のバロック時代から一九世紀半ばまで広く用いられた。特に、経済がめざましく復興した一八世紀を中心に建設されたパヴィリオン・ヴォールトをもつ美しい住宅が数多く見られるのも、アマルフィの大きな特徴である。なお、このヴォールト天井の最上部をフラットにし、そこにフレスコ画が好んで描かれた。パヴィリオン・ヴォールトを最上階に用いた建物では、屋上に曲面の形態がそのまま盛り上がり、独特の景観を生んでいる。

以上を身につけていれば、建物を観察しただけで、その空間がどうできてきたのか、おおむね想像がつく。

外は迷路、内部は豊かで広い

斜面都市アマルフィには、住民のための生活空間が斜面や崖の形状にあわせて高密に広がっている。賑やかなメインストリートから、階段を上り、やや高い位置を通る旧主要道に出ると、それだけで、人通りはめっきり減り、静かな住環境が確保される。そこからさらに階段を上ると山側に近づくほど勾配がきつくなり、人の姿もだいぶ少なくなる。

こうしてアマルフィでは、人々の日常生活の場である住宅地が斜面を巧みに生かして広がっている。どの方向に足を向けても、地中海世界独特の複雑に入り組んだ迷宮状の空間に入り込む。それはアラブ都市とも共通しているが、ここでは渓谷の斜面だけに、急な階段が多い。しかも随所でトンネルが頭上を覆い、光と闇が交錯する。街路沿いの家の外観は閉鎖的で、中の様子は想像しにくい。だが、こうした立体迷路を徘徊し、しばらく上り詰めていくと、視界が一気に開け、海洋都市の美しいパノラマが目の前に広がる。

アマルフィの家を数多く訪ね、その内側を調査して驚いたのは、外は狭い迷路でいささか鬱陶しくとも、塀で囲われた個人の敷地の内部は豊かで広いということだった。多くの家で、バルコニーからは海側と山側の両方への眺望が得られるよう、配置を工夫している。屋上テラスを私的な快適空間として活用している家も多い。アラブ世界のような中庭はないが、庭が生かされ、外から覗かれない家族の安らぎの場を生んでいる。果物やレモンの栽培のため、斜面のメリットを生かし雨水を集めて灌漑をする技術も発達した。

このような高台にこそプライベート性が高く、アマルフィを一望できる眺望をもった豊かな住空間が存在する。今日では、少しでも段差のある坂道には車が入れない。実際、アマルフィで車が通れるのは、谷底のメインストリートだけで、裏手の店やレストランに物を運ぶには小さな手押し車が使われる。バリアフリーの現代には、失格の街かもしれない。だが、かつてロバや馬にとって、段差は苦にならなかった。むしろ高台こそ、貴族住宅を建てるのに条件がよいと思われていた。力のある修道院も、眺望を独占するようなかなり高い位置を選んで建設された。車に依存する現代は実に不自由なものだ。アマルフィでは、観光客のめっきり減る冬場、建設資材を運ぶロバの姿が見られる。

高台の教区教会

アマルフィに限らず、イタリアでは中世以来、小さな教会を中心にした教区の存在が、周辺住民にとってのコミュニティ形成の場として重要な意味をもっていた。

アマルフィでは、すでに述べたように安全な高台に、中世の早い時期から教区教会ができ、そのまわりにコミュニティが形成されたことが知られる。アマルフィでもヴェネツィアと同様、教区でありまた地区でもあるこうしたコミュニティの単位は、コントラーダと呼ばれてきた。もともと、アマルフィは一一のコントラーダに分かれ、西側に四つ、東側に七つがあった。

ドゥオモが古くから公共の場としてさまざまな人で賑わい、アマルフィの象徴として位置づけられていたのに対して、住宅地に点在する各教会は、その教区周辺に住む住民たちにとって、より日常性と密に関係した存在だったのである。

近年では、礼拝の場はもっぱらドゥオモが中心となり、小さな教会は日常的にはほとんど使用されなくなったため、教区内での人々の普段の結びつきは薄まりつつあるものの、現在でも維持・管理は近隣住民が継続的に行い、特に祭礼の日には、華やかな雰囲気に包まれる。

各教区教会を中心として住宅地が発展してきたアマルフィでは、教区周辺の住宅地は歴史的にも古くから発達した重要な場所といえる。西側と東側の斜面に発達したそれぞれの教会を中心とする住宅群を観察しながら、古くからのアマルフィの形成をみていこう。

西側高台への急斜面

まず、すぐ背後に山が迫る傾斜のきつい西側を訪ねたい。西側地区でもずっと奥の、急斜面を上りきったかなりの高台に、サンティ・フィリッポ・エ・ジャコモ教会がある。九世紀末にはすでに教会が創建されていたことから見ても、急な斜面の岩盤の上に、中世の早い時期から住宅群が形成されていたことが容易に想像できる。

延々と続く急斜面の階段は、この上に住み、毎日上り下りする若い女性らにもさすがに辛いらしく、途中で休み休み上る姿をよく見かける。互いに励まし合う光景もある。上りきると、崖の上に、サンティ・フィリッポ・エ・ジャコモ教会前の小さな広場がある。振り返ると、谷間《たにあい》に広がる斜面都市、アマルフィの眺望が眼下に開ける。

山登りはここで終わらない。教会前の広場からさらに上に伸びるトンネル状の長い階段に沿って、岩盤を背に五層にも積み重なった迫力のある住宅群がある。ほとんどすべてのお宅を訪ね、話をうかがい、内部を実測させてもらった。どの家も基本的には、中世のヴォールト天井の部屋からなり、増築部分などに一七〜一八世紀の再構成でエレガントになったパヴィリオン・ヴォールトの架かる部屋を見せる。ほぼ最上階近くまで、すでに中世に存在していたと思われる。

薄暗い階段状の坂を折り返しながら一五メートルほど上ると、上部が空に抜けて、広々とした共用テラスに出る。急に視界が開け、再びアマルフィ旧市街を俯瞰できる。建物が密度高く折り重なるためにトンネルの多いアマルフィには、闇と光がリズミカルに現れ、所々にダイナミックな眺望が開ける街路がいくつもある。まさに斜面都市ならではの視覚的演出である。

共用テラスには四家族の住まいが面していて、互いの交流の場となっている。下の層のヴォールトの形状がそのまま盛り上がった屋上テラスが、素朴な味をもつ。

どの住宅にも快適なテラスが

ここからは、崖を背後に、三階分の住戸がほぼ同じ構成で上方へ重なる。さすがにここまで高台に上ると、空間にゆとりがあり、家の間口も広くとれる。旧市街の建て込んだ中世の住戸ユニットでは、谷側に寝室、山側に居間兼台所という縦一列の間取りが典型だったのに対し、ここでは中世から、谷に向けて、居間と寝室を横二列に並べ、前面にテラスを設ける構成がとられた。もちろん、どの部屋からも眺めがよい。

西側高台の海を望む共用テラス
4家族で共有している。稲益祐太撮影

その二層目は、三〇歳代の若い夫婦と子供三人の実に感じのよい一家が、夏の家として使っている。もとはアマルフィ住民だった彼らは、シエナに移り住んだ後の今も、この家を夏の別荘として使っている。愛郷精神が強く、自分の生まれ故郷にプライドと愛着をもつイタリア人気質をそこにみてとれる。特に、夏が魅力的なアマルフィだけに、故郷にヴァカンス期間を利用して長期滞在する人々もたくさんいる。

この一つ上のレベルには、下の建物の屋上部分をすべて利用した気持ちのよいテラスが広がる。視界の前面に、青い海と緑のレモン畑、そして谷の斜面にひしめき合うアマルフィの建築群が飛び込んでくる。絶景を独り占めする贅沢がここにある。

そもそも、すぐ背後に迫る崖の形状に沿ってセットバックしながら幾層にも重なるこの地区では、下層の建物の屋上を利用することで、高密ながらも、ほとんどの住宅がテラスをもっているのである。気候がよい夏のアマルフィにとって、室内よりも外部のテラスが居間の延長として積極的に利用されるのは当然だ。これも、プライベート性の高い高台地区ならではのことである。

このように急斜面にあるアマルフィでは、建物のどの階も、採光・通風に恵まれ不衛生にならず、また眺望を得られる。中世には、近代人のような眺望そのものに価値を見出す発想はなかったであろうが、もっぱら防御のために高台に住んだことが、同時に環境的、景観的な価値につながったといえよう。

東側高台へのなだらかな斜面

山が迫る西側に比べ、東側は斜面が比較的なだらかなので、奥へ奥へと上へ重なるように住宅地が展開している。坂や階段が織りなす迷宮的な街路を歩くと、狭くて閉鎖的な印象が強いが、実は敷地の内部では、家族のプライベートな空間としての前庭や庭園、そして菜園が積極的にとられているので、緑が多く、住空間は案外、ゆったりしたりしている。また、個々の住宅の私的性格を高めるため、往来のある道路からのアプローチを長くとっている。

その典型的な手法として、この東側には、共有の中庭のような袋小路（コルティーレ）を引き込み、それを囲んで住宅群が取り巻く形式がある。シチリアやプーリア地方を訪ねると、おそらくイスラーム世界からの影響もあって、こうした近隣コミュニティの共有空間が都市の基本構造として深く根を下ろしている。それに比べると数は多くはないが、アマルフィにも興味深い例がいくつか見つかる。明らかに、近隣の人間関係がとりわけ重要だった中世の都市構造の一つのあり方を示す。

コルティーレ　ハイビスカスが印象的な共有の袋小路。著者撮影

ハイビスカスの花が印象的なコルティーレを紹介しよう。東側の斜面を抜けるかつての主要道路、サン・シモーネ通りから階段を上って袋小路に入るところにアーチを設け、心理的によそ者が入りにくくしている。しかし扉はないので、その中の様子は外からうかがうことができる。この袋小路を囲んで六家族が住む。

地上レベルには三つの住戸が面しており、簡単な柵をつくって、花や緑を育てている家族もある。さらに上に行くと、血縁関係のある二家族が住んでおり、階段の途中に門を設けて空間を分節し、その内側に自分たちのプライベートな空間を生んでいる。どの家も、外部に眺望をうまく確保している。

シチリアやプーリア地方の都市では一般に、コルティーレ（袋小路）の内側はコムーネ（自治体）が管理する公道であるが、アマルフィの多くのコルティーレは、そのまわりに住む人々の共同所有であり、自分たちで維持・管理につとめる。コンドミニアムをイタリア語ではコンドミニオ（condominio）というが、その形容詞としてコンドミニアーレ（condominiale＝共同で所有し利用する状態）という言葉がよく使われるのが面白い。

コルティーレは、それを囲む住宅群へのアプローチを与える。どの家も専用の庭をもたないので、必然的に戸外に人々の生活が溢れ出してくる。椅子を出してくつろいだり、子供たちが遊び、洗濯物を干したりして、近隣住民の共有空間となっている。

また、V字型の渓谷の両斜面に発達したアマルフィでは、谷の西側と東側がお互いに向き合う形で眺望を楽しめるという、一般の丘の町にはあり得ない、不思議な眺望体験ができる。イタリアには丘上都市が無数にあるが、その大半は、ペルージアやシエナ、ウルビーノのような丘のてっぺんにできた町か、アッシジやグッビオのような片流れの斜面にできた町であり、向こう側に別の斜面が見えることは少ない。ところがアマルフィでは、谷の向こう側の斜面に広がる家並みが、近過ぎぬほどよい距離をおいて眺められるのである。それだけに、住民の間に心理的な一体感が育まれやすくなる。アマルフィの町に感じられる強烈な文化的アイデンティティを生む秘密は、ここにあるに違いない。

女性のための建築上の仕掛け

ハイビスカスの袋小路から、サン・シモーネ通りを少し上った東側エリアの要の位置に、サンタ・ルチア教会がある。もとは、他の教会に比べ少し遅い一一六一年に、聖シモーネに捧げられて創建された教会であり、その名が今も街路に受け継がれているという訳だ。近隣に住む三家族がその維持・管理を受け持つ。一七世紀に再建された現在の建築は、外観は簡素だが、内部は美しく華やかなバロックの様式をもつ。眼を引くのは、左手の側壁の上方に並ぶ三つ葉型の格子窓である。ヒアリングによれば、昔はミサに女性が参加できなかったので、教会内部の高い位置にこの格子状の窓を設けて、その裏手にとられた部屋から眺められるように工夫をしていたという。格子の背後の小さな住戸は、かつて女子修道院として使われていたというのだ。そこは現在、年配の婦人が住む普通の住居と

西側斜面の住宅からの眺望　鐘楼越しに東側の住宅が間近に見える。著者撮影

サンタ・ルチア教会　上方に女性が礼拝するための格子窓がある。著者撮影

なっており、斜面の地形の段差を生かし、入り口は山側の少し高い所を通るサン・シモーネ通りからとっている。

　このような女性が間接的に礼拝に参加する例は、ナポリの修道院で見たことがあるし、アラブ・イスラーム世界のモスクで今もなお、しばしば眼にできる。

　住宅の内部空間にも似たような発想が見出せる。カイロのある一六世紀の伝統的な邸宅では、天井の高い大広間で催される祝宴の光景を、その側面の中二階のレベルにとられた狭いギャラリーから、女性たちが格子越しに眺められるように工夫されていた。一三世紀のパレルモ郊外に、ノルマン王によって実現したジーザと呼ばれる離宮にも、まさに同じ仕掛けがある。アラブ・イスラームの高度な建築文化が見事に取り入れられ、一階中央ホールには、背後の丘裾から引かれた水が壁の装飾的な口から流れ落ち、部屋の水路で小さな噴水を立ち上げながら、庭に流れ出る。その大広間の脇の中二階には、やはり女性の間があり、下で華やかに繰り広げられる祝宴に、格子越しに間接的に参加したのである。アマルフィに、これらと共通する建築文化をみることができたのは、大きな収穫だ。

外からは見えない庭・ベランダ

さて、このサンタ・ルチア教会を維持・管理している三家族は、かつて修道女がいた小さな住戸が接するサン・シモーネ通りの、山側の擁壁《ようへき》にとられた扉を開けて入り、外階段を上った地盤レベルに建つ、それぞれの家にアプローチする。ここで特に興味深いのは、ミローネ邸のトリッキーな構成である。道の向こう側の敷地で、高い地盤レベルにとられた庭まで外階段でまずは上がり、その道を二階の高さでまたぐ形で建設されたこの邸宅に入る。下を通る街路は、この部分で長いトンネルとなっている。

サレルノで獣医を務めるミローネ氏の家族の住まいは、間口の大きい二列に部屋を並べた大規模な邸宅で、どの部屋にも一八世紀頃のパヴィリオン・ヴォールトが堂々と架かり、その一つの天井中央には、タンバリンを奏でて踊る女性のフレスコ画が描かれている。もともとの古い庶民的な小規模住宅群の上部に、時代が下ってから、プライバシーを十分保障できる居住性の高い邸宅が増築されたのである。見事な格式をもちながら、この建築には面白いことに、正面ファサードの意識がまったくない。入り口は外部者の眼にはまったく入らない個人的な庭にある。谷側のベランダには、風変わりなバロックの二連アーチを巧みに使って、眺望と一体となった視覚的効果を生んでいるが、道を行く一般の通行人には、この美しいベランダの存在は知るすべもない。アマルフィの斜面住宅地ではこのように、外観を飾る発想は意図的に抑えられているのである。

中世の世界を受け継ぐ

アマルフィには、普通のイタリア都市にみられるような、柱廊のめぐる中庭をもちながら主要街路に面して建ち、立派なファサードで公共空間を華やかに飾る、いわゆるパラッツォ（邸宅）というものがほとんど存在しない。フィレンツェで一五世紀に確立したパラッツォが街路に面して配され、遠近法的な効果を発揮するルネサンスやその後のバロックの都市空間というものは、アマルフィには無縁だった。すでに述べたように一二〜一三世紀にアトリウムをもつドムスがつくられたものの、それ以後は、中庭を囲む住宅は、一部の例外を除き、ほとんど登場しなかった。街路をまっすぐつけかえることも、広場を幾何学的に整えることもなかった。アマルフィは今なお、中世の世界を受け継ぎながら、地中海独特の古い体質をもったその迷宮的な構造の中に生きている。

富裕な階級の邸宅は、一般に、街路に向けていささか無愛想な高い塀をめぐらし、あるいは擁壁で宅地を造成しながら、その内側や上部に緑溢れる庭をとり、それに面する形で配置された。したがって、本来なら田園に孤立して建つヴィッラの形式とも相通じる構成をとった。住宅が山側から谷側へ縦に伸び、一室のみで外へ眺望を開くことが多いアマルフィの一般住宅とは対照的に、敷地にゆとりがあるから、そこでは、建物をむしろ谷に向けて広く配し、南北方向（横方向）へ居室を二つ、場合によっては三つ並べ、どの部屋からも眺望を楽しめるようにしている。

高台のカサノヴァ家

いよいよ視界が完全に開ける高台に到着する。前面に、教会の広大な果樹園が広がり、その向こうに谷間の古い市街地が、さらに左手に海が見晴らされ、疲れがふっとぶ。しばらく鬱陶しい閉鎖的な階段状の街路ばかりが続く、立体迷宮を上らされてきた人々も、ここまでやってくると、一気に海洋都市の全体像を見渡せ、最高の開放感に浸れるのだ。

その眺望のすべてを取り込める何とも贅沢な立地の住宅を訪ねよう。アマルフィを代表する有力家、カサノヴァ家が所有してきた邸宅の一画をまず見たい。第二次大戦中、市長を輩出したことでも知られるカサノヴァ家は、このあたりに多くの不動産をもっていた。今も高台にそびえる堂々たる建物に彼らの家系は住むが、その足元に続くところに、地形に合わせた変則的な平面形態をもつディ・リエト家の住まいがある。母親が六四年前から借家として住み、その後、娘の家族が受け継いできたが、最近、カサノヴァ家から購入し持ち家となった。その娘の家族が、我々がいつもお世話になるレストラン、イル・テアトロの経営者である。谷をはさんで東側の高台に住み、西側の旧主要道路沿いの店で働く、というケースだ。

この家でも、定石通り、最も眺めのいい部屋を寝室にあてている。奥の台所には、ピザやかたいパンを焼く窯が残る。また、台所の裏手に大きな貯水槽があり、所有者であったカサノヴァ家も、上に位置する彼らの住まいから、直接つるべで水を汲むことができたという。こうした雨水を溜める貯水槽は、洗濯も含むもっぱら生活用水に使われ、飲料水は、各戸まで水道が入りこんでいない戦前には、女性たちが毎日、下の市庁舎前にある広場の公共水道（フォンターナ）に汲みに行っていたそうだ。公共の水道ができる以前は、それぞれの家に設けられた雨水を溜める貯水槽の水を飲み水としても使っていたようである。

「観光都市」を超えて

低迷と再びの繁栄

歴史の表舞台から完全に姿を消したアマルフィが、再び経済力を取り戻し、過去の栄光を物語る建築や都市風景に人々の注目が集まるのは一八世紀以後のことである。

この町が一八世紀にまた繁栄の時期を迎えられたのも、川の上流域に、水車を利用して数多くの製紙工場ができたことによる。手漉《す》きによるアマルフィの紙は、広く人気を博したという。パスタ工場やお菓子工場も建設された。産業考古学的な巨大な工場群の遺構が、アマルフィのもう一つの顔をつくっている。

そして、すでに述べたように、グランドツアーによる来訪者の増加などが、経済の発展を促したのである。一九世紀、太陽の溢れる風光明媚な海岸の風景と、ビザンツ、イスラームのエキゾチックな建物の魅力によって、アマルフィは旅情溢れる場所として当時のヨーロッパの人々の心を惹き付けた。一九世紀のロマンチシズムの時代に似合う、中世の雰囲気に溢れたこのかつての海洋都市は、文化観光の対象地として人気を集めたのである。

一八四〇年代、東西の高台のエッジにそびえる修道院を転用して、カプッチーニ・コンヴェント・ホテルとルナ・コンヴェント・ホテルが開業し、知的関心をもってこの地を訪ねる富裕でエレガントな旅行者の宿泊する高級ホテルとなった。イタリア旅行をもとに『即興詩人』を執筆したアンデルセンも、このカプッチーニ・コンヴェント・ホテルに泊まった一人である。一八六一年にドゥオモのファサードが崩壊し、その修理の際に、現在のネオ・イスラームの様式で再構成され、アマルフィの文化的アイデンティティがまさにアラブ・イスラームとの交流で生まれたという歴史性を強調することになった。

この頃から、偏西風の影響で暖かく、湿気も少ないアマルフィで冬を過ごすことを目的として、イタリアやヨーロッパ各地から、上流階級の人々がこの地を訪ねるようになった。しかし、二〇世紀に入っても、観光はまだエリートたちのものに過ぎなかった。

一方、近代化から取り残された南イタリアは、経済的に低迷した。貧富の差も大きく、食べることにさえ困り、町を捨て移住することを選択する者があとを絶たなかった。

アマルフィの人々もまた、農業のさかんなカラブリアだけでなく、アメリカやイギリスなど海外に移住した。しかし、彼らの多くは、遠い地に離れながらも、自分たちの故郷に対する愛着と誇りを失うことはなく、町の守護聖人聖アンドレアの祭日に礼拝のため帰郷するのだ。

経済成長とオイルショック

戦後の一九五〇年代、六〇年代、イタリア全体は経済成長で豊かになり、大衆的な観光、リゾートが広がって、アマルフィを訪ねる観光客も大衆化した。それまで富裕な人の特権だった観光が、大衆型の観光へ移行していった。

一九七〇年代に入り、オイルショックをきっかけに、先進国に経済の行き詰まりがみられるようになると、海外へ移住する南イタリアの人々は急速に減った。かつて移民で海外に出ていった人たちも、八〇年代以後、リタイアーし郷里に戻ってくる。その外からの刺激も町の活性化に役立ってきた。

そもそもイタリア全体での考え方が、都市や地域づくりの方針を、大規模な工業開発から、その土地柄に合った小規模な質の高い開発に変える方向へ明確に動いた。もともと起業家精神をもつ中北部のエミリア・ロマーニャ州やヴェネト州では、家族経営のクリエイティブな中小企業が時代に見合った製品を生み出す新しい産業ゾーンを続々と形成し、一九八〇年代から九〇年代にかけて、第三のイタリアと呼ばれて、注目された。

一方、南では、自然の恵みと歴史の蓄積という大きな資産が注目されるようになってきた。こればかりは、ヨーロッパの北にはない。そういう発想に立てば、イタリアでも南ほど、有利な条件をもつことになる。アマルフィやアマルフィ海岸の小さな町の人気が高まっているのも、そんな大きな時代の空気と関係しているに違いない。

アマルフィの来訪者たち

アマルフィは、まるでリアス式海岸のように複雑に入り組んだ崖っぷちの海岸を車で進むから、慣れない者には運転が大変だ。そんな行きにくい立地が幸いして、大衆化が進んだとはいえ、観光も適切な規模を保ちうる。

アマルフィには、さまざまなタイプの来訪者がいる。大型バスのグループも含む日帰り観光客、短期宿泊型の観光客、夏の家を借りてある期間滞在する人々、アマルフィにセカンドハウスを所有し、ヴァカンスに長期滞在する人々、そして、夏の休暇中、郷里に帰省する人たちである。海外移住組で夏アマルフィに戻る人たちも多いし、アマルフィ出身でここにセカンドハウスを取得する家族もたくさんいる。これらのすべての人たちがアマルフィ経済を支えている。したがって、観光という言葉も多様に使う必要がある。

いずれにしても観光産業は、他にこれといった産業のない南イタリアには、最も重要な経済基盤となりつつある。とはいえ、ガイドブック片手の単なる物見遊山は主流ではない。リピーターが多く、長期滞在者もたくさんいる。そして、最近では、自然の恵みと歴史の蓄積を観光にも生かす発想がどんどん広がっている。まずはグルメ文化である。豊かな田園で生産される農作物の加工業が発展し、ワイン、サラミ、食材をお洒落で楽しい付加価値の高い商品として売り出すのに成功してきている。器のデザインも決定的に重要である。その典型がアマルフィでは、リモンチェッロだろう。歴史的資産の活用も巧みになり、古い建物をリノヴェーションした個性的でしかも居心地のよいホテルに泊まり、開放的な雰囲気のレストランで、美味しい料理とワインを楽しめる。観光もしたがって、奥が深く、短期で消費されて飽きられるといったことはあり得ない。

南イタリアの懐の深さ

一方、現代の市民生活はどうだろう。このように限られた斜面の土地につくられたアマルフィは、坂や階段が複雑にめぐるいかにも地中海的な立体迷宮都市である。上の方に住んでいる人たちは、毎日の階段の上り下りが大変だ。この斜面都市に、不便を忍びながら大勢の市民が暮らしている。

しかし、足が動く限り、老若男女の誰もが、毎日少なくとも二回は、斜面を延々と下り、町の中心にやってくる。買い物や用事のためばかりではない。そこには華やかな都市の文化的刺激があり、カフェで美味しいアイスクリームを食べながら、友人とおしゃべりを楽しめる。海辺の散歩も気持ちがいい。

アマルフィの人々の自慢は、海洋都市の記憶をとどめる港周辺の水辺、そして「海の門」から入ったドゥオモ広場の空間である。そこがまた、イタリア人の生活に欠かせない「パッセジャータ」と呼ばれる散歩の舞台にもなる。夏場は特に、晩の食後の夕涼みに、老若男女を問わず大勢の人々が海辺に出てくる。乳母車を押す若い母親も多い。若者のカップルばかりか、熟年の夫婦もロマンチックに水辺の散歩を楽しむ。

海に突き出た大きな桟橋はとりわけ人気がある。闇に包まれた海を渡る風が頬に涼しい。ゆったりとした時の流れ。振り返ると、海に迫る斜面にそそり立つ中世以来の住居群や町のシンボルの鐘楼が、ライトアップされて夜空にはえる。

車も入れない不便きわまりない斜面都市、アマルフィだが、市民はこうした素敵な水辺に身を置いて、毎晩、至福の時を過ごすことができる。昼間の主役だった観光客が立ち去った後、ここで最高の贅沢を味わうのは、もっぱら住民である。南イタリアの懐の深さが感じられるひと時だ。

ドゥオモ広場でのコンサート　アマルフィの人々は自慢の生活空間に夜も集い、憩う。陣内研究室提供

国際学会を開催

この町は、単なる観光以上の文化的な吸引力を潜在的にもっているに違いない。観光やリゾートの都市を超えて、歴史と風土の豊かなイメージをベースに世界に発信する真の文化都市を目指すべきだという点でも、ガルガーノ氏と私の意見は一致する。

そんな思いも込めて、アマルフィ文化歴史センターがイニシアチブをとり、近年、海洋都市の空間の研究に関する国内外の交流が活発になっている。二〇〇一年には、アマルフィで「中世地中海の海洋都市：その類型」と題する大きな国際学会が初めて、市役所の市議会場を舞台に華やかに開催された。

私もガルガーノ氏と組んでプログラムを考えた。ここでは、海洋都市の風景、都市空間が実際にどのようにつくられたかを、比較しながら学び合おうと意図した。ガルガーノ氏をはじめとするアマルフィの研究者にとっても、自分の都市の特徴をより鮮明に理解するために、それが絶対に必要だ。

ピサ、ジェノヴァ、ヴェネツィアというライバルの海洋都市ばかりか、サルデーニャのカリアリ、ナポリ、バーリ、ブリンディシ、パレルモなど、南イタリアを代表する海洋都市から参加した専門家が、それぞれ自分の港町の造船所、フォンダコ、税関、市場、塔状住宅、水の供給施設など、建築と都市空間の特徴や民間信仰のあり方を熱く語った。また、ビザンツ、アラブからの強い影響の下で生まれたアマルフィ、ラヴェッロなどの中世美術の特徴とその背景を、ローマ大学の美術史家が説いてみせた。フランス人の歴史家は、広い視野から、東地中海都市におけるアマルフィ人の居住地に関して論じた。アマルフィの都市そのものに関しては、まずガルガーノ氏が海洋都市の歴史を述べ、次に私が日頃の調査の成果にもとづいて、その空間構造の特質を思いを込めて説明した。

そして四年後の二〇〇五年、またアマルフィで、第二回の研究交流会が開催され、多くの仲間が再会した。第一回目の学会の立派な論集がすでに刊行されていたので、さらなる研究交流をめざして、大物の歴史家も招き、積極的な意見の交換が行われた。アマルフィを海洋都市研究の国際センターに育て、世界的な広がりの中で、この都市の歴史と文化をおおいにアピールしたい、という地元の人々の熱い思いが背後にある。そこには、海から見た都市に関する歴史研究への大きな可能性が感じられる。

海洋都市対抗のレガッタ大会

イタリアの四大海洋都市アマルフィ、ピサ、ジェノヴァ、ヴェネツィアは、毎年、六月にまわりもちで歴史的レガッタ（ボートレース）のイベントを盛大に催す。中世の時代と同様、ライバル意識に燃える四都市のレガッタの漕ぎ手たちは、波間に揺れながら、水上で火花を散らすのである。

第二回目の研究交流会が開かれた二〇〇五年は、折しもその五〇周年記念の大会となり、開催地にあたっていたアマルフィは、町をあげて盛大な祝祭を実現した。四都市それぞれの特徴ある歴史的衣装に身を包み、総督を筆頭とする共和国の指導者たちに扮装した人々が陸上で華麗なるパレードを繰り広げる。続いて、港周辺の岸辺にぎっしり詰めかけた観衆が見守る中、その沖の波の立つ海上を舞台に、レガッタが行われた。ピサだとアルノ川、ジェノヴァでは湾内の水上で、そしてヴェネツィアでは大運河という

四大海洋都市対抗レガッタ・レース　1985年、アマルフィ開催時のポスター

具合に、それぞれの海洋都市の地形、立地条件にあった水辺が舞台となる点が面白い。全国ネットで中継されるこのレガッタの解説役をガルガーノ氏が歯切れよい口調で務めていたのが印象的である。二〇〇五年は、ヴェネツィアが優勝、二位はピサ、三位がアマルフィ、四位がジェノヴァという順位だった。その四年前、やはりアマルフィで行われた時には、地元アマルフィが見事優勝を飾り、市民はおおいに熱狂したものである。

この古いイタリア海洋都市のレガッタ大会は、一九五五年にピサの当時の市長の提唱を受けて開始され、人気を集め、シエナのパリオ（競馬）と並ぶイタリアを代表する夏の祭りとなっている。その五〇周年を記念し、このイタリアが誇る海洋都市のレガッタ大会の歴史を振り返る興味深い展覧会が、アマルフィの造船所（アルセナーレ）の広い会場を一杯に使って開催されたのである。第一回からのポスターや写真など、貴重な史料の数々、旗や歴史的な衣装、そして各都市を象徴する偶像を掲げ華やかに飾り立てられた実物の船が所狭しと並べられ、海洋都市としての文化の共通性を高らかに歌い上げた。

誇り高き四つの海洋都市の人たちが、互いによきライバルとして築き上げてきた地中海を舞台とする輝かしい歴史を思い起こし、現代にその意味を問い直す。歴史や文化のアイデンティティの重要性を、現代に生きる我々に語りかけてくれる魅力溢れるイベントであった。

第四章　川の港町・ピサ

川の上の海洋都市

斜塔だけではない「魅力」

イタリアの中世に栄えた四大海洋都市のうち、ピサだけが川の港によって発達した。東西をゆったり流れるアルノ川を中心に、その北と南の両側にこの町は広がった。ピサのライバル都市で、同じアルノ川をさかのぼったところに形成されたフィレンツェの場合、川がどちらかといえば町の縁を通るのに対し、ピサはまさに川を内側に取り込み、舟運とともに繁栄した海洋都市だったのだ。一九世紀まで、いつの時代にも、アルノ川には多くの船が行き交い、荷揚げ場がいくつもとられ、活気ある水辺の風景が見られた。

ピサといえば、誰もがまず、かの有名な斜塔を思い浮かべよう。この斜塔、大聖堂（ドゥオモ）、洗礼堂、カンポ・サント（墓地）からなる美しい聖域、ドゥオモ広場は、世界遺産に選ばれている。ところが、ピサを訪ねる観光客の多くは、このモニュメンタルな場所を見るだけで満足し、立ち去ってしまう。実は、歴史的に重要な興味深いスポットが都市全体に潜んでいるのに。

二〇〇〇年の五月、私はピサを再訪し、港町としてのこの都市の面白さを探り歩いた。幸いこの町では、同世代の親しい都市史研究者、ルチア・ヌーティ女史がピサ大学の美術史学科で教鞭をとっている。この教授のもとに私の法政大学での教え子の吉田友香子さんが留学し、ピサの都市史研究に取り組んでいた。

というわけで、くわしい二人に案内してもらいながら、ピサの都市探訪を楽しむことができた。港町という視点を入れるだけで、眠っていたピサの都市の魅力が浮かび上がってくるのだ。

原風景は古代ローマ時代に

観光客でごったがえすピサの大聖堂のアプス（半円形の張り出し部分）右側の外の壁面に、ローマ時代の港を描いた興味深い石のレリーフが見出せる。水面に開いた市門が中央に描かれ、その両側に立派な帆船が浮かぶ。ピサが港町だったことがよくわかるし、中世の大聖堂の重要な部分に、こうした古代の港の図像を飾るということ自体が、目を引く。ピサの原風景といってもよい。

都市の起源については不明なことが多いが、近くの山モンテ・ピサーノに源をもつアウゼール川の支流が南下し、東から流れる大きなアルノ川と合流する地の利のよい場所に、ピサは誕生した。本格的な都市の建設は前三世紀にローマの植民都市になって以後だが、紀元前四世紀頃のエトルリア時代にすでに、現在の旧市街の中心あたりに都市核が存在したと考えられている。川の存在は防御にも有利で、舟運を通してティレニア海沿岸の中小の港と連携でき、また内陸の河川交通で交易の中心地の役割を早くからもった。

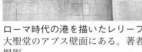

川の運ぶ土砂で陸化が進み、海は六〜七キロも遠のいたが、古代だと、ピサは海から四〜五キロほどの地点に過ぎなかった。アルノ川を上れば、すぐに海洋都市ピサに到達できたのだ。といっても、川の流れは歴史的に大きく変化してきたし、古代の港の位置を知るのはそう簡単ではない。だが確実なのは、古代ローマ時代には、今の北側の城壁の外側にあたる位置に、アウゼール川の支流があり、そこに面して港の機能がとられたということだ。現在では、城壁の北外には道路が通り、水面の名残はまったくない。

ローマ時代の港を描いたレリーフ
大聖堂のアプス壁面にある。著者撮影

しかし、ドゥオモ広場のすぐ西側にあるサン・ロッソーレ駅の周辺で、最近、ローマ時代の船が数隻発掘されたという。この川筋に多くの船が行き来していたことが確かめられたのである。中世になっても、大聖堂をはじめ、モニュメントの建設に必要な大量の石材がこの川を利用して船で運ばれたことが想像される。

似たようなことは北イタリアのミラノでも見られた。低地に発達した水の都市であったこの町には、何本もの運河がめぐり、ゴシック様式による壮麗な大聖堂を建設するための石材を、やはり船で運び込んだのである。

城壁の建造

すでに述べたように都市ピサの起源は、ローマ以前にまでさかのぼるという。そしてローマ時代には都市としての繁栄を迎えるが、それ以前から先行する居住地が存在していたこともあって、フィレンツェやルッカのように、古い都市の中心部全体がカストゥルム（軍営地）として碁盤目状に計画的にできた、というわけではない。したがって、地形の微妙な変化に合わせて道路が曲がっているところに特徴があり、ピサの町のどこを歩いていても、景観の変化があって楽しい。だが、それだけに古代都市の復元は簡単ではないようだ。いずれにしても、いくつかの古代の層の上に中世以降の層が重なって、興味深いまさに重層都市を形づくっている。

ピサの中世以後、現在にいたるまでの都市の中心であり続けたのは、カヴァリエリ広場である。フィレンツェを繁栄に導いたメディチ家の支配下に入ったルネサンスの一六世紀に、建築家ジョルジョ・ヴァザーリの手腕が発揮され、現在のような美しい建築で囲まれる広場のイメージを獲得した。中世の市民自治の広場から、トスカーナ全体の強大な支配者となったメディチ家の栄光を讃えるモニュメンタルな広場に転じ、カヴァリエリ（騎士）という高貴な名もついた。いずれにしてもこの位置に、古代ローマの中心の広場、フォロがあったと

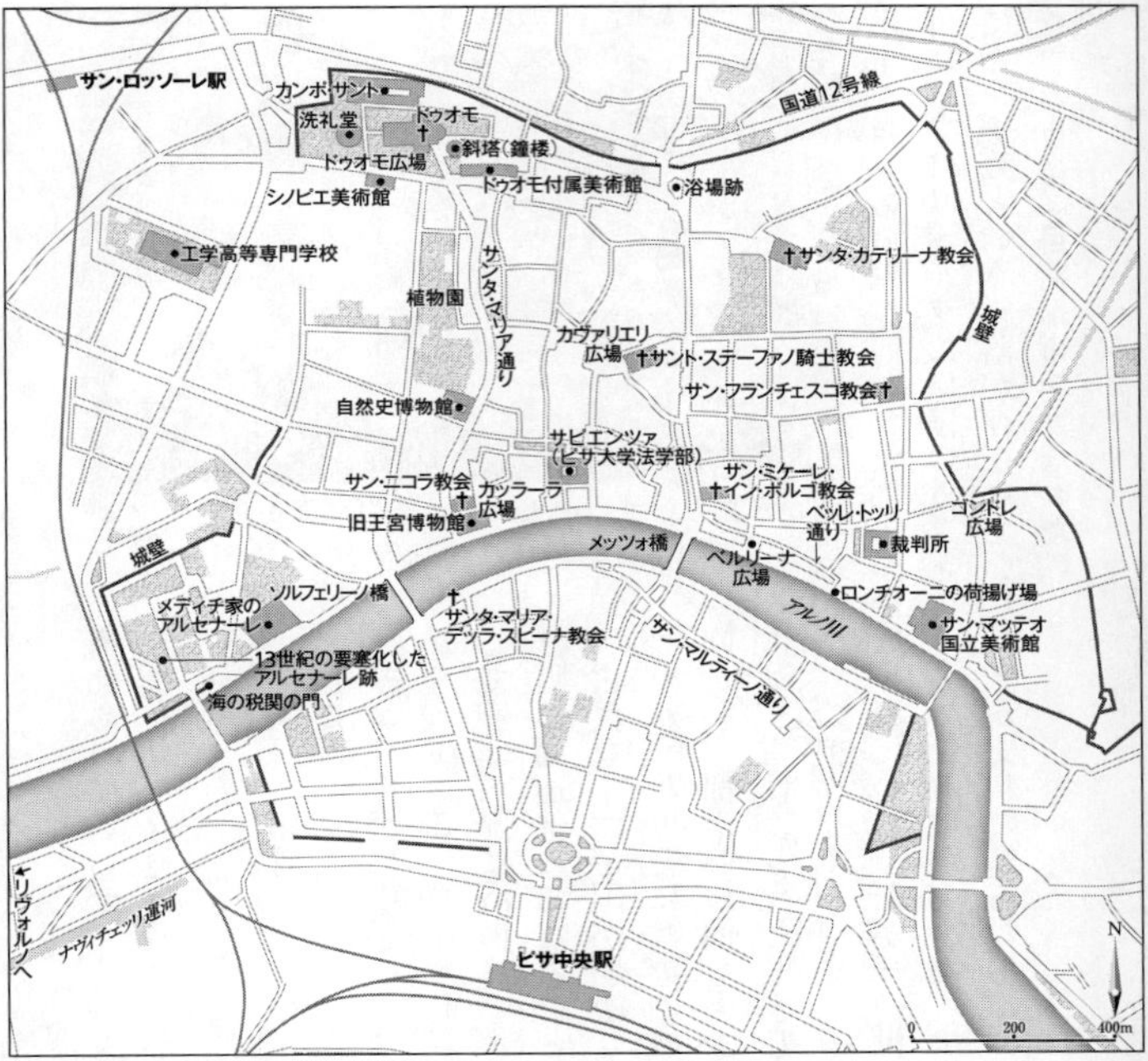
サン・ロッソーレ駅
カンポ・サント
洗礼堂
ドゥオモ
斜塔（鐘楼）
ドゥオモ広場
ドゥオモ付属美術館
浴場跡
シノピエ美術館
国道12号線
工学高等専門学校
サンタ・カテリーナ教会
サンタ・マリア通り
植物園
城壁
カヴァリエリ広場
サント・ステーファノ騎士教会
サン・フランチェスコ教会
自然史博物館
サピエンツァ（ピサ大学法学部）
サン・ミケーレ・イン・ボルゴ教会
サン・ニコラ教会
カッラーラ広場
旧王宮博物館
ベッレ・トッリ通り
ゴンドレ広場
メッツォ橋
裁判所
ベルリーナ広場
城壁
ソルフェリーノ橋
ロンチオーニの荷揚げ場
メディチ家のアルセナーレ
サンタ・マリア・デッラ・スピーナ教会
アルノ川
サン・マッテオ国立美術館
13世紀の要塞化したアルセナーレ跡
サン・マルティーノ通り
海の税関の門
リヴォルノへ
ナヴィチェッリ運河
ピサ中央駅
N
0
200
400m

現在のピサ市街

空から見たピサ　中央はアルノ川に架かるメッツォ橋。写真提供・ユニフォトプレス

考えられているが、発掘をしても、それを裏付けるような有効な発見は残念ながらまだないという。

古代には、前述の北側を流れるアウゼール川の川筋、そして南側のアルノ川に挟まれた部分にピサの町は広がっていた。となると、そのちょうど中間のカヴァリエリ広場に中心のフォロがあったとするのは理にかなっている。ローマ時代の都市生活を物語るものとして、北西部に浴場（テルメ）の遺跡があるが、ここは町の周辺部にあたることになる。

古代ローマ帝国が崩壊し、ピサにも衰退の危機があったが、八世紀には港の機能を活かし、人口が増加に向かい、都市の規模も大きくなった。中世の早い段階には、古代より少し縮小したが、アルノ川の北側（右岸）のアウゼール川までのエリアに、南北に長いプロポーションの城壁で囲われた都市が形成されていた。だが一一世紀末には、その東側の城壁外に、フォリポルタ（城壁の外）という名の新開地が、また、アルノ川の南側の無防備地帯にキンチカという村落が存在していたことが史料で知られる。一〇七〇年頃、ピサは独立したコムーネ（自治都市）となった。

そして一一五三年、すでに海洋自治都市として大きく発達したピサは、これら三つの居住地を統合する城壁の建造を開始したのである。こうして、アルノ川の南側（左岸）に大きく都市域を広げた点に、中世以後のピサの大きな特徴がある。外部を流れていたアルノ川が都市の真ん中を貫く形に変化したのだ。川の上に栄える海洋都市ピサが生まれた。こうして三つの核を統合した体制で、ピサは自治都市として絶頂期を迎える。

カヴァリエリ広場　中世以来の都市の中心。左はオロロジオ館、右はカヴァリエリ館。著者撮影

十字軍への参加

ここでピサの中世海洋都市としての歴史を振り返っておこう。ピサも中世の早い時期、ランゴバルド、次いでフランク王国の支配下にあり、権力を持つ司法官(vicecomes)によって治められていた。そこから後にヴィスコンティの苗字が由来したと考えられている。九世紀から一一世紀頃、ピサは後にライバルとなる海洋都市ジェノヴァと組んで、アラブに対する海軍の戦いを続け、サルデーニャの大半を領有することに成功した。九世紀にガエタおよびオスティアでのアラブ軍との戦いで決定的な勝利を収めたのを契機にアマルフィが獲得していたティレニア海随一の海軍力の地

位を、一一世紀にはピサの海軍が奪い取った。こうして力を持ったピサはノルマンと連合し、一〇六三年以後、彼らがカラブリア、シチリアを征服するのを援助した。

その頃、トルコ系のセルジューク朝の圧迫に苦しむビザンツ帝国皇帝アレクシオス一世コムネノスの依頼により、一〇九五年、ローマ教皇ウルバヌス二世が、聖地エルサレムをイスラーム教徒から奪還することを訴え、キリスト教徒に対して十字軍を呼びかけたが、四つの海洋都市の対応はそれぞれ異なっていた。すでに衰退期に入っていたアマルフィは関心を示さず、逆に、ヴェネツィアは東方での交易活動を精力的に展開していたものの、初めは自分たちの権益が損なわれるのではと、十字軍に疑いをもって見ていた。まず強い関心をもって行動したのはジェノヴァ人だった。従来、もっぱら西地中海に活動を広げていたピサも、十字軍への協力が自国の利益に繋がると判断するや、それに参加した。

当時、自治都市であるピサは執政官が治めていたが、大司教ダゴベルトの役割が大きく、彼は第一回十字軍のために一二〇のガレー船からなる艦隊を率い、東方に強い関心をもって参加したノルマン軍がアンティオキア公国を征服するのを助けた。その功績でダゴベルトは、エルサレムの総大司教の任免権を得、またビザンツ帝国およびその周辺の統治をめぐる政治の駆け引きにおいて、自身のピサ共和国を有利に導き、植民地を獲得したのである。

アマルフィとの同盟とジェノヴァとの争い

この頃、ピサとアマルフィとの間の協力、あるいは同盟の関係が始まった。アマルフィ人は、コンスタンティノープルの金角湾《きんかくわん》を望む彼らの居留地の隣にピサの居留地を建設することを認め、ビザンツ帝国に申し入れた。一一二六年には、二つの海洋共和国の間で、海上と港での相互援助の締結が実現した。しかし、便宜主義的な政策をとるピサはこの約束を反古にし、ノルマンに対抗し神聖ローマ帝国と同盟を結んだナポリの支持を受け、その湾に四六のガレー船を集め、一一三五年と一一三七年の二度にわたってアマルフィを攻撃し、略奪したのである。

一三世紀になるとピサは、台頭してきたジェノヴァとコルシカ島とサルデーニャ島の支配権をめぐって争うようになった。一二四一年のジリオ島の海戦の勝利が示すように、しばらくはピサが優位にあったが、やがて状況は変化し、ジェノヴァが優勢に転じた。そして一二八四年のメロリアの海戦でピサが敗れ、さらに一三二五年にはサルデーニャ島を失った。この栄光の海洋都市国家は地中海の覇権を失ったのである。

とはいえ、この事件がピサに決定的な混乱を招いたわけではなかった。実際、ポデスタ（友好的な他の都市から呼ばれる都市政府の長）、市民隊長（カピターノ・デル・ポーポロ）らによって治められた海洋自治都市は、他の中部イタリア都市と同様、一四世紀には、一人の人物が大きな権力をもって支配する「シニョリーア制」に移行する発展をみせた。

この間、ピサは一三世紀から一四世紀にかけて内陸のルッカやフィレンツェとしばしば争っていたが、遂に一四〇六年、フィレンツェに降伏した。一四九四年、フィレンツェがフランス王シャルル八世に敗れると、いったん独立するものの、マキャヴェッリの組織したフィレンツェ軍に一五〇九年、再び制圧されたのである。

ルンガルノを歩く

港・造船所・税関

海洋都市ピサの中世の歴史を概観したところで、実際の都市空間を歩きながら、その発展過程を読み取っていこう。

すでに前述したような古代の状態とは異なり、中世には、舟運機能を持つ川としての重要性は南のアルノ川に移り、港の機能はもっぱらこちらに発展していった。ティレニア海から入ってくるたくさんの帆船がピサの港に集まった。

四大海洋都市の中で、ピサだけが川の港町だった。その構造はいかなるものだったか。大きな帆船が錨《いかり》を下ろして停泊する場所、関税を徴収する税関、そして船の建造・修理を行う設備などは、いずれも、海に近い下流部の、都市の西端に置かれていた。ヴェネツィアにおいても、海に近い側にこれら施設を配する似た構造があったことは、すでに述べた。

とりわけ海洋都市にとって欠かせないのは、アルセナーレ(造船所)である。ピサが地中海で活躍した共和制の時代のアルセナーレは、町の西端にある、アルノ川沿いの海の税関の門のすぐ外側に、一三世紀初めにつくられた。町の中では、川の最も下流側にあたり、海へ出るのに具合がよかった。また、海の側からの攻撃をも防ぎやすかった。台形の敷地は、ちょうどヴェネツィアのアルセナーレと同様、城塞のように周囲を頑丈な壁で防備された。

現在、屋根も落ち、廃墟のような状態で、その遺構が残っている。この建造物は一五世紀にまでさかのぼるものと思われる。アルノ川からはアーチ状の入り口から船が出入りできたようである。内部の水面に面して、船を建造修理する船屋が数多く並んでいたと思われる。遺跡公園のような状態だが、管理が悪く、近づくことも難しい。

一方、税関は、一一八〇年頃、アルノ川に面する場所につくられた。積み荷はここでより小さい船に移され、サン・ニコラ教会とサン・ドナート教会の間にある倉庫へ運ばれ分別された後、水運、陸運の両方を使って、都市内や内陸へと運ばれたのである。

ヴェネツィアと似た構造

ピサでは、川沿い全体が港の機能をもった。ルンガルノ（アルノ川沿いの意味）と呼ばれる川の両岸のあちこちに、「スカーロ」という階段状の荷揚げ場、あるいは船着き場が設けられた。一六四〇年の鳥瞰図では、階段は、ちょうど日本の船着き場にも見られる、雁木《がんぎ》と呼ばれる階段と似た、水に向かってまっすぐ下りていく形式をとっている。だが、中世のルンガルノの水辺風景を描いた絵（一五八〇年）や、一九世紀の版画、写真などでも、川に平行に下りていく階段が見られる。どちらの形式も用いられたのであろう。ちなみに、洪水から守る目的と都市の近代化のために行われた一八七〇～八〇年代の護岸工事で、ルンガルノの道路が広がり、こうした荷揚げ場の石段（スカーロ）も撤去され、今では「ロンチオー

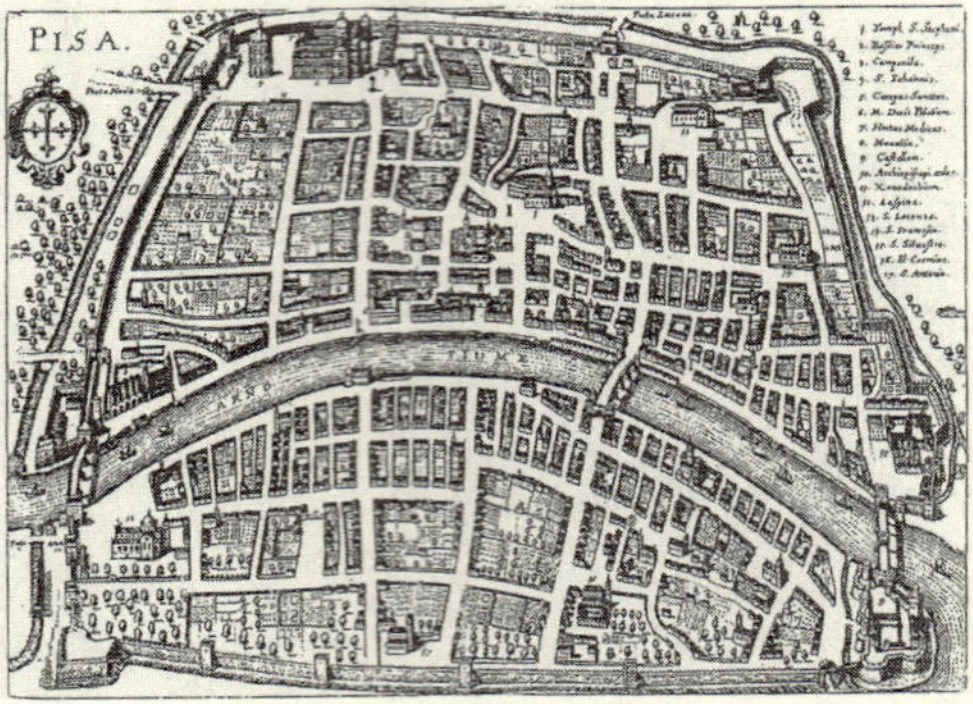

1640年のピサの鳥瞰図　城壁に囲われ、アルノ川をはさんで整備された街路。川には船の出入りも描かれている。E.Tolaini, *Pisa*, 1992. より

ニ」の荷揚げ場として唯一残っているだけなのが残念だ。

　ピサの川に沿って発達した中世の港町の構造をよく物語るのが、まるで櫛の歯のように川に垂直に何本も通る、ヴィーコロと呼ばれる狭い道の存在である。ヴィーコロは、川に出るところではたいてい、道の上に建物が被り、トンネルになる。こうすれば、川に面して華やかな壁面の連続性が保てるし、表と裏の異なる世界を分ける結界の役割を果たせる。狭い路地から、トンネルを抜けて、光溢れ港の賑わいに満ちたルンガルノの岸辺に出るのは、また一段と気分がよかったはずだ。

　ここで注目したいのは、ヴェネツィアの都市構造との類似性である。その中心にあり東西世界を結ぶ中央市場の役割を果たしたリアルト地区では、大運河沿いの岸辺から、狭い道（カッレ）が垂直に何本も奥へ伸びている。船から石段を使って荷揚げされた商品を町の中へ搬入する動線として、実にうまくできていたのだ。そして、その両側には職人の工房（ボ

ッテーガ）などがとられた。このことが、ピサにもよくあてはまる。

ルンガルノの賑わい

ピサのアルノ川沿いでは、ヴェネツィアの大運河より、圧倒的に船着き場の数が多かった。ヴェネツィアでは、水に面する邸宅に直接、船から荷揚げできたから、大運河沿いの公共の岸辺は、税関の前とリアルト市場などに限られていた。ピサでは、アルノ川に沿った水辺空間の全体にルンガルノの岸辺の道がつくので、荷揚げ場の石段を川に沿って無数につくる必要があったのだ。したがって、ほとんどの路地の先には、商業用の船着き場があった。

一二八六年の史料からは、自治政府が新旧の船着き階段に対し、立地と数に関する法規を設

ロンチオーニの荷揚げ場　アルノ川沿いに唯一残る荷揚げ場の石段。著者撮影

ヴィーコロのトンネル　細い道が川に垂直に向かう。著者撮影

け、統制を図ったことが知られる。やがて、船着き階段が私有化される傾向が生まれ、個人の積み荷による収益が階段の新設や保持に当てられ、アルノ川に沿った岸辺と階段が一層活気づいた。

中世でも、早い時期には、アルノ川に沿っても城壁がめぐり、建物はすべて内側の通りに顔を向けていた。古くから発達した川の北のベッレ・トッリ通り、あるいは川の南のサン・マルティーノ通りを歩くと、そのことがよくわかる。初期のカーサ・トッレ（塔状住宅）が内部の通りに沿って連続して建ち並ぶ姿は圧巻である。

だが、ピサの拡大発展にともない、アルノ川に開く都市の構造が生まれ、ルンガルノの岸辺の空間が、経済活動の主要な舞台となっていったのだ。船で大量の物資が運び込まれ、荷揚げされ、店舗や工房、倉庫が並び、屋台が出て、賑わいに満ちた港町の都市空間がつくられた。

川の比較的近くに多くの教会がつくられたのも見逃せない。その前の広場に市が立ち、人々を惹きつける社会・経済的な役割を担ったのである。海外からの商品を扱う重要な船着き場は、ダルセナ（船溜まり）付近のサン・ニコラ教会の広場（現在のカッラーラ広場）にあった。ヴェネツィアのリアルト周辺と同様、ピサでも、ルンガルノの岸辺には、小麦、魚、ワインなど、商品ごとに公共の荷揚げ場がいくつもつくられていた。特に背後の市場に通ずる右岸に集中していた。

カーサ・トッレ（塔状住宅）

ピサでは、都市が古代以来の層を重ねてきたばかりではない。建築もまた、その内部にさまざまな時代の層を重ねているのである。海洋都市として中世の早い時期から繁栄をみせたこの町では、地盤が緩いにもかかわらず建物は四層、五層と垂直方向に発展し、高層化した。土地が限られていたこともあるが、中世のこの時期、有力家族を中心とした門閥《もんばつ》の間の競争が激しく、その社会的な背景がまさにこうした高さの争いを生んだともいえる。塔の町として名高いサン・ジミニャーノともよく似た、塔が乱立する風景が見られたのである。今も、正真正銘の塔がいくつも残っている。だが、ピサの特徴は、いわゆる「カーサ・トッレ」（塔状住宅）と呼ばれる高層の住宅が中世に無数につくられたことにある。

カーサ・トッレ　川の南のサン・マルティーノ通りに面した塔状住宅。著者撮影

弱い地盤の上に高層建築をつくるには、それなりの工夫が必要だった、とルチア・ヌーティ教授は、実際のカーサ・トッレを前に説明してくれる。近代のラーメン構造による鉄筋コンクリートの建物の仕組みとよく似ているというのだ。まず、左右両側に堅固な石による太い柱を建て、途中その間を梁の役割をする石のアーチで幾重にも左

右を結び、間の壁面は開口部を残して軽い材料で埋めていく。早い時期には木もたくさん使われたが、やがて煉瓦《れんが》に置き換わっていった。そのため、枠組みだけ白と灰のピサ独特の石積みで柱、アーチがつくられ、あとは煉瓦で埋めるという面白い構造体が成立しているのだ。

ルネサンス以後の時代に、もともとのこうした中世のカーサ・トッレの構造的な枠組みをスタッコで隠し、新たな様式の窓に置き換えていったため、町並みの表情は変化した。だが、最近のレスタウロ（修復再生）においては、建物がたどった歴史的な歩み、様式の重なりをむしろ積極的に見せるようにデザインされ、中世のいかにもピサらしい、白と灰の縞模様の壁面がまた姿を現してきている。海洋都市の輝きが、建築の修復で戻ってきているといえる。

フィレンツェの支配と新都市リヴォルノ

前述のようにピサは、一四〇六年に、フィレンツェに占領され、政治的な自立をも失った。

その頃、アルノ川沿いの都市の西端に、フィレンツェ人によってつくられた堅固な城塞の建造物が、今もそびえている。海の側からの町への入り口であるアルノ川の下流部を守る形になっていて、興味深い。だが、その後の一世紀はピサの空白の時代だった。

海洋都市ピサの大きな転換点は、一五〇〇年頃にある。すでにフィレンツェの支配下にあ

リヴォルノの景観画　ピサの20kmあまり南にフィレンツェのメディチ家が建設した港湾都市。16世紀中頃の絵。D.Matteoni, *Livorno*, 1985. より

ったピサだが、フィレンツェのメディチ家は、海洋都市としてのピサが再興し脅威とならないためにも、そして何よりも新たな時代の要請に応える本格的な港湾都市を建設するためにも、海に面した場所に、一種の理想都市としてリヴォルノをつくった。五角形の幾何学的な形態をとり、大砲の時代にも完璧な守りを固めるとことん要塞化した都市であった。巨大な港もつくられ、波止場が大きく囲み、灯台も建設された。その形態は、今なおかなり残されている。

ピサの歴史にとって重要なので、少しくわしくみておこう。リヴォルノには一一～一二世紀には小さな町がすでにあったが、一四二一年、フレンツェの支配下に入った。その後、メディチ家のもと、コジモ一世以後、フェルディナンド二世にいたる国家的プロジェクトとして、リヴォルノの新たな都市建設が進められた。

まず、アントニオ・ダ・サンガッロ・イル・ヴェッキオの設計で古い町の海側に、ルネサンス風の要塞が一五二一～三四年につくられた。後の一五七五年頃、まさに建築家ベルナルド・ブオンタレンティの構想で、ルネサンスの理想都市を実現すべく、新しいリヴォ

ルノの建設が始まった。土地の条件などを考え、やや不規則な五角形の形態をとり、周囲に堀がめぐっている。その一つの角の場所には、古い城壁で囲われた都市が取り込まれた。最初の段階では、碁盤目状の町割りでぎっしり市街地が計画されていたが、後に変更され、現在見られるように、中央に長方形の象徴的な広場がとられ、その南端にドゥオモが配置された。

重要な港町で軍事上の拠点だったリヴォルノは、第二次世界大戦の爆撃で破壊され、戦後に復興されたため、残念ながら古い建物はほとんど残っておらず、あまり大きな期待をもって訪れると、裏切られた印象が残るのは否めない。しかし、メディチ家が実現した理想都市の構造、新旧の堅固な要塞がよく受け継がれている。また、かつての城壁のすぐ外に接して、面白いことにヴェネツィア・ヌオーヴァと呼ばれる運河のめぐる個性的な地区があり、ヒューマン・スケールでできた水辺の空間に庶民的な生活感をみせている。リヴォルノの都市機能と交易活動を支えるために、メディチ家の命で整備されたものだという。

メディチ家による整備

こうして港町ピサの役割は、中世に比べるとだいぶ弱まった。とはいえ、港の重要性は依然残り、メディチ家の支配の下で、中世の城塞化したアルセナーレのすぐ上流側のアルノ川沿いに、煉瓦造りの堂々たるアルセナーレが新たにつくられた（一五八八年に完成）。丸薬がちりばめられたメディチ家の紋章が誇らしげに今もその正面中央部分を飾る。時代を反映

メディチ家のアルセナーレ　16世紀には、中世のアルセナーレの上流側に新しいアルセナーレがつくられた(上)。建物の上部には、メディチ家の紋章がみられる（左)。著者撮影

し、もはや商船よりも、対トルコ政策に向けた海軍にあたるサント・ステーファノ騎士団のための軍船が建造された。ここでつくられた船は、そのすぐ前面のスロープから下ろして、アルノ川に進水できた。海へのルートとしては、アルノ川を通るのではなく、人工的に整備された運河が使われたという。国際交易都市ではなくなったとはいえ、水の都市としてのピサは、生き生きと活動を続けたのである。

一六世紀初頭からのメディチ家の本格的なピサの支配期には、衛生状態の改善に向けて水の流れをよくするにも、そして貨物輸送のための舟運ネットワークを復旧するためにも、水路網の大掛かりな改良事業が求められた。レオナルド・ダ・ヴィンチも実は、メディチ家支配が始まる少し前に、蛇行の激しいアルノ川を迂回する運河の計画を考案したが、難しい湿地の広がりを前にして、頓挫していた。彼自身がピサ周辺のアルノ川流域に広がる田園地帯を詳細に調査記録した貴重な地図が残されている。

ゴンドレ広場　町の東端にある。城門（写真奥）とセットになって水門（手前）がある。著者撮影

メディチ家の支配下では、周辺の領域と舟運で結ぶ目的で古くから使われてきた運河の再整備が実現した。また、新たに建設された外港都市、リヴォルノの港とピサを連結する目的で、ナヴィチェッリ（小舟）運河が建設され、一六〇六年に完成した。

舟運を重視するピサらしい運河と船着き場の見事な跡が、町の東端のゴンドレ広場に行くと見られる。ここでは、ちょうど中国の水の都、蘇州と同様に〈城門〉のすぐ脇に、城壁を潜って入る〈水門〉が設けられているのだ。陸の交通と水の交通のペアのシステムが成り立っていたことを物語る。

ルネサンス以降のピサ

メディチ家の支配下で、ルンガルノの意味合いにも大きな変化がみられた。岸辺に満ち溢れていた商業、市場の活動は、むしろ表からは目立たない内部に場所を移し、川沿いには美しいパラッツォが並ぶようになったのだ。ちょうどヴェネツィアで一六世紀以後、大運河が東方の荷を満載した船が行き交う交易・経済活動の空間から、華やかな演劇的な舞台に転じていったように、アルノ川沿いの両岸もルネサンス以後、華やかな都市の顔として美しい景観を整えていくことになったのだ。

この時期に再整備され、見事な造形で統合された柱廊のめぐる市場も、素晴らしい歴史的な空間を今に伝えている。毎日、新鮮な野菜・果物、そして雑貨を売る店でおおいに賑わっている。

メディチ家はこれ以外にも、柱廊のめぐるいかにもルネサンスらしい秩序ある空間を二つ、ピサに生み出した。一つは、市場的な機能をもつ広場として、アルノ河畔のベルリーナ広場。中世から青物市場が立ち庶民的な店が並ぶ場所だったところに、美しい柱廊の秩序を

メディチ家の遺産　メディチ家が整備した市場（上）とベルリーナ広場（中）、サピエンツァの中庭（下）。いずれも美しい柱廊がめぐり、ルネサンスらしい秩序ある空間をみせている。著者撮影

与えた。

もう一つは、サピエンツァと呼ばれるパラッツォの中庭で、ここに一四九三年にピサ大学の前身が置かれた。今もピサ大学の法学部と図書館があり、学生たちがいつも溢れていて、活気がある。外観は二〇世紀に改造されたが、中庭に入ると、ルネサンスの美しい秩序ある空間が迎えてくれる。中世のピサが誇っていた経済と軍事の強大な力を弱める一方で、新たなこの都市の役割として、メディチ家は、以前から存在した大学を再編成してピサを学問の都市に育て上げたのである。

大学の重要な施設としてピサが誇るのが、世界最古の歴史をもつ植物園（オルト・ボタニコ）で、一五四四年に創設された。もとは、アルノ河畔のメディチの造船所の所にあったが、後に二度移転して、今の位置には一五九五年以来、存在する。

聖ラニエリの宵祭り

近代化が進んだ一九世紀、アルノ川から市民にとっての新たな可能性が引き出された。一八四〇年から四七年にかけて、丘陵地帯から都市までの川筋をまっすぐ付け替え築堤する事業にともない、旧市街より上流の東のゾーンでは、水辺の心地よいプロムナードが生み出された。堤防下の川縁にも植林してベンチを配し、眺めが楽しめるように考慮された。昼間に公演を行う劇場や花壇も設けられ、市街に緑が少ない分、遊歩道沿いに緑地公園が整備された。

　やはり同じく都市の東端ゾーンでは、海水浴が流行した一九世紀末に、アルノ川へ下りて水浴びをすることができたという。着替え用の小屋もつくられ、海水浴の季節には、発展をみせていた近くの海辺の町、マリーナ・ディ・ピサまで、連絡船が運行していた。数年前から、観光のための舟運が復活しているという。町の東端から小型の遊覧船で出航し、アルノ川の河口まで船のツアーを楽しみ、サン・ロッソーレ公園を散索することもできる。

聖ラニエリの宵祭り　６月16日の晩、アルノ川沿いの建物にロウソクの火が灯る。鹿野陽子撮影

　アルノ川とともに繁栄してきたピサは、同時にその川の氾濫に悩まされてきた。一九世紀中頃、川の両岸を改造し、高くて頑丈な堤防を築いた。それでも、水害は完全には防げず、時折起こる異常な洪水で被害を受けてきた。最近では、一九四九年と一九六六年の水害があり、特に、フィレンツェをも襲った一九六六年の大洪水では、ソルフェリーノ橋が倒壊するほどの被害が出たのである。

　アルノ川はこの近代の両岸の改造で、かつてのような雰囲気を失っている。しかし、夕方ともなると大勢の市民が出てきて、ゆったりとした水辺の空間を楽しむ。そして、何よりもアルノ川がかつての象徴性を取り戻すのが、六月一六日の晩に行われる守護聖人聖ラニエリの宵祭りである。川沿いのすべての建物の正面には、市役所から支給された無数のロウソクの火が一斉に灯り、水辺の闇の中にイルミネーションの美が浮かび上がる。ピサの誰もが自慢するこの祭りは、ぜひとも実際に見たいものである。

第五章　新旧混在の文化都市・ジェノヴァ

「コロンブスの町」の現在と歴史

イタリア最大の港町

イタリアが誇る四つの海洋都市の中でも、ジェノヴァは今なお、港町独特の活気を最も感じさせる町である。古い港の周辺では、一九九二年にコロンブスのアメリカ大陸発見五〇〇周年を記念し、「クリストファー・コロンブス、船と海」をテーマに国際博覧会が開催されたのをきっかけに、大掛かりなウォーターフロントの再開発が進んで、現代的な建築群の登場で水辺の風景が変化しつつある。とはいえ、そのすぐ内側に目を向けると、古い港町の姿が実によく受け継がれている。海に向かって大きく弧を描いて開く港の全体に、中世以来の古い建築群がよく残っている。そこでは今も、さまざまな商売が繰り広げられ、雑然としたエネルギーに満ちたいかにも港らしい雰囲気がある。現在の港の中心はすでに古い港の西の外側へ移っているが、ジェノヴァは、イタリア最大の、そして地中海ではマルセイユ、バルセロナと並び、最も重要な港町としての役割を果たす。二〇〇四年には、欧州文化首都に選ばれ、さまざまなイベントを通して、その歴史と文化を世界にアピールした。

1481年のジェノヴァ鳥瞰図　クリストフォロ・デ・グラッシ画。二つの岬には灯台がそびえ、その内側の港には大型の帆船が数多く見られる。ガラタ海洋博物館蔵

イタリアの四大海洋都市は、それぞれ立地の違いを見せ、それが景観の多様性を生んで興味深い。その中にあって、このジェノヴァは、アマルフィとともに、海に直接面した地中海の典型的な港町として発展した。その姿は、クリストフォロ・デ・グラッシによって描かれた一四八一年のこの町の鳥瞰図に詳細に見てとれる。すでにみたヴェネツィアのヤコポ・デ・バルバリの鳥瞰図が一五〇〇年のものであるから、いかに早い時期に描かれたかがわかる。ジェノヴァの都市文化の高さを物語るこの見事な鳥瞰図は、かつての港の最重要施設、造船所（アルセナーレ）を再構成し、水辺にオープンしているガラタ海洋博物館の一階の展示空間を飾っている。

中央に描かれた港の景観から、交易で栄え、堂々たる都市づくりを展開した港町ジェノヴァの様子が手に取るようにわかる。背後に丘が広

がり、坂が多いのは、いかにも地中海世界の港町らしい。だが、アマルフィに比べれば、より広い後背地があり、大都市への発展が可能だった。

中世には限られた場所にぎっしりと、いかにも地中海的な複雑に入り組んだ市街地を形成した。その旧市街を歩くと、街路のスケール、道の曲がり方、両側の建物の表情に、不思議とヴェネツィアに共通する性格が見出せる。同じ時代に似たような港町として形成されたからであろう。違いといえば、坂の存在に加え、固い地盤の上にできたジェノヴァの建物は、塔のように垂直に伸びたということである。塔状の住宅が発達した点は、ピサの場合とまさによく似ている。

贅沢な案内人

イタリアの古い町には、必ず地元に優れた都市史の専門家がいて、情熱をもって研究に取り組んでいる。ジェノヴァでは幸い、ジェノヴァ大学建築学部で長らく教鞭をとり、つい最近リタイアーしたばかりのエンニオ・ポレッジ教授が、この都市の歴史に関し、一九七〇年代から魅力的な著書を数多く出版してきた。私もヴェネツィア留学時代から彼の都市を見る眼差しの新鮮さに惹かれ、その著作をイタリア都市研究を進める上でのバイブルとしてきた。

特に、建築家で共同研究者のルチアーノ・グロッシ・ビアンキ教授とともに、港町ジェノヴァの都市形成を詳細に論じた『中世の港町――一〇世紀から一六世紀のジェノヴァ』

(E.Poleggi e L.G.Bianchi, *Una città portuale del medioevo: Genova nei secoli X-XVI*, Genova, 1987) は、陸の文明史観が主流で、海や港に目を向けない近代の発想に固まった我々を驚かす、学術的にずば抜けて面白い研究の成果だった。世界でも初めて港町の重要性に本格的に光を当て、歴史の進展の中で形成発展していく都市と建築の形態、空間構造の変遷を、人々の社会経済の営みとも結び付けながら視覚的に描き出した傑出した仕事なのである。

ヴェネツィアやアマルフィと同じように、町のいたる所に中世の建物、空間が受け継がれ、町並みのすべてが歴史を読み解くための生きた史料だから、ポレッジ教授らの著書を持って町を徘徊すれば、この海洋都市ジェノヴァの本質が実によく理解できるのである。といっても、分厚く重たい本だから、図や写真のページを中心に、必要なところだけコピーして持ち歩くことになるのだが。こうして、かつて私はジェノヴァの旧市街の街路という街路をくまなく歩き、港町全体の観察を楽しんだことがある。

幸いポレッジ教授とは、その後、ヴェネツィアの国際学会で出会い、さらにはすでに述べた二〇〇一年のアマルフィの学会で再会し、日本人の私がこのアマルフィの裏町をご案内し、行きつけのレストランで一緒に食事を楽しむ機会に恵まれ、親しくなっていた。

だが今日のジェノヴァを語るのに、過去の歴史だけではあまりにもったいない。現在のジェノヴァは実に元気で、その文化力を世界に発信している。その実像をも知りたい。そんな願いをかなえてくれるもう一人のジェノヴァのキーパーソンとして、著名な都市計画家、ブ

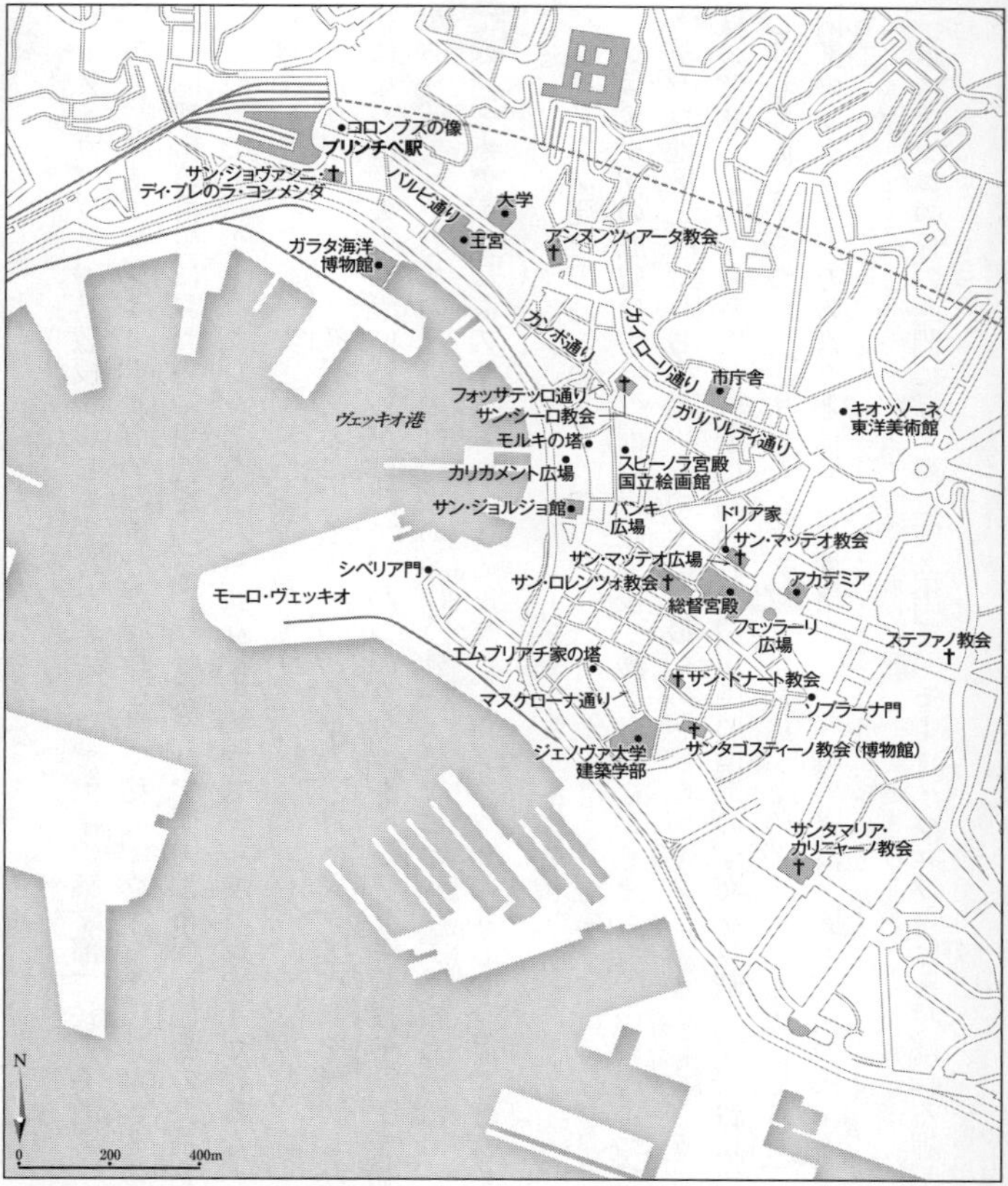
コロンブスの像
プリンチペ駅
サン・ジョヴァンニ・ディ・プレのラ・コンメンダ
バルビ通り
大学
王宮
アンヌンツィアータ教会
ガラタ海洋博物館
カンポ通り
カイローリ通り
市庁舎
キオッソーネ東洋美術館
フォッサテッロ通り
サン・シーロ教会
ヴェッキオ港
ガリバルディ通り
モルキの塔
スピーノラ宮殿国立絵画館
カリカメント広場
サン・ジョルジョ館
バンキ広場
ドリア家
サン・マッテオ教会
サン・マッテオ広場
シベリア門
サン・ロレンツォ教会
アカデミア
モーロ・ヴェッキオ
総督宮殿
フェッラーリ広場
ステファノ教会
エムブリアチ家の塔
サン・ドナート教会
マスケローナ通り
ソプラーナ門
ジェノヴァ大学建築学部
サンタゴスティーノ教会（博物館）
サンタマリア・カリニャーノ教会
N
0
200
400m

現在のジェノヴァ市街

ルーノ・ガブリエッリ教授がいる。やはりジェノヴァ大学建築学部で長らく教え、退官したばかり。同時に、ジェノヴァ市の都市計画局長を長く務め、ウォーターフロントの周辺を中心に、都市の再生におおいに手腕をふるった。イタリア歴史都市保存協会の会長を長らく務め、最近でもパルマ、ブレシアなど、重要な都市のマスタープランを手がけるなど、活躍を続けている。

そんなガブリエッリ教授夫妻に、私は二〇〇七年一〇月にジェノヴァを再訪した際にお世話になった。夫人も幸い建築が専門で、かつてグロッシ・ビアンキ教授の助手を務めたことがあり、ジェノヴァの建築の歴史にめっぽう強い。そこにポレッジ教授も合流し、私にとっては何とも贅沢な最高の案内人たちとともに、ジェノヴァの町歩きを経験できたのである。

ジェノヴァ発祥の地・カステッロ

ジェノヴァの歴史は古い。前六世紀前後、海とのつながりをもつ先住民によって、今もカステッロ地区と呼ばれる小高い丘の上に、最初の居住地、カストゥルム（カステッロ、即ち城の意味）がつくられた。城壁に囲われた旧市街の南端の、海を見晴らす高台に位置する。こうして海と結びついて生まれたジェノヴァだけに、その都市文化も生活様式も、山がちな内部のリグリア地方の人々とは異なる性格をもつ。町の経済発展も、船の接岸と堅く結びついていた。

カステッロの丘の西側には、海に突き出て、モーロ・ヴェッキオと呼ばれる岬が伸びている。その北の内側の入り江に、早くから船着き場ができ、ローマ時代、そして中世初期まで、重要な港として機能した。まさに港町ジェノヴァの原点ともいうべき場所だ。現在の地図を見ても、このあたりにポルト・アンティーコ（古い港）と記されている。

ポレッジ氏とガブリエッリ氏が町歩きの最初に連れていってくれたのは、自分たちが長年教えてきた建築学部のキャンパスだった。ご自慢のこの施設が、ジェノヴァ発祥の地となったカステッロ地区のまさに真ん中に位置するからだ。最近のこの地区の発掘調査によって、ブロンズや陶磁器の道具が出土し、この居住地に前六世紀からすでに外国の船乗りや商人も住んだことが裏付けられ、また、前四世紀のローマ以前の最初の城壁の跡も明らかになった。

ローマ時代にはこの地区はむしろ見捨てられ、中世に入って一〇〜一一世紀に、丘の最も高い位置に司教が住む城（カステッロ）が築かれ、都市の世俗権力の中心にもなった。それに接して一一六〇年頃、サン・シルヴェストロの教会と修道院がつくられた。一四五二年、司教はその館をドメニコ派の修道女たちに譲り渡し、その後、一七世紀のバロックの時代まで、大規模な修道院複合建物としての拡張が続いた。だが、ここは第二次大戦中の爆弾投下で大きな被害に遭い、廃墟化し、放置されていた。

ジェノヴァ大学建築学部を移転

この由緒がありながら廃墟となっていた歴史的な場所に、何とジェノヴァ大学の建築学部は、強い意志をもってキャンパスを開設したのである。ジェノヴァでも密集し複雑に入り組んだ旧市街は、便利さを追求する近代から取り残され、環境を荒廃させていた。それを再生することを自分たちの大きな社会的任務と考え、ポレッジ氏やガブリエッリ氏をはじめとする建築学部の有力な教授たちは、一九九〇年にこの高台の本来、ポテンシャリティの高い象徴的な場所に彼らのキャンパスを移したのだ。それは大きな効果を生み、旧市街再生への道が切り開かれたのである。

同時に、この廃墟化したサン・シルヴェストロ修道院跡での考古学調査も広範に行われ、その下から、ジェノヴァの最初の核にあたるローマ以前の城壁の上に建設された、古いカステッロの跡が姿を現したのである。中世の五角形の塔の礎石部分、修道院中庭の柱廊の一部を保存して考古学公園とし、残されたルネサンス、バロック時代の建物を修復・再構成する一方、ガラスと煉瓦《れんが》を大胆に組み合わせた新しいデザインの六階にもおよぶ大きな教室棟の現代建築が、建築家ガルデッラの設計で実現した。新旧の要素の対比と融合が何とも美しいこのキャンパスには、近年、イタリアの建築学部はどこも七割以上が女子学生だけに、華やかな雰囲気が溢れている。

このキャンパスが登場した丘の斜面全体に、中世の一二世紀頃にさかのぼる古い建物を数多く見ることができる。庶民の住宅群ばかりか、海洋都市をリードした貴族の館の遺構も多い。中世のジェノヴァでは、後にくわしく述べるが、封建貴族の家が中心となってアルベルゴと呼ばれる門閥《もんばつ》を形成し、重要な役割をもった。

その中でも最も力のあるアルベルゴの一つ、エムブリアチ家の居住地がここにあり、一三世紀の高い塔をしっかり残している。かつて数多く存在していた空高くそびえる中世の塔は後に切り落とされたため、今まだ残るものは非常に少なく、貴重な存在だ。建築学部長は、魅力的な女性でテキパキ仕事を進める実力派のベネデッタ・スパドリーニ教授。私を自分の部屋に案内し、高所からジェノヴァの港を望む美しいパノラマを自慢げに見せてくれた。

建築学部キャンパスのすぐ近くの裏道、マスケローナ通りに、一三世紀の庶民的な住宅が連続的に残り、ピクチャレスクな景観を見せる。二階が少しだけ張り出し、持ち送りの上の小さな連続アーチが支える可愛らしい造形には、中世独特の味がある。一階にボッテーガ（工房）をとり、二階、三階の住まいの空間へは、脇の道路側から入り、階段で上がる。こうした庶民の住宅群のある界隈は、一九八〇年代まで完全に荒廃していた。ところが、建築学部がここに移ったことで、まわりに良い影響が現れ、今では修復が進み、歴史の香りをもつ魅力的なゾーンに生まれ変わりつつある。ジェノヴァは都市と大学の関係を考える上でも示唆的な町なのである。

ジェノヴァ大学の建築学部キャンパス　カステッロ地区の遺跡の上に移転した。著者撮影

13世紀の建築群　エムブリアチ家の塔（上）と、マスケローナ通り沿いの庶民的な建築群（下）。著者撮影

イスラームやフランスの影響

ローマ時代のジェノヴァの様子をポレッジ氏に尋ねても、まだよくわかっていないという。いくつかの考古学の発掘から質素な居住地があったことが知られる程度のようだ。九世紀になると、ジェノヴァはこのカステッロの丘の北に広がる平地に発達し、城壁をめぐらし、規則的な道路網を配しつつ、コンパクトに形成された。その西側では、港から北にかけてリーバと呼ばれる海岸線が伸びる形をとった。

一〇〇〇年の頃から、商業が活性化し、船の交通が重要となって、最初の木造の桟橋が登場した。富裕な商人家族（スピーノラ、グリマルディ、カルヴィ、カッターネオといった家族の名前が知られる）が交易を独占し、さまざまな商品が輸入された。イスラーム世界から

サン・ロレンツォ教会　総督宮殿に隣接して建つ。外観（左）も内部（上）も、ジェノヴァ独特の白と黒の縞状デザインで、イスラームの影響を感じさせる。12世紀初頭から14世紀にかけて建設された。著者撮影

香料、絹などの高級品がもたらされた。

中世の都市は、こうしてジェノヴァの起源となったカステッロの丘の北に大きく広がっていった。カテドラルであるサン・ロレンツォ教会は、その北側の縁にあたる場所につくられ、以後の中世都市発展の核となった。一二世紀初頭から一四世紀にかけて建設されたロマネスクとゴシックが混合した様式の建築は、外観にも内部にも、ジェノヴァ独特の白と黒の縞状のデザインを見せ、明らかにイスラーム文化からの影響を感じさせる。ガブリエッリ氏によれば、黒い石材はオリエントから運ばれたものだという。私自身も実際、シリアのダマスクスなどで、同じような建築デザインの手法をよく見掛けた。

もう一つ、目を引くことがある。普通、イタリア都市の大聖堂の鐘楼は、教会建築の本体に構造的に組み込まれることはあまりなく、ピサの斜塔やフィレンツェのジョットーの塔のように完全に

離れる場合も少なくない。ところが、ここでは高さこそ違え、聖堂正面の左右にそびえる鐘楼は建築と完全に一体化しており、フランスからの影響を思わせるのである。

このカテドラルの位置は、港やその背後に形成される経済金融の中心のコンパクトな広場、ピアッツァ・バンキとは離れているし、海の近くに重要な教会を象徴的に配したヴェネツィアやアマルフィと比べると、空間の文脈としては海洋都市の要素との関係が薄かった。むしろ、後に東の近くに登場し、重要な存在となる総督宮殿と、都市景観上でもより強い結びつきを見せる。

ルネサンス、バロック時代の邸宅を活用

ガブリエッリ氏は、このカテドラルのすぐ近くの立派なパラッツォに、その主階（二階）の一画を購入して、数年前から住んでいる。その素晴らしさは噂では聞いていたが、実際、訪ねてみて驚いた。

玄関ホールに入ると、奥へ連なる二列の円柱がトンネル・ヴォールトを支え、先の方で円形に吹き抜ける一風変わった構成を見せている。ガブリエッリ夫妻によれば、このパラッツォはジェノヴァの他の多くの建物と同様、中世のいくつもの小さな建物が後に統合され、デザイン的な再構成を受けて、堂々たるパラッツォになったという。建物の一つ一つに、いくつもの歴史の重なりがあるのだ。近代になって挿入されたエレベータで二階へアプローチし、いよいよ中に入る。彼らの住まいは、ヴォールト天井をもつ、とてつもなく大きな三部

屋からなり、壁も天井も見事なフレスコ画が飾られているではないか。華麗な後期バロックの様式のインテリアの美しさに、思わず感嘆の声が出てしまう。

ジェノヴァは、中世の海洋都市としてその名を轟《とどろ》かせたが、その後、歴史の表舞台から消えたかにみえる。しかし、都市の繁栄、発達は続き、その証拠にルネサンス、バロックの時代の素晴らしい貴族の邸宅が町の中に数多く存在するのだ。こうした歴史の重なりについては、やはり地元の専門家の説明を受けないと見落としてしまう。

ガブリエッリ氏宅の内部　中世の建物を統合した堂々たるパラッツォ。著者撮影

ジェノヴァが歴史の中で何世紀にもわたって底力を一貫して持ち続けてきたことは、ルネサンス以後に建設された総督宮殿の立派さを見ればすぐわかる。もともと一三世紀に市役所として建設された建物を核とし、一六世紀末に、ジェノヴァ共和国の支配者である総督の宮殿として拡張された。火災に遭ったが、一七七八年から一七八三年の間に新古典主義様式によって、左右に翼を突き出す現在の堂々たる姿に再構成された。壮大な規模をもつこの建築内部は、フレスコ画、スタッコ、珍しい大理石などで美しく飾られ、共和国の力を誇示しているのである。現在も大掛かりな展覧会やイベントの会場として文化を発信し、市民に

親しまれている。

自治の象徴「海のパラッツォ」

いよいよ、港の周辺を歩こう。港の機能は、一一世紀から一二世紀にかけて、西側の弧を描く海辺に沿って北へ、北へと延びた。船が横付けできるように、海に突き出る桟橋が徐々に建設された。一一世紀から一四世紀まで、これらの初期の桟橋は木造だったことが、史料からみられる。より広くて長い石造りの桟橋に造り替えられ、大きな積載量の船が接岸できるようになるのは、その後の時代のことである。

総督宮殿　ルネサンス以後の16世紀に拡張された建築。左奥がサン・ロレンツォ教会。著者撮影

本来の海岸線と桟橋の付け根との間に、ある幅で土地が造成され、穀物倉庫や造幣局、魚市場などが建設された。その埋め立て・造成地に登場した建物の中で、今なお港の風景を飾る要素として存在しているのは、パラッツォ・サン・ジョルジョだ。その古い中世部分はもともと「海のパラッツォ」と呼ばれ、一二六〇年に、共和国の自治の象徴、市庁舎として建設されたものである。いかにも海洋都市ジェノヴァらしく、それが海に張り出して建設された。一三四〇年には税関となり、一五世紀にはジ

パラッツォ・サン·ジョルジョ　16世紀の増築部分の外観（上）と中世部分の中庭（左）。著者撮影

エノヴァの経済を司るサン・ジョルジョ銀行の施設になった。そのもとで一五七〇年に、南側（海側）に大きく増築され、フレスコ画で見事に飾られたファサードを海に向けることになった。この海のモニュメントが、円弧を描いて広がるジェノヴァの、古い港ゾーンのまさに要の位置に存在し続けているのだ。

イタリアでは、都市計画局長のポストは市長に次いで重要だ。それを長年務めたガブリエッリ氏は、まさにジェノヴァの名士。彼の案内で、この建物の内部を見たいという私の念願がかなった。いかにもルネサンスらしい大階段で上の主階に上る。奥の中世部分がとりわけ興味深い。三面にオリジナルの中世の窓がめぐり、明るいホールのインテリアは、一九世紀の趣味で改装されてはいるが、腰壁をイスラーム風のタイルで飾っているのが興味深い。おそらくもともと、それに近い装飾があったのであろう。オレンジ、淡い青、黒、緑、白を組み合わせた色調は、モロッコあたりにありそうだ。文化のアイデンティティとしてイスラーム風の要素が評価されたという事実が面白い。

自治獲得と海外進出の歴史

港に顔を向けたジェノヴァの象徴建築を見たところで、この町の海洋都市としての歴史について簡単に述べておこう。ジェノヴァは中世の早い時期、東ゴート、ビザンツ、ランゴバルドの支配の後、フランク王国二番目の王朝、カロリング朝の統治下に入った。その後、ティレニア海北部へ進出するアラブ人に対し、ジェノヴァはピサと一緒に海戦を開始し、一〇八七年には、ジェノヴァの艦隊は、ピサとアマルフィの艦隊とも組んで、北アフリカの海賊の隠れ基地を全滅させるのに貢献し、その力を示した。

海運力と経済の継続的な発展のおかげで、ジェノヴァの町とその周辺地域は、カロリング朝の支配から解かれ、一〇九六年、一種の誓約団体としてのコムーネ（自治都市）を生み出した。一二世紀の間に、都市国家としての制度を整え、公共性や平等への指向をもつコムーネ形成の動きを見せた。だが、ジェノヴァも他のイタリア諸都市と同様、教皇派（グエルフィ）と皇帝派（ギベリーニ）の二派に分かれた有力家族間の激しい争いが続いた。さらに社会不安も生まれ、市民の怒りが高まるなかで、ジェノヴァはその統治の方法として、他のイタリア都市と同様、他の都市からポデスタを都市政府の長として呼ぶ制度を一二世紀末に取り入れた。相変わらずさまざまな抗争は続いたが、一二世紀末から海外投資に参加する層が増えたのを背景に、貴族階級の下にくる一般市民階級としてのポポラーニの勢力が増大した。彼らは一二五七年、自分たちの立場を守る長として、グリエルモ・ボッカネーグラを選出したのである。カピターノ・デル・ポーポロ（市民隊長）の制度がこうして生まれた。

国内がエネルギーの高まりをみせたちょうどその頃、ジェノヴァは支配の領域を広げ、海外進出を積極的に展開した。お膝元のリグリア地方では、ライヴァルであるピサの力を抑えながら自らの支配を着々と固め、戦略上重要な位置を占めるポルト・ヴェーネレを一一一三年に占領し、ローマ起源の町を拡張して堅固な要塞都市を築き上げた。

ピサ、ヴェネツィアとの確執

ジェノヴァが地中海での交易を大きく展開するきっかけとなったのは、第一回十字軍（一〇九六〜九九年）だった。ジェノヴァの指揮官グリエルモ・エンブリアコはエルサレムの奪還に決定的な役割を果たした。ジェノヴァ人は、コンスタンティノープルとエルサレムの中間点にあたる重要な都市、アンティオキアに、ピサやヴェネツィアに先駆けて居留地を得た。

ピサとジェノヴァは協力関係にあったが、長くは続かなかった。第一回十字軍の際に、キリスト教世界の諸勢力間のヘゲモニー争いとも関連して、両者の利害がすでに対立を見せ始めた。それは一三世紀に厳しさを増したが、一二八四年にメロリアの海戦でピサが制海権を失ったことで、争いに終止符が打たれた。

ジェノヴァとヴェネツィアの間にも、しばしば衝突が起きた。それはまず、弱体化したビザンツ帝国をめぐる政策の違いから引き起こされた。ジェノヴァは、第四回十字軍に乗じてラテン帝国を建設したヴェネツィア人に対抗して、ビザンツの皇帝がコンスタンティノープルの支配者の座に戻ることを援助し、一二六一年に、ビザンツ帝国再建を実現した。

これを機に、それまでヴェネツィアが占めていた特権的地位を奪ったジェノヴァは、コンスタンティノープルにおいて、金角湾《きんかくわん》の北の対岸にあるガラタ地区のペラに居留地を獲得し、母国ジェノヴァから毎年派遣される代官（ポデスタ）に統轄される自治的な都市国家を形成した。こうしてレヴァント交易にとって重要な支店機能を与えることができた。さらに黒海の重要な港町、カッファにも拠点を築いた。ジェノヴァの輝かしい海運勢力は一五世紀まで続き、パレスティナ、エーゲ海、黒海、コルシカ島、アフリカ北部に物資集散地、寄港地を設け、それらを結ぶ一大植民地ネットワークを築き上げたのである。

ジェノヴァとヴェネツィアの対立は激化し、一二九八年、アドリア海のクルツォラーリ島近くの海戦で、ジェノヴァはヴェネツィアを撃破した。マルコ・ポーロがジェノヴァで捕虜の身になったのはこの時である。一四世紀に入り、ジェノヴァはヴェネトの本土をも攻撃した。だが、有名なキオッジャの戦い（一三七九〜八〇年）において、ジェノヴァはヴェネツィアに情け容赦なく撃退され、完全な敗北を喫した。それ以来、ヴェネツィアとの戦いについては慎重な姿勢をとるようになった。

一三世紀を通じて、ジェノヴァは、アマルフィ人によって発明され流布した磁石式羅針盤のおかげで可能となった航海図の重要な制作地に発展した。この世紀、東方貿易は順調で、それに加え黒海貿易が拡大した。さらには北海方面にも積極的に進出し、一二七〇年代までに、ジェノヴァからフランドルのブリュージュへの定期便のガレー船も運行され、ジェノヴァの商業圏が著しく拡大した時期であった。

ジェノヴァの海洋学校からは優れた多くの船長が生まれ、その中に、スペインのカラベッラと呼ぶ快走帆船のおかげでアメリカ大陸に初めて到達し、ヨーロッパ人に新たな世界を知らしめた、かのクリストフォロ・コロンブスがいたのである。

衰退を克服しての都市建設

繁栄を続けたジェノヴァも、ヴェネツィアとの長年の抗争に加え、ミラノ、フランスからの脅威のもと、都市内部での派閥争いが繰り返され、衰退を始めた。一四五三年のコンスタンティノープル陥落で黒海の植民地カッファが孤立し、やがてトルコの手に落ちたのも痛手だった。しかも、コロンブスに始まるいわゆる「地理上の発見」は、新しく台頭していたスペイン、ポルトガルなどの国家にとって大きな利益をもたらす一方、地中海交易に依拠し繁栄してきたイタリアの伝統的な海洋都市にとっては、ゆるやかな経済危機を生んだ。

だがジェノヴァはたくましく生き延びた。「祖国の父」アンドレア・ドリアは、ガレー船をカール五世のために請け負い、またスペインとは同盟を結び、欧州カトリック世界のメイン銀行となって金融業で繁栄したのである。こうして共和国の経済力も維持され、独立は続いた。この間、総督ドリアの下、ジェノヴァでは寡頭政治の性格が強まり、国家を支える貴族階級は贅を尽くし、新たな都市空間や建築の建設に投資した。こうした気運の中で、一五五一年にストラーダ・ヌオーヴァ（現、ガリバルディ通り）が開通した。この直線街路の両側には、まさにイタリア・ルネサンスが生んだ理想都市の考え方が絵に描いたように実現されているのだ。くわしくは後に述べる。

こうした華やかなルネサンスの都市空間を生み出し、続くバロック時代にも建設活動は持続したものの、ジェノヴァの歴史的な役割は徐々に弱まっていった。その危機の最も象徴的な出来事は、ナポレオン誕生の一年前の一七六八年、ジェノヴァが領有していたコルシカ島がフランスへ強制的に売却されたことだった。しかしジェノヴァは、サヴォイア王国に組み込まれる一九世紀初頭にいたるまで、イタリアの海洋共和国の中でも最も長くその独立を保ったという事実を忘れてはならない。

旧市街と高台、再生する港

ポルティコの店舗群

再び、都市のウォッチングを続けよう。前述のように、とりわけ一二世紀から一四世紀にかけて、地中海世界の交易で富を蓄え、繁栄を極めた海洋都市ジェノヴァだが、その主役を演じた港の風景を最も特徴づけたのは、何といっても、一二世紀前半に実現した大規模な公

港に面した建築群　上部は住宅、地上階はポルティコ（アーケード）となっている。著者撮影

共事業だった。もともとの城壁線にあたる海に面するラインに、上部を住宅とし、地上階を公共の道路として開放するポルティコ（アーケード）が組み込まれた建物が延々とつくられたのだ。このポルティコの内側（陸側）には、小さな店舗群がつくられ、全体として線状に長く延びる活気に溢れた市場の空間を形づくった。

一四三二年に、人文主義者のピッコローミニ（後の教皇ピウス二世）は、「一〇〇〇歩分（約七〇〇メートル）もの長さのあるポルティコがあり、そこであらゆるものを手に入れることができる」と述べている。

この屋根の架かったポルティコとしての街路は、実際には全長八〇〇メートル以上におよぶ壮大なものである。太い角柱の上にゴシックのアーチ群が連なる姿は、実に壮観だ。このポルティコ状の長い道は、ヴィア・ディ・ソットリーパと呼ばれ、それが海沿いの崖のすぐ下につくられたことを物語っている。

この道は、上の住宅とともに、一一三五年という早い時期に建設された。古い景観画を見ると、いくつかの住宅は塔状にそびえる建築だったことがわかる。これらの塔状住宅は、位置からしても、ある意味で城壁のかわり

モルキの塔　唯一全体が残されているかつての塔状住宅。著者撮影

を果たすものでもあった。後に、そのほとんどは上部を切り落とされ、高さを揃えられた。ソットリーパの地区では、今では唯一、モルキの塔だけがその全体を残しており、これを見るとかつての塔状住宅の姿が想像できる。ジェノヴァでは、住民はしばしば親族で集まり、あるいは「アルベルゴ」と呼ばれる縁組みで結ばれて、塔状住宅を建設しながら集住する傾向をみせた。互いに防御を固め、門閥の力を誇示し合ったのである。

アルベルゴの役割

幸い日本でも亀長洋子が中世ジェノヴァの都市社会の歴史に光をあて、家あるいはアルベルゴについて、一次史料をもとに深く研究している（亀長洋子『中世ジェノヴァ商人の「家」――アルベルゴ・都市・商業活動』刀水書房、二〇〇一年）。従来、中世のイタリア海洋都市を代表するヴェネツィアとジェノヴァはよく比較され、ヴェネツィアの都市社会が共和国全体の利益を求め、人々が集団としてのまとまりを考えつつ行動したのに対し、ジェノヴァ人が自分たちの個人的な利益を追求し続け、政争が絶えなかったとされてきた。船一つとっても、ヴェネツィアでは国有ガレー船が重要な役割を果たしていたのに対し、ジェノヴァの船は私有であり、海外進出の主導権は脆弱な国家ではなく個々の商人が握っていた。そして、こうした私的領域をしっかり支えてきたのがアルベルゴと呼ばれる一種の「家」といわれてきたのである。

だが亀長は、これまでの歴史家たちがアルベルゴについての本格的な個別実証研究をしないまま、アルベルゴの言葉を安易に使い過ぎてきたことを批判しつつ、直接税記録や公証人文書、当時の議事録などの史料を用いてその実像を追跡した。それによれば、ジェノヴァのアルベルゴはいくつかの異なる姓をもつ家が結集して新たな姓を名乗って形成されることもしばしばあったし、有力な家が、中小の家を統合することもあったことを明らかにした。アルベルゴは時代によって変化したし、実に多様な形をとったのである。

広場の少なさ

ちなみに、このように家あるいはアルベルゴが重要な役割をもったジェノヴァには、市民のための公共空間としての開放的な広場は意外に少ない。ヴェネツィアのサン・マルコ広場やアマルフィのドゥオモ広場のような市民がいつも集まるような華やかな広場はまったく見当たらない。ドゥオモ前の広場も総督宮殿前の広場も、そうした役割はもたない。政治経済の仕組みの違いがそのまま都市空間の構造に反映されていたのである。かわりに門閥ごとに、自分たちの邸宅群の前に小広場を分散的につくる傾向にあった。ドリア、ペヴェーレ、

数少ない広場　上はサン・マッテオ広場。教会前の広場に連続アーチのロッジアが面している。左は経済の中心、ピアッツァ・バンキ。周囲をルネサンス様式の建物が囲む。著者撮影

グリマルディ、スピーノラといった有力家がそれである。

中でも名門、ドリア家が形成したサン・マッテオ広場は、統一感のある造形を見せ、広場文化が発達しなかったジェノヴァにあって、珍しく象徴性をもった素晴らしい広場となっている。斜面都市の条件を巧みに生かし、高い東側に教会を置いて、その前面に、下から階段で上るステージのような広場を設けている。まわりを、ドリア家の門閥に属するさまざまな家族のためのこの時代としては高層の五層ほどの建物群が、白と黒（灰色）の縞模様を特徴とする外観で統一を図りながら、ぐるりと囲んでいる。教会の正面にそびえる建物は、一階を連続アーチのロッジア（半公共的な空間）として開放し、舞台装置的な効果を高めている。コンパクトながら美しく立派な広場であるが、生活感といったものとは無縁である。

ここで広場の話題に関連して、小さいながらジェ

ノヴァで最も重要な商業広場であるピアッツァ・バンキについて触れておこう。両替商や商業活動に用いられるバンコ、つまりカウンターの意味からこの名称が生まれた。パラッツォ・サン・ジョルジョのすぐ裏手に位置し、港と密接に結びついたこの広場は、まさにヴェネツィアのリアルト広場にあたるもので、都市の商業・経済活動の心臓部である。

ヴェネツィアのリアルト広場が古いサン・ジャコモ・ディ・リアルト教会の前に形成されたのと同様、バンキ広場も小振りで優美なサン・ピエトロ・イン・バンキ教会の前面に発達した。少し高く持ち上げられており、階段でアプローチするのがこの教会の特徴である。広場を囲む他の建物と同様、一六世紀のルネサンス様式のものだが、起源は古く、八六二年にはすでにサン・ピエトロ・デッラ・ポルタ（城門のサン・ピエトロ）教会と呼ばれ、古い城壁に近かったことを表している。今もこの小さな広場にさまざまな活動がぎっしり詰まり、全体をカメラのファインダーに収めるのが難しい。商業センターであるこの広場の背後のゾーンには、海洋都市に欠かせないフォンダコが存在したことが確認できる。

港に面したポルティコ

再び海洋都市の主役、港に戻ろう。この港に面する地上階のポルティコのさらに下には、海側から倉庫の空間が彫り込まれ、小舟や海の道具をしまうのに使われてきたに違いない不思議な一画がある。そのプリミティブな形態から見ると、一大公共事業でポルティコがつくられる前から存在していたものと想像される。今日では、半地下状のレストランや店舗に改造され、活用されており、実に興味深い。ヴィア・ディ・ソットリーパというポルティコの通りの地下の穴蔵で、食事を楽しむことになる。

ソットリーパの直接海に面する一帯は、中世の後半にもずっと、交易、取引の中心であった。買い入れの契約をする者、鉄や大理石、銅を加工する人々で溢れていた。海は今よりずっと奥へ入り込んでおり、塔状住宅から数メートルのところに横付けされる船から荷を揚げ、また荷を積む人々で活気があった。

ポルティコの内部　小さな店舗が集まり、市場の賑わいを見せる。著者撮影

海に平行なポルティコの通りは、人々の往来の激しい場所で、ジェノヴァ人も外国人もそこを私物化せずに、公共空間として維持してきた。船で世界各地から集まるあらゆる種類の商品を商う店が並ぶ。

かつてここでは、船乗りの衣類、香料、エキゾチックな果物、小間物、刃物、時計など、あらゆるものが手に入った。今もまだ魚（生やフライ、干物）、小型ラジオ、煎ったばかりのコーヒー、樽に入ったイワシ、オフィス用の錠、携帯電話など、多種多様な店がある。

ヴォールトを持った古い店舗の内部は変化したが、いくつかの店舗の内部は、かつての雰囲気を保ち、多くの外国人観光客の関心を惹きつけている。居酒屋やカフェは、歩行者専用のポルティコの路上にテーブルと椅子を並べ、いつも市民で賑わっている。

一三世紀に、このポルティコの少し上の位置に、外壁に沿う形で、飲料水を供給するための水道の太い管が設置された。デ・グラッシの鳥瞰図（一四八一年）にも、アーチ状の水道橋が延々と港に面して描かれているのがわかる。今も、部分的にその遺構が残っている。

この水道施設の下に、やがて店舗群ができ、道路の海への開口部を塞いだ。フィレンツェのポンテ・ヴェッキオと同様、自己増殖するかのように、半分仮設のような簡素な店舗が自然発生的に増築されたのである。同時に、アーケードに沿って、本、洋服、家庭用品、清涼飲料などの屋台が並び、ヨーロッパとは思えない、どこかアジアやイスラーム世界の都市にも通じる賑わいに満ちた空間が生み出された。

都市計画家のガブリエッリ氏は、「まさにアラブ都市のスークとそっくりだ」といいながら、この活気あるいかにも港町ジェノヴァらしい都市空間を高く評価する。夫人は、ポルティコの中にあるお気に入りの揚げ物屋に連れていってくれた。ジェノヴァの伝統的な軽食、エジプト豆の粉でつくった焼き物（ファリナータ）とタラの揚げ物とを注文し、地元の人たちと同様、店先で美味しく立ち食いをした。ちょっと先の飲食店では、店員に話し掛けられ、喋ってみると、バングラデシュからの移民で、一二年前からジェノヴァに住むという。やはりこの港町のポルティコの周辺は、アジア、イスラーム系の人々がよく似合う。

カリカメント広場の発掘

港というのはどこも、時代の要請にしたがって、その構造を変化させてきたため、埠頭などの歴史的な施設の遺構をそのまま残すということは少ない。だが幸い、ジェノヴァでは近年、港湾ゾーンでの発掘が進み、古い港がその姿を現した。

まず、カリカメント広場（後の埋め立てでできた荷揚げの広場）において、一九七六年、一連の発掘が行われた。古代の位置を受け継いだ古い港に設けられた中世と一六世紀の桟橋の形態が初めて記録されたのである。

より広い範囲の考古学の発掘は、一九九二年の博覧会のための工事の際に行われ、メルカンツィア、レアーレ、カルヴィといった名前の桟橋や中世のリーパの姿が明らかになった。防波堤は、無数の木杭の上に、大きな四角い切り石を積んでつくられていた。上部の表面は傷みやすく、何度も積み替えられたことがわかる。

このカリカメント広場は、今もジェノヴァの古い港ゾーンの中心になっているが、港の水面との間に建設されている高架道路を左に見ながら、北西の方向へ弧を描きながら進むと、城壁で囲われていた旧市街の端、ヴァッカ門のすぐ外側で、かつての港町にとって重要な役割を演じた造船所のエリアと出会うことになる。中世の一三世紀から一五世紀における港の発展、拡張とともに、このあたりに軍艦であるガレー船と商船のためのドックが建設されたのだ。一六世紀以後の鳥瞰図、地図のどれを見ても、その存在の大きさが強調されて描かれている。近代の改造変化は激しかったが、幸い、一七世紀にガレー船を建造していたアルセナーレの施設が残っており、最近、修復再生されて海洋博物館になった。後に訪ねよう。

最古の「道の駅」と灯台

海岸をさらに西に少し進むと、海に面して開放的なつくりを見せる三層構成の特徴ある建築が姿を見せる。サン・ジョヴァンニ・ディ・プレのラ・コンメンダと呼ばれるこの建物は、エルサレム・聖ヨハネ騎士団によって、聖地エルサレムに向かう巡礼者の宿泊施設として一二世紀に建設されたものだ。この騎士団は、地中海各地にこうした施設を設け、巡礼者への便宜を図った。

サン・ジョヴァンニ・ディ・プレのラ・コンメンダ　巡礼者の宿泊施設で、港への地下道がある。著者撮影

ジェノヴァのこの建物に関しては、最近の修復にともなう調査で、ここから地下の抜け道を通じて、船着き場まで直接結ばれていたことが明らかになった。世界に残っている最も古い「道の駅」ともいうべきものなのだ。この建物の前に立って、東方の海を想像するのも感慨深い。

ジェノヴァが海洋都市として勢力を伸ばした一二世紀は、これまでみてきた通り、港全体の構造を大きく変えたのだ。港の入り口に今もそびえる灯台もまた、この時期に初めて建設された。接近する船にとっては、港の位置を示す目印であり、都市の側からは敵の接近を監視する見張りの塔の役割をもった。一五一四年に、街を占領していたフランス軍に対する蜂起の際に破壊されたが、三〇年後に、ほぼ元の形で再建されて今日にいたる。

古代以来の古い港、ポルト・アンティーコから西へ突き出すモーロ・ヴェッキオという名の岬の先にも、中世に灯台がつくられた。前述のデ・グラッシの鳥瞰図に描かれた、この二つの灯台の内側に広がる港の水面に目をやると、入り口に近い手前の方に大きな帆船が、モーロ・ヴェッキオの埠頭まで係船綱を伸ばして沖合に停泊しているのがよくわかる。一方、港の奥の多くの桟橋には、小舟がたくさん接岸しているのが見える。

モーロ・ヴェッキオを訪ねると、港の水面に向かってシベリア門がそびえている。一五五〇年頃、ガレアッツォ・アレッシの設計により建設されたもので、大砲が登場した一六世紀における築城論の考え方をよく示す、厳しい形態を見せている。

旧市街の内部へ向かう

こうみてくると、ジェノヴァには、中世以来の港の施設、空間が今日までにずいぶん受け継がれていることがわかる。地元出身の世界的建築家、レンゾ・ピアノの壮大な構想によって、新たなイメージを加え、大勢の市民や観光客を呼び寄せている港のゾーンは、こうして未来的な要素と過去の要素を同居させた不思議な賑わいの空間となっている。港の新しいゾーンについては、後にまたくわしく見ることにして、内部に足を向けよう。

港に沿ったヴィア・ディ・ソットリーパから、ゆるい坂状の狭い道が何本も、町の内部へ延びる。都市にとって、港と結ばれることがいかに大事だったかがわかる。そして、その内側に、ヴィア・ディ・ソットリーパとほぼ平行に、カンポ通り、フォッサテッロ通り、サン・ルーカ通り、カンネート・イル・クルト通りと、北から南へ名前を変えながら、メインストリートが走る。

フォッサテッロ通りの塔状住宅
典型的なジェノヴァの中世建築。著者撮影

フォッサテッロ通りからサン・シーロ教会へ入り込む道の角地に、不整形な面白い敷地の形状を活かし、一三世紀にすでに五階建てを実現した素晴らしい塔状住宅がそびえる。白黒模様の典型的なジェノヴァの中世建築で、フォッサテッロ通りの側面を見ると、もともとの二階に五連、三階に四連、四階と五階に三連のアーチ窓を配し、上昇感を高めている。見上げた際の視覚的な効果ばかりか、光が入りにくい低層部に開口部を大きくとるという環境上の工夫を見事に示している。地盤が弱いため、荷重がかからないよう骨組みとしての石の大きなアーチ群を何層にも重ねて、軽快に高層の塔状住宅を建設したピサの場合と比べると、地盤のしっかりしたジェノヴァでは、開口部を積極的にとるとはいえ、煉瓦による高層建築はより一般的なものといえる。

大きな特徴は、白黒模様の外観デザインに加え、一階部分のつくりにある。大きな連続アーチによって、前面のちょっとした広場に開放し、人々が集まれる半戸外的な場所を提供したのである。こうした半分公共性をもつロッジアという空間が、ジェノヴァの有力家の住宅にしばしば設けられ、立派な広場が不足したこの都市に、人々のコミュニケーションの場を生んでいたことは注目される。大勢の市民が集まるのではなく、門閥の人々、あるいは深い関係をもつ人々を中心とし、近隣住民が集まったのであろう。イタリアの各地に中世に塔状住宅が建設されたが、ジェノヴァのそれは、高度に発達した建築文化のあり方を雄弁に物語る。現在はその大半が店舗などに取り込まれている。ジェノヴァの旧市街は、今は息が詰まりそうになるくらいに高密だが、これらのロッジアが生きていた時代には、ずっと空間的にゆとりがあったのだ。この点に一度気付くと、旧市街のあちこちに、白黒模様の中世の塔状住宅の足下に、ロッジアの跡が発見できて楽しい。ジェノヴァ風の街角の小広場がこうして成立していたのだ。

高台の舞台装置的空間

中世にできた旧市街の内部をだいぶ見たところで、次に気分を変えて、高台に実現されたルネサンスの洗練された都市空間を見よう。

ジェノヴァの中世海洋都市国家は、港のまわりのごくゆるやかな斜面地に高い密度で造られていたが、一六世紀半ばに、この町の貴族・上流階級の人々の要求を満たすべく、その外側に広がる高台の田園を開発して、ストラーダ・ヌオーヴァ（現、ガリバルディ通り）と呼ばれるまっすぐな街路を通し、それに沿ってルネサンスの新しい高級住宅地を建設した。柱廊のめぐる中庭を内部に配し、堂々たるファサードをもつ貴族の館が、遠近法の効果を演出しながら街路の両側にずらっと並ぶ姿は、壮観そのもので、世界でもここにしかない。

ここでは街路の海側と陸側の両方にパラッツォが並んだ。山側では建物は斜面に建てられ、レベル差を巧みに生かし、変化に富んだ空間を生むことになった。特に、パラッツォ・ドーリア・トゥルシ（一五六四〜六六年造、現、市庁舎）は、バロックのセンスを先取りする舞台装置的な空間をもつ傑作である。ガリバルディ通りから入ると、玄関ホールの奥の階段によって、かなり高い所に位置する中庭に導かれる。しかも奥に長いこの中庭は背後で閉じず、一段高い位置にある庭園に大きな階段で繋がっている。この階段は中心軸の上に正面奥に堂々と置かれ、しかも大規模で動きのある構成を見せる点で、パラッツォの歴史の中で革新的なものといえる。

ガリバルディ通り　ストラーダ・ヌオーヴァとも呼ばれる。ルネサンス期の高級住宅地。著者撮影

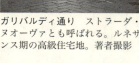

こうした斜面を活用し、興味深い空間の連続性を生む考え方は、ジェノヴァの最も重要なバロック建築家、バルトロメオ・ビアンコ（一五九〇～一六五七年）の設計によるジェスイット派の大学（現、ジェノヴァ大学）において一層の発展をみた。このパラッツォは、ガリバルディ通りの近くのバルビ通りのやはり山側にあり、舞台装置的な効果がさらに追求されている。

その道を挟んだ海側のはす向かいに、王宮（一六五〇年造）がある。こちらは港を望む高台のエッジにつくられており、背後に庭園を置き、海に開くパノラマを意識した開放的な構成をとっている。宮殿の背面に、左右対称に大きな窓の付いた明るい階段室を設け、やはり海に開く印象を強調している。同時代のローマよりはるかに自由でダイナミックな空間が、ジェノヴァのパラッツォで実現していたのが注目される。

二〇〇六年七月、ジェノヴァも世界遺産の仲間入りをした。その対象に選ばれたのは、ルネサンスからバロックにかけて、高台の新天地につくられた数本の街路と、それらの通り沿いに建ち、「ロッリ」と呼ばれるリストに登録された当時の貴族たちのパラッツォ群である。現在のガリバルディ通りに加えて上述のバルビ通り、そしてカイローリ通りなどがそれである。

総督ドリアのもとで繁栄を続けたジェノヴァ共和国では、世界から訪れる来賓用迎賓館の必要性から、一六世紀後半から一七世紀初頭にかけ、富裕貴族層がこうした新しい街路に沿って建てた豪華な大邸宅を厳選し、「ロッリ」と呼ばれるリストに登録させ、それらを国家の来賓の宿泊先として法で制定した。都市整備計画からみてもヨーロッパ初のユニークな例であり、このリストに載ったパラッツォ群が世界遺産に登録されたのである。

再生進む古い港

最後に、現代ジェノヴァの顔である再生が着々と進む古い港の周辺を訪ねよう。二〇〇六年までジェノヴァ市の都市計画局長としてリーダーシップを発揮し、数多くのプロジェクトを実現させてきたガブリエッリ氏に案内してもらえたのは幸いである。

再生が進むジェノヴァの港　新旧の港湾施設が混在し、活気にみちた都市空間になりつつある。著者撮影

ジェノヴァ港は、近代に水面の埋め立てを少しずつ進め、大きな桟橋を突き出す形をとってきた。すでにみたポルト・アンティーコと呼ばれる南側の古い部分から事業をスタートし、いくつものステップを踏んで、再生エリアを北側へ広げている。建築家レンゾ・ピアノによる最初のマスタープランが大きな役割を果たし、その後、何度か国際コンペを行って、それに基づき再生プロジェクトを次々に実現してきた。

倉庫や他の港湾施設など、歴史的な建造物で使えるものはおおいに活かす一方、未来的なデザインで人気を集めるレンゾ・ピアノ設計の水族館をはじめ、現代デザインの建築作品も積極的に入れ込みながら、港のイメージを刷新している。子供に人気の大きくて派手な木造の帆船が停泊し、ヤシの街路樹が水辺を飾っているのも、どこかユーモアがある。無数のプレジャーボートが係留される埠頭に登場した低層の明るい建物には、一階にレストランや店舗、上階には住宅が入り、生活感のある気持ちのよい水辺を実現している。超高層マンションが建ち並び、賑わいや生活感に乏しい日本のベイエリアの開発を見慣れた目には、何ともうらやましい。

港の水際をのんびり歩き、北の方へ進むと、漁船の船溜まりの機能を維持した一画があり、漁師たちが網を繕う姿が見られる。港のリアリティを感じさせる重要な要素だ。その水面の向こうの埠頭に長細く伸びる倉庫は、その形態を生かしながら集合住宅にコンバージョンされている。その隣に新築された大きな建物は、ジェノヴァ大学の経済学部のキャンパス施設である。こうして、ベイエリアには文化的で創造的な要素を含め、さまざまな機能を混合させようという意図がよくわかる。

港の再生のもう一つの新しい象徴、ガラタ海洋博物館は、海洋博物館としては地中海世界で最大の規模を誇る。この建築は、共和国のアルセナーレの諸施設のうち、今日まで存在し続けてきた古い部分の記憶をそのまま受け継いでいる。一七世紀には、ここでジェノヴァの強力なガレー船が建造されていたのだ。この貴重な歴史的建造物を修復再生し、現代的なデザインの外観で包み、最新の展示技術を駆使して、人間と海の何世紀にもわたる密接な関係について知ることのできる魅力的な博物館が実現した。

この博物館では、一七世紀のジェノヴァのガレー船が実物大で忠実に復元されているのが目を引く。港の入り口に防御のために設置されていた鉄の鎖の断片が展示されているのも、興味深い。クリストフォロ・コロンブスの人物像のくわしい紹介もある。航海図、羅針盤の歴史的な発展もたどれるし、長い船旅の船員の生活の詳細も、食料をはじめよくわかる。新しいものでは、レンゾ・ピアノがつい最近発表し、承認を受けたジェノヴァの港湾部分を中心とする大掛かりな都市再生計画の図面、模型が展示されている。海洋都市の歴史を誇るジェノヴァのスピリットを表現する、面目躍如の施設といえよう。

ジェノヴァは、二〇〇四年には欧州文化首都に選ばれ、「芸術の町ジェノヴァ」、「海の首都ジェノヴァ」、「現代都市ジェノヴァ」という三つのコンセプトをテーマとして展覧会、演劇・舞踊・コンサート、科学会議、最先端建築などの催しを数多く行い、その底力を遺憾なく発揮した。これを機に、重要な街路を伝統的でエレガントな石の舗装に変え、歩行者空間化を推進し、歴史的街区の魅力アップに成功したのである。

中世海洋都市の風景や歴史の記憶をたっぷり持ちながら、同時に、現代的な要素を積極的に加え、文化と経済の活気に満ちたジェノヴァは、今後ますますその力を発揮していくに違いない。

ジェノヴァの要塞都市、ポルト・ヴェーネレ

ヴィーナスの港

ピサとジェノヴァのちょうど中程に、リグリア海に面して、魅力溢れる港町、ポルト・ヴェーネレがある。「ヴィーナスの港」という意味で、その名前のイメージ通り実に美しい町だ。古代に、ヴィーナス(ウェヌス)に捧げられた神殿が岬の突端につくられていたことに由来する。とはいえ、その明るい響きとは逆に、すでに述べた通り、ピサとジェノヴァが熾烈な闘いを繰り広げていた中世の時代、ジェノヴァがここを占領し、防御の拠点として堅固な要塞都市としたという歴史がある。その時期にすでに経済的な繁栄のもとで、都市の魅力を培ったとはいえ、古い景観画を見ると、いかつい町の表情が見てとれる。近代が近づき平和な時代が訪れ、武装解除したことで、逆に海に接した地の利を活かし、今日のような開放的で明るいピクチャレスクな都市風景で人々を魅了するようになったといえよう。今は、世界遺産に登録されている。

この町の歴史は古い。確かな史料はないが、伝承では起源はローマ時代よりも前にさかのぼり、その頃から広くて安全な港のおかげで、すでに商業活動が栄えていたという。沖合いにパルマリア島があることで、波が除けられるという立地条件にも恵まれていた。ローマ時代には、ガリア、スペインと結ぶ航海の寄港地として重要性をもった。

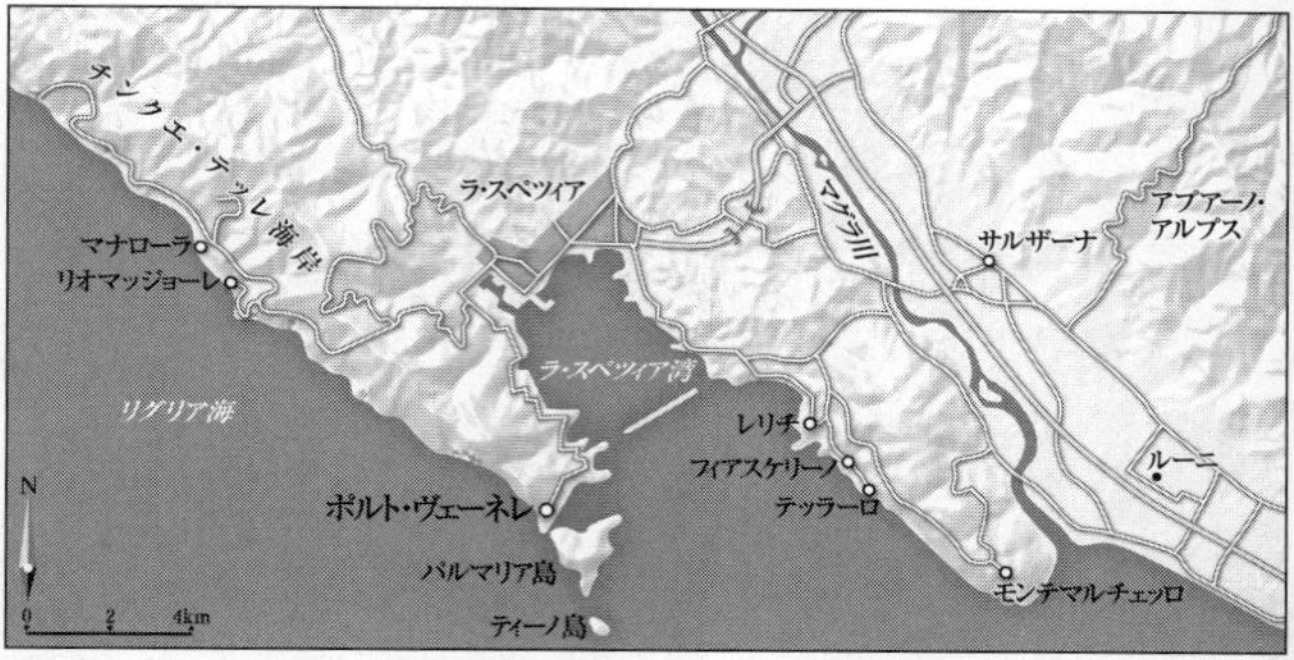

ポルト・ヴェーネレ周辺

こうして海とともに生きる漁師や船乗りが多く、しかも美しい風景を誇るこの地に、海とも深く結ばれた女神で美の象徴のヴィーナスの信仰が生まれるのは当然であった。まさに、ボッティチェリの名作「ヴィーナスの誕生」に描かれた女神の姿を思えば、納得できる。そもそもギリシア神話においては、アフロディテ(ヴィーナスにあたる)は海の泡から誕生したとされる。

岬の神殿とエリチェのヴィーナス

岬の先端の高台に建設された神殿建築は、漁師や船乗りの海での仕事や航海の安全を守り、繁栄をもたらす役割をもつと同時に、海上を行く船乗りにとっては格好の目印でもあった。

ちょうどこれと同じことが、シチリア島の西端の海に近い高台に立地するエリチェにも見られた。岩山の上にあるこの町でもひときわ高い海を望む場所に、先住民のシカニ族と呼ばれる人々が、紀元前一〇世紀に

「豊穣の女神」を祀る祭壇を建設したのである。船乗りにとっての目印としての意味をもち、航海の守り神を祀る聖地となった。女性の魅力と美しさを称え、女神が信仰の対象になることは、地中海世界では古くから共通する特徴だったのだ。

豊穣の女神に捧げられたこの神殿は、後の支配者の交替ごとに名前を変えつつも、一貫して存続し、重要性を保ち続けた。ギリシア人たちは自分たちの女神であるアフロディテの、ローマ人はヴィーナス（イタリア語ではヴェーネレ）の神殿と呼んだのである。しかも、オリエント風の儀礼である、巫女《みこ》と聖なる交わりを結ぶ売春がここに持ち込まれたことで、この豊穣の女神の名声は著しく高まったといわれる。

そして、このポルト・ヴェーネレの神殿も実は、「エリチェのヴィーナス」に捧げられたと伝えられる。エリチェのヴィーナスはこの頃、とりわけ地中海を行き来する船乗りにとって、特別な意味をもっていたようだ。船の航行が活発なローマ時代にあって、シチリアの海を高所から守るエリチェのヴィーナスの神殿とイメージを重ねつつ、海を望むこの地の岬の突端に神殿を築いた人々の信仰心が想像できる。

ポルト・ヴェーネレのヴィーナスの神殿も重要な聖域となり、近隣の町からも、海産物、オリーブ、ブドウ、イチジクなど、自然の収穫物を中心とした貢ぎ物が次々と奉納された。この神殿のまわりの岬の土地には、ローマ人によって「カストゥルム・ウェトゥス」という名の壁で守られた居住地がつくられた。

七世紀、ポルト・ヴェーネレはビザンツ艦隊の重要な基地だったが、リグリアの海沿いに勢力を広げるランゴバルドの支配下に入った。その後、九世紀から一一世紀にかけて、ポルト・ヴェーネレはイスラーム教徒の海賊の侵略を何度も受けたが、守りやすい自然地形が幸いして、その手荒い攻撃を退けることができた。そして、台頭したピサやジェノヴァの海洋共和国の軍事力によって、イスラーム勢力の脅威から解放されたのである。

一一一三年、ジェノヴァはポルト・ヴェーネレを獲得した。力をつけた海洋都市にとって、この位置こそ、ライバルのピサの脅威から守るのに格好の要塞都市となりえたのである。こうして中世の間、特にピサとの長い戦争の時期（一一一九〜一二九〇年）には、ポルト・ヴェーネレの運命は、海洋共和国ジェノヴァとともにあった。そして、重要な軍事と交易の港町として、ジェノヴァの傘下で、ポルト・ヴェーネレは栄光と繁栄の時代を経験したのである。

城塞化した建築群

ジェノヴァ人が要塞都市として築き上げたポルト・ヴェーネレの空間構造を見てみよう。かつてのヴィーナスの神殿があった場所には、初期キリスト教の教会がつくられていたが、ジェノヴァ人の手で、その上に重ねてゴシック様式でサン・ピエトロ教会が建造された（一二五六〜七七年）。聖ペテロ（イタリア語ではピエトロ）はもともと漁師の出身であり、漁師たちの聖ペテロへの敬虔な心がこの教会を生んだのである。サン・ピエトロ教会は、ジェノヴァの町を飾るドゥオモと同様、白と黒の二色の石を帯状に組み合わせた独特の外観をも

海沿いに続く住居群　丘の上の城壁に対し、海沿いでは住宅自体が城壁として機能している。写真提供・ユニフォトプレス

つ。イスラーム世界からの影響を感じさせる造形である。

海洋都市ジェノヴァの支配下に入ったポルト・ヴェーネレの最大の象徴がこうして海に向かってそびえることになった。かつてのローマの町、「カストゥルム・ウェトゥス」は姿を消して、単なる広い戸外空間となっているから、このサン・ピエトロ教会だけが、岬の突端の高台に堂々とそびえる格好となっている。ゆるやかな階段状の坂を上って教会の中に入ると、内側にも壁や尖頭《せんとう》アーチに白黒の縞模様がめぐり、厳粛な独特の雰囲気を漂わせる。限られた縦長の開口部から差し込む海からの光が印象的だ。左脇の小さな祭壇には願いごとを書いた布がたくさん置かれており、日本の民間信仰と同じように、願掛けが広く行われている様子が興味を引く。

古代の居住地の東側に広がる海に面した斜面地に、城壁で囲まれた中世の都市が計画性をもってつくられた。岬という地形上、アプローチの道は東端の一ヵ所に限られ、そこに唯一の城門がつくられた。この城門は中世の姿をよく残す。左側の塔は監獄に使われたこともあるという。注目すべきは、門の左手に置かれた白い石をくり抜いた箱状の三つのオブジェである。それぞれ形も大きさも違うが、正面のやや下方に穴があいている。実は、この城門を潜って町に入る農民や商人から、オリーブ・オイル、ワイン、小麦を計量して通行税を徴収していたのだという。当時の城門の機能を形としてこれほど完璧に残しているのも珍しい。

この城塞都市をめぐる堅固な城壁は、一一六〇年に建造された。しかし海沿いでは、波打ち際の岩場から直接立ち上がる、城塞化した堅固な塔状の家が壁を共有してぎっしり並び、それ自体が城壁のかわりを果たしたのである。一二～一三世紀にジェノヴァ人がつくり上げた、このポルト・ヴェーネレの顔ともいうべき海沿いに延々と続く住居群は、今も改造を受けながらよく受け継がれている。どの家も間口が狭く、奥へ長く伸びる堅固なつくりで、海に面しては本来、防御を考え、小さな開口部しか持たなかった。

一方、町の内側の高い背骨の位置に、一二世紀の雰囲気をよく残すメインストリートがまっすぐ伸びる。塔状の住宅群は、こちら側に中世建築の装飾モチーフを見せ、小さなアーチを連続的に連ねる持ち送りによって、二階より上の壁をわずかに街路に張り出している。この持ち送りの特徴ある造形が、ジェノヴァ大学の建築学部のすぐ近くでみた中世住居群と実によく似ている。四、五層からなるこうした堅固な建築が両側にそびえる狭い街路は、要塞都市ならではの迫力満点の景観を見せる。しかし同時に、変化に富んだピクチャレスクな面白さをもつ。

要塞化したカーサ・トッレ　近代になって、海側に大きな開口部を設けた。著者撮影

古い建物を活かす現代のセンス

　このポルト・ヴェーネレには、私は二〇〇五年の七月に初めて訪れた。その時に、城門のすぐ外にある市の観光案内所の主ともいえる婦人が、海を見晴らす自慢の自宅に案内してくれた。この住居が、典型的な要塞化したカーサ・トッレなのだ。かつては、内部の目抜き通り側に一番重要な部屋をとったが、近代になって、海側にむしろ大きな開口部を設け、バルコニーも付けて、そちらに気持ちのよい居間兼応接間を配するようになったのである。本来は要塞都市の殻に閉じた住居だった建物が、海の眺望を独占するかのような素晴らしい現代生活の舞台にイメージ・チェンジしたのだ。

　こうした中世の建物の一階部分には古くから店や工房が数多くとられてきた。そこに現在、いかにもデザインの国、イタリアらしい、洒落《しゃれ》た現代風の店がいくつも出現している。その一つ、二〇代後半の若い女性が経営するオリーブ・オイルの店は、とびきり先端的な店舗デザインを見せ、古さと新しさの見事な合体を示している。リグリア地方の各地で生産されるオリーブ・オイルの製品ばかりを並べているのだから、そのこだわりように印象づけられる。「若い我々の世代が古い町に新しい息吹を吹き込むことが重要だ」と彼女は語ってくれた。

日本の町並み保存と大きく異なり、イタリアの歴史的都市では、古い建物が現代的なセンスをフルに活かして、格好よい機能と洒落たデザイン感覚を持ち込み、近代都市にはあり得ない魅力を表現しているのである。こんな小さな地方都市、ポルト・ヴェーネレの人々も、それを上手にやってのける。

ポルト・ヴェーネレは、一三九六年にはフランスの支配下に入り、一四九四年にはアラゴンの攻撃を受け、大きな損害を受けた。その後は軍事的な役割は減ったものの、交易の重要な寄港地として、海港都市としての役割を維持し続けたのである。

武装解除したかつての要塞都市には、海辺に広くて気持ちのよい岸辺の道がつくられ、桟橋も突き出し、港の周辺全体に華やかな活気が溢れている。とくに夏場は、各地から無数のプレジャーボートが集まり、リゾート気分に満ちる。

とはいえ、この居心地のよい水辺を満喫している主役はあくまで市民なのである。城門の手前の海側に広がっていた舟を引き上げ、その修理にも使われた浜辺は、今は市民の集まる公園として人気がある。世界遺産に登録され、知名度があがったとはいえ、今なお市民がこの美しい海港都市を現代のセンスで住みこなしている姿には、ちょっとした感動を覚える。

第六章　南イタリアの海洋都市

島の要塞都市、ガッリーポリの再生

プーリア地方の港町

長靴状のイタリアをアドリア海に沿って南下し、ちょうど踵《かかと》のあたりにくると、そこはプーリア地方である。地理的な近さもあって、古代からギリシアの影響を強く受けた地域である。その南東部に位置するレッチェの周辺には、いまだに人々が古いギリシア語を喋るコミュニティが数多く存在するという。

このプーリアを代表する港町に、ガッリーポリとモノーポリがある。いずれも長い歴史を誇る特色ある都市構造をもった都市で、私は研究室の学生たちと二〇〇四年から四年間、現地での調査に取り組んできた。

いずれも古代に起源をもち、この二つの町の名称もナポリと同様、ギリシア語のポリスに由来する。中世の間に、やはり複雑に入り組む地中海世界独特の都市空間を発達させたが、その演劇性をも見せる立派な都市の様相は、むしろ後の一七～一八世紀にでき上がった。やはり海に面し、港をもつことが、その富を生む源泉であった。逆に見れば、南イタリアの地では、その頃になっても船での交易が重要で、海洋都市、あるいは海港都市として繁栄する可能性が存在していたことがわかる。

　南イタリアの港町としては、シチリアとプーリアに興味深い例が多い。その旧市街はどれも、まるでアラブ都市のような迷宮空間をもつ。島や岬のような場所に立地し、要塞のように城壁で防御を固めていた。それだけに、近代には完全に取り残された。逆に、一九世紀中頃、近代の碁盤目状の整然とした都市空間が颯爽と登場し、それが市民生活における華やかな舞台となった。並木のある目抜き通り、大きな公園のような広場、駅から伸びる軸線の街路、劇場や公共建築、パリのようなカフェなど、旧市街とは対照的な近代都市の美学をもつ新市街は、長らく都市の主役の座を占めていた。一方、非衛生になりがちで車も入らぬ不便きわまりない旧市街の多くは、近代には失格の烙印《らくいん》を押され、見捨てられ、環境が荒廃した。

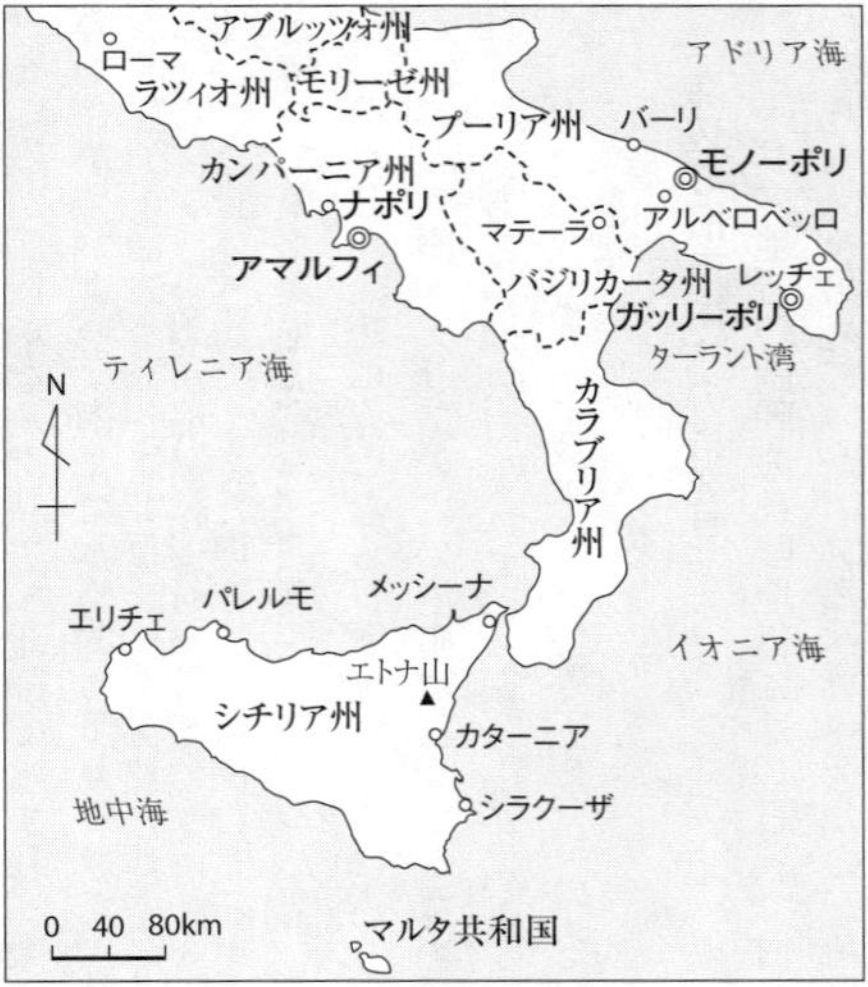

南イタリアのおもな港町

ところが、豊かなイタリア中北部で始まり、大きな成果をあげた歴史的都市の保存、再生の動きが、いよいよ南まで本格的に下りてきた。経済力と技術力を駆使してどこでも画一的に整然とつくられた近代の都市空間だけでは、人々は満足しなくなった。車時代に適合しにくかった身体寸法でできた旧市街からはむしろ車を締め出し、人々に開放して、そのもともと持っていた変化に富み、演劇性をもった楽しい個性ある空間を人々の手に取り戻したのだ。そうした発想に立つなら、歴史がさらに古く、石造りの迫力のある造形美をもった個性たっぷりの南イタリアの古い港町に目がいかないはずがない。このまさに数年、長い間、忘れられ、あるいは放置されていた島や岬状の港町が脚光を浴びるようになっている。危なく、汚く、怖かった十数年前の状態を知っている者には、まさに驚きの逆転現象なのである。

「海辺の旧市街」の再発見

プーリア地方の内陸の丘陵地帯には、石灰で白く塗られた可愛い小都市が点在し、八〇年代から人気を集めていた。アルベロベッロの三角錐ドームをもつトゥルリ民家を別荘にする北イタリアや大都市の市民も多かった。プーリア地方独特のマッセリアと呼ばれる農場が、一九八〇年代にトスカーナ地方から始まったアグリトゥリズモの施設として活用される例も続々と登場した。

しかし、海辺の町が注目されたのは、ごく最近なのだ。海沿いでは、近代的な夏の家やホテルが並ぶ、純粋な現代のリゾート地がもっぱら人々を集めていた。ところが、ヴァカンスを楽しむのにも、古い港町の中を歩き、個性的なレストランで地産地消的に食事を楽しみ、さらには古い建物をリノヴェーションして登場するB&B（ベッド・アンド・ブレックファスト）に宿泊する人たちが急速に増えてきた。

さらに、重要なのは、市民や住民の行動の変化である。颯爽《さっそう》とし、緑も多い新市街に買い物や楽しみに繰り出していた人々が、今やむしろ再生が少しずつ進む旧市街に足を向け始めたのである。海に囲まれた島や岬の港町は、自然の豊かさを最大限に堪能させる。そこは歴史のイメージにも包まれ、場所に固有の物語がある。地元の人々にとっては、一度そこに再発見の眼差しが向けば、誰もが懐かしみ、愛おしく感じるこうした歴史の空間が人気を獲得するのは、当然のことだろう。こうして、本当に長い間、忘れられていた海洋都市、あるいは海港都市の魅力が現代のフィーリングに合わせて戻ってきたのだ。

迷宮の中のバロック都市・ガッリーポリ

まずガッリーポリを訪ねよう。私のこの町との出会いは、イタリアで購入した本に掲載されていた迫力満点の空撮写真にあった。海に浮かぶ要塞さながらの島に、ぎっしり建物が詰まり、複雑な街路がめぐって、地中海世界ならではの迷宮状の都市空間を形づくっている。凄い。これは実際に訪ねなければ、とその時、直感的に思った。

数年後に念願がかなって訪ねてみると、この本物の町は期待を裏切らなかった。ヴェネツィアの迷宮性など、比べようもないくらいに、複雑きわまりない。こういう不思議な町と出

ガッリーポリ　城壁に守られた周囲1600mほどの要塞状の島に、ぎっしりと建物が詰まっている。著者撮影

会うと、どうしても、つっこんで調べたくなる。

　こうして、学生たちとのガッリーポリ調査が四年前から始まった。取り組んですぐに、ある面白いことに気付いた。地中海世界の各地で出会うこの類のバナキュラーな変化に富む都市造形は、もっぱら中世的な原理でできあがっているのだが、ここでは、その上に一七〜一八世紀のバロック時代の建築デザインが重なって、まるで演劇的ともいえる華やかな都市空間を生んでいるのだ。「迷宮の中のバロック都市」と形容することができる。

その点では、やや内陸部に位置し、「バロックのフィレンツェ」と形容されるエレガントな町、レッチェとも似ているが、それよりずっと劇的で迫力ある都市の風景を見せる。島の限られた土地だけに、よりぎっしり建築を詰め込む必要があったからである。

オリーブ・オイルが生んだ富

一般にイタリアの都市は、中世の形成をみた後、さらに後の時代にも富の蓄積を実現できた所だけが、ルネサンス、そしてバロックの輝きを獲得できた。

イタリアの南部には、中北部のようなルネサンスの宮廷都市は生まれず、スペインの影響下で、むしろ次のバロック時代に生彩を放つ都市の発展がみられた。大土地所有者の貴族が特権階級として都市と地域を支配し、文化をつくったのである。

農村と都市が密接に結びつくのがイタリアの歴史の特徴だが、特に南イタリアはその性格が強い。ガッリーポリの周辺は、古代からオリーブの重要な産地であった。フラントーイオと呼ばれるオリーブ・オイル搾油工場が田園の農場にも、都市内の貴族や資産家のパラッツォの地下にもつくられてきた。

フラントーイオ　オリーブ・オイルの搾油施設で、今は博物館となっているところもある。稲益祐太撮影

このオリーブ・オイルの生産が、一七〜一八世紀のガッリーポリの黄金時代を築いたのである。プーリア地方のオリーブ・オイルは、トスカーナ地方やリグリア地方のそれと並び有名だが、実はこの時代、ガッリーポリ産は食用ではなく、照明用のオイルとして、ヨーロッパ各国への重要な輸出品となったのである。ガッリーポリの港は樽詰めされたオリーブ・オイルの積み出し港として活況を呈した。この頃、プーリア地方の七〇パーセントものオリーブ・オイルを生産していた。

田園で収穫されたオリーブの実が荷車で島の中に運び込まれ、パラッツォの地下に掘って設けられたフラントーイオで、ロバが石臼《いしうす》を回転させて搾り出し、オイルを生産した。こうしたフラントーイオが島の中に四〇もあったという。さらに、地下に設けられた立派なオイル用の貯蔵室は、ガッリーポリのいたる所に残っている。いかに一大産業だったかがわかる。

オリーブ・オイルの経済活動が活発になり、富の蓄積ができるにしたがい、この町には、財をなした貴族階級、資産家が生まれ、見事なバロック様式のパラッツォが次々に建設された。この町には、古典的なモチーフを特徴とする本格的なルネサンスの建築様式をもつパラッツォはほとんどなく、一五世紀から一六世紀にかけて、カタルーニャ様式と呼ばれる中世の延長上の建築様式で飾られた貴族のパラッツォがつくられた。

今も残る立派な建物は、いずれも島の背骨にあたるメインストリートに面して、正面性を強調して立地する。アーチの大きな入り口を潜ると、玄関ホールがあり、その奥には大きな中庭をとるのが特徴である。そこに馬小屋に加え使用人の家族の住まいがとられた。街路ところが、バロック時代のパラッツォは、迷宮空間の内部にやや入り込んだ位置に、街路の曲がり方、歩いた時の見え方などを存分に計算して、演劇的な効果を引き出すように工夫してつくられた。街路を削って、ちょっとした広場を生み、建築の外観を引き立てる演出もなされたと考えられる。時代がさらに新しくなると、海側に大きな開口部をとったり、バルコニーを設ける邸宅も登場した。

格調高いパラッツォの薬局

パラッツォ・ピレッリ　町の一等地にある邸宅（上、陣内研究室提供）。１階には老舗の薬局がある（下、稲益祐太撮影）

ガッリーポリは、海に浮かぶ特色ある要塞状の島の形態や、迫力ある貴族の邸宅の建築のおかげで、それなりの観光的価値が早くから認識されたこともあり、他の南イタリアの港町に比べると、近代の都市発展から取り残され荒廃する現象は、幸いそれほど進まなかった。それ以上に、この古い都市内部に、上流階級が住み続け、途中で別の家系に所有者が変わることはあっても、貴族、資産家が継続して住んできたパラッツォが多い。貴族階級同士が集まるサロンが港の水辺にあって、社交場として一九八〇年頃まで機能していたという。

我々もこうしたエレガントな邸宅をいくつも訪ね、親しくなった。その代表は、パラッツォ・ピレッリである。メインストリートのほぼ中央に位置し、大聖堂のちょうど真向かいの角地という、最も格式の高い場所にある。一五八五年にレッチェに本拠地をおく貴族のピレッリ家によって建設されたもので、大聖堂側の二階にある当時の二連アーチ窓をもつバルコニーが目を奪う。

一方、メインストリート側に

入り口をとって、歴史的な雰囲気をもつ薬局がある。その入り口は、黄土色のレッチェ石で縁取られたカタルーニャ様式を見せる。もとはここがパラッツォの門だった。その玄関ホールを改装し、一八四〇年に薬局が開設された。華麗な天井装飾が目を奪うこの小空間は、ガッリーポリのちょっとした観光スポットにもなっている。大量販売のドラッグストアーが増える日本と異なり、ヨーロッパでは、今なお、薬局は格調の高い店構えをもつ。歴史的には、修道院か名門家族しか薬局を開けなかった。

この薬局を経営するのが、ガッリーポリの名門、プロヴァンツァーノ家で、もとは農業を営んでいた夫人の先祖が貴族の家系の娘と結婚し、ここで薬局を開業したのである。夫人の祖父の代、父の代にパラッツォの主要部分を購入し、現在はその多くをこの家族が所有している。貴族の末裔で気品のある夫人は、薬剤師として老舗の薬局をきりもりし、三人の娘を立派に育て、その上に家を飾ることも好きで、骨董的な素晴らしい家具をずらっと揃え、各部屋の壁にはテーマを設けながら絵画を配するなど、常に室内の演出に気を配る。学生が実測調査をし、家具の配置まで書き込んだ図面を翌年持っていったら、すでに配置が大きく変わっていた。「時々模様替えをするのは当たり前でしょう」と彼女はさりげなかった。イタリアの人々の美しき住空間へのこだわりはたいしたものだ。

バロックのパラッツォ

中世末から一六世紀ルネサンスにかけてのパラッツォがこのメインストリートに並ぶのに

対し、一七〜一八世紀のバロックのパラッツォの多くは、内側の迷宮を徘徊していると、突然、登場する。ガッリーポリには驚きの演出が隠されている。パラッツォ・ドクシはその典型で、大聖堂の西裏手の道が少し食い違い折れ曲がる場所に急に堂々たる姿を見せる。しかも鈍角の角地が敷地だ。その特徴をおおいに活かし、角にモニュメンタルな入り口を寄せ、側面の目立つ二階と三階の壁面に、大きなアーチの造形を見せている。実は、その背後には大きな中庭とそこを堂々と上昇する外階段が設けられている。建築内部に仕組まれたバロッ

パラッツォ・ドクシ　2階と3階の大きなアーチ(上)、通りに面した長いベランダ(中、稲益祐太撮影)、外階段のある中庭（左、陣内研究室提供）など、バロック様式の演出をみせる

ク の演劇的な演出が、外の街路にまで呼応している。中世の不整形で迷宮的な都市構造を巧みに活かしてこそ実現するガッリーポリらしいバロックの表現である。現在の所有者、フォンターナ家は新市街に住んでおり、この建物内部は分割され五家族が借りて住んでいる。漁師や建設技術者といった庶民的な階級の人々が、バロック的な華麗な空間の中に今は住む。

ややや東寄りのやはり内部に立地するパラッツォ・ロミートとパラッツォ・ヴェンネリも、興味深い位置にある。中世の迷宮状の都市空間の中に、おそらく既存の街区を削り、街路を拡幅しつつ、縦長の不整形な小広場をとって、その両端に向き合うようにこれら二つの立派なパラッツォを対面させているのである。都市のコンテクストを存分に考えた構成だ。

曲がりくねった道を進むと、急にこの迫力あるバロックで造形された都市空間に遭遇する。パラッツォ・ロミートの方が古く、一六世紀末から一七世紀の初めに創建された。間もなく、デ・パーチェ家が購入し、後に婚姻関係が成立してセナーペ家との共有のパラッツォとなった。バロックの時代に大きく増改築したことが知られ、ガッリーポリでも有数の邸宅となった。このデ・パーチェ家から、一九世紀のイタリア統一運動（リソルジメント）で名を馳せた女性の英雄、アントニエッタ・デ・パーチェが出たのである。この館は現在、パラッツォ・セナーペ・デ・パーチェと呼ばれる。

突然の訪問にもかかわらず、主人は我々を大規模なパラッツォの隅々まで丁寧に案内してくれた。どの部屋も見事な家具調度で飾られ、貴族的生活が今も営まれている様子がよくわかった。このパラッツォの一部が、現在実は、B&Bのスペースとして活用されている。正面玄関とは別の所にとられた入り口が、泊まり客の動線となっている。客には毎週一回、パラッツォ全体を見学する機会が与えられ、あたかも貴族になったかのような気分を味わえる趣向になっている。パラッツォの歴史と内部空間の素晴らしさを紹介する宣伝用のパンフレットは、いかにも今のイタリアらしく、洗練された洒落《しやれ》たデザインでできている。

コンフラテルニタの結束力

一七〜一八世紀のオリーブ・オイルの交易をベースとする経済の興隆とともに、ガッリーポリにはさまざまな業種、職業が誕生した。オリーブ・オイルの生産活動や広域の商業活動と結びつき、公証人、銀行保険関係も含む多様な中産階級が生まれたし、従来の漁師、農民に加え、港の沖仲仕、樽職人などの職人、労働者の階級も形成された。

ガッリーポリの社会史で興味深いのは、中北部イタリアでは中世の一三世紀から形成発達がみられ一六〜一七世紀まで続いたコンフラテルニタ（守護聖人をもつ信心会で、信徒たちの互助組織の役割をもつ）が、ここでは遅れて一七世紀から成立し、重要な役割をみせたことである。ガッリーポリではコンフラテルニタは、職業ごとにつくられた。一六一三年には、サン・フランチェスコ・ダッシジ教会の中に石工のコンフラテルニタができ、一六六七年にイマコラータ教会を建設した。やはり古いサンタ・マリア・デリ・アンジェリ教会は、一六六二年に漁師と農民によって設立されたコンフラテルニタによって建てられた。他にも、樽職人、沖仲仕、鍛冶屋や家具屋、仕立て屋、靴屋などの職業に従事する人々の教会もつくられた。

都市の歴史の中では比較的遅く登場したコンフラテルニタの教会の多くは、海を望む周辺部に立地している。その建築の構成は、他の都市にはないガッリーポリならではの特徴をもつ。教会正面を見ると、その左右に二つの同じ形の入り口があるのが目を引く。内部の特殊な仕組みをそのまま反映しているのだ。

コンフラテルニタの教会にとっては、ミサのための礼拝機能ばかりか、同業者たちの会合の場としての機能が大切だった。プリオリと呼ばれる長の座る議長席が入り口側の真ん中にまずとられる。そのため、入り口が左右に振り分けられるのである。そして左右の壁に沿って作り付けられたベンチには、集団の社会的ヒエラルキーに従った着席順が決まっている。

パラッツォ・ロミート　曲がりくねった路地を進むと、突然現れる（上、稲益祐太撮影）。現在はB&Bとしても利用されている（下、著者撮影）

奥には、他の教会と同様、守護聖人の彫像がある祭壇が設けられる。

どのコンフラテルニタの教会も、今は、必ずしも元々の職業別の在り方を踏襲しているわけではないが、歴代のプリオリの名前が書かれた文書が大切に保管され、誰もが自分たちの組織の歴史を自慢する。

サンタ・マリア・デリ・アンジェリ教会　同じ形の入り口が二つあるコンフラテルニタの教会。著者撮影

漁師と農民によって設立されたサンタ・マリア・デリ・アンジェリ教会は、今も最もコンフラテルニタの結束力が強く、いつもメンバーの男性が集まり、おしゃべりを楽しんでいる。もちろん、組織の運営、祭りの準備などの話も重要である。八月一五日の聖母マリア被昇天祭の前夜祭は、ガッリーポリを挙げて、聖母マリアの宗教行列が厳かに行われるが、その主役はこの教会に安置されたマリア像であり、それをすべて司るのは、このコンフラテルニタのメンバーなのである。彼らは、青と白の揃いの法衣を身にまとい、手にはロウソクを持ってマリア像を先導する。輿の後ろには、ブラスバンドの楽隊が続き、さらにその後ろを敬虔な住民たちが並んでゆっくりと歩く。順路にあたる道沿いの家の住民は、二階の窓やベランダから行進の様子を眺めている。都市全体が宗教的な演劇空間に転ずるのだ。

マリア像の宗教行列　コンフラテルニタの結束力を示す重要な行事。著者撮影

袋小路を囲む住宅群

ガッリーポリには、こうして多様に形づくられたそれぞれの社会階級にふさわしい住宅のタイプが興味深い形で確立した。豊かな気候風土に恵まれた地中海世界にあっては、住まいの環境の中に戸外の空間をうまく取り込む発想が発達した。この町では、すでにみた貴族のパラッツォが中庭を美しく構成したばかりか、中産階級の中規模な住まいも、前庭を巧みにとり、そこから外階段で上るテラスを道路側にめぐらし、方言でミニャーノと呼ばれる戸外の快適空間を生み出した。中世には、ビザンツの影響もあり、自由に公共空間に出ていくことは難しく、家にいる時間が長かった女性にとって、ミニャーノは寛《くつろ》ぎの場であると同時に、外部、社会との接点となった。路上を行く男性との会話も楽しめたであろう。また、宗教行列の際には、昔も今も重要な役割を果たす。人々が鈴なりになって、また幕を垂らして、祭礼の雰囲気を盛り上げる。世界でも最も石の文化を誇るプーリア地方だけに、ガッリーポリでも、あらゆる階級の家もすべて石でつくられてきた。したがって、内部に入ると、すべてヴォールト天井が架かり、それだけで雰囲気がある。ちょっと現代的なセンスの

インテリアにすると、高級感さえ出てくる。

もう一つの住まいの形式は、袋小路を囲む庶民の住宅群である。この島のメインストリートから裏手に回り込むと、どこにもこうした個性豊かな袋小路が見つかる。それは、住民同士が生活の場として一緒に使える格好の屋外空間である。自前の庭を持てない庶民が、こうして数家族で共同の庭をもつことができる。よそ者が入りにくいから、安全も保障される。庶民階級がお互いの生活を助け合う場でもある。こうした袋小路の生活空間は、南イタリアのシチリアとプーリアに特に発達した。

ガッリーポリでは、奥へ長いワンルームの形をとり、一階では、必ずトンネル・ヴォールトが架かる、古い形式である。それらがいくつも並んで、袋小路を取り巻くのである。まる

ミニャーノのある家　街路と中庭を仕切る門の上がバルコニー状になっている。中産階級の住宅に見られる。著者撮影

袋小路を囲む庶民住宅　住人たちの共用の庭として利用される。著者撮影

でコミュニティの小広場のように活発に機能し、住民たちが椅子を出して、晩遅くまで、賑やかな会話が続く。ヒアリングをしてみると、こうした袋小路の住民の大半が今なお漁師だという。しかも、袋小路のすべての家族が親戚だというケースも少なからずあった。濃密なコミュニティがたくましく存続しているのに驚かされる。だが最近では、こうした袋小路の中にも、夏の賃貸住宅が現れ、少しずつ様相が変わっている。

「漁業観光」と新しいヴァカンス

漁業はかつてほどではないにしても、今なお活発である。大きな網元に雇われるのではなく、自分の小振りの船をもっている家族が多い。近年、こうした自分の漁船を活用して観光客をもてなす、ペスカトゥリズモと称する漁業観光が注目を集めている。イタリアの田園部で一九八〇年代以後、急速に広がり、農村の再生に一役買ってきたアグリトゥリズモの海のバージョンといえる。

ペスカトゥリズモにもさまざまな形がある。正真正銘のペスカトゥリズモは、朝五時頃、船でかなり沖まで出て、漁師が網を投げて漁をする仕事の現場を観光客も一緒に体験するものを指すという。だが同時に、獲れた魚をキャビン内で調理をして、料理を船上で味わうという、楽しみを目的とするものも多い。さらに、沖に錨《いかり》を下ろし、真っ青な海に入って海水浴を楽しむヴァカンス気分のオプションもあるという。田園のヴィッラで魚を料理してゆっくり楽しむ、アグリトゥリズモと合体したような形式もあるそうだ。

これが大きなビジネスとなり、外部資本が入ってくることのないよう、漁師を生業とし、実際の漁船を使って営業しなければならないという制限が設けられ、漁業を守っていることが注目される。まだ始まったばかりだが、アグリトゥリズモと同様、地域の自然の資産を活かす新たな文化観光としておおいに可能性を感じさせる。海産物のスパゲッティをペスカトーレと呼び、日本人にも馴染みがあるので、このペスカトゥリズモの言葉とその考え方を日本に持ち込むのも楽しいのではなかろうか。

ガッリーポリの夏場は、仕事や勉強のため、日頃大都市に出ていっている人々が帰省し、また移民で外国に出た人たちも親族と一緒に生まれ故郷ですごすために戻ってくるため、最も活気のある季節となる。それに加え、大量のヴァカンス客、旅行者が訪れる。

従来は、海辺のヴァカンスには、真っ青な海と美しい浜辺、そして快適な宿泊施設があればよかった。ところが、近年は事情が変わってきた。海辺の古い都市への関心が急速に高まってきたのである。歴史や文化、ローカルな都市の生活文化をゆったり味わえることが、ヴァカンスにとっても重要になってきたのである。古い建物に開設された洒落た海産物のレストランも欠かせない。

そこで、見直されているのが、古い港町である。そのヒューマン・スケールでできた旧市街の古い建物を修復再生してつくられたB&Bに泊まって、石のヴォールトの架かった部屋で生活感を味わいながら、スローライフを満喫できる。海にすぐ近いため、住民ばかりか、ヴァカンスの長期滞在者も、夕暮れ時から深夜にかけて、海辺のパッセジャータを恋人や家族、友人と楽しむのである。

アドリア海の港町・モノーポリ

アマルフィ人が建てた教会

ガッリーポリと並んで私たちが近年調査してきたモノーポリは、アドリア海の側に位置するやはり重要な港町である。この海洋都市は不思議な縁で、歴史的にアマルフィ、そしてヴェネツィアとの深い結びつきをもつのである。

モノーポリも五世紀にランゴバルド族の支配を受け、その後、ビザンツ帝国の領土となり、一一世紀にノルマンの支配下に入ったという中世の歴史をもつ。

モノーポリ旧市街にある古い教会の一つに、アマルフィ人によってつくられたサンタ・マリア・デリ・アマルフィターニ教会がある。その創設について、次のように伝えられる。一〇五九年、モノーポリ周辺の海上で嵐のために難破しかかったアマルフィ人の船がこの

サンタ・マリア・デリ・アマルフィターニ教会　地上はロマネスク様式(左)。地下は先住のメッサピ族の洞窟住居を生かした礼拝空間(上)。稲益祐太撮影

港に近づいた際に、聖母マリアのご加護によって海が静まって救出された。そのことに感謝して、アマルフィの人たちによってこの教会が献堂された、と。

一一世紀には、アマルフィの人々は東地中海の広範囲にその勢力を大きく広げていたから、モノーポリとアマルフィの間に特別な関係があったとしても、不思議ではない。教会のまわりには、アマルフィ人のコミュニティもあったという。

ただ、現在地上に建つ教会堂は、小規模ながら美しいロマネスク様式のもので、建設の年代は一二世紀だろうと看做《みな》される。典型的な三廊式の内部には、円柱で支えられた半円アーチがリズミカルに奥へ伸びる。外観も、その後陣に素朴だが端正な装飾を見せている。したがって、アマルフィ人が一〇五九年に献堂したのは実は、その地下にある礼拝空間であろうと考えられている。

モノーポリには、中世の宗教施設の地下に、先住民族のメッサピ族の洞窟住居が先行して存在した場所が

大聖堂をはじめ、いくつかある。その一つが、サンタ・マリア・デリ・アマルフィターニ教会の地下空間である。もともとの洞窟住居が中世に教会の礼拝空間に転用されたのである。この場所は、かつて、モノーポリの現在の旧市街地の中央の低い部分を南の奥まで入り込んでいたとされる運河状の港に面しており、潮の干満によって今でも水位が変わるという水溜まりがある。

そもそも中世のある段階まで、モノーポリの都市は、旧市街全体のうち、東の半分のやや高い場所を占めているにすぎなかった。ノルマン支配下でその運河が埋め立てられ、西にも市街地が広がって、やがてそちらも取り込むように大きく城壁が拡張されたのである。都市は倍の大きさになった。運河が流れ込んでいた位置に、入り江を利用して港がとられた。これがモノーポリの旧港で、今も小舟の姿が多い。城壁の間に、町に入る小さな海からの門があり、その内側に聖母マリアの像も祀られている。

サンタ・マリア・デリ・アマルフィターニ教会は、その埋められた運河の西側、すなわち、もともとの古い都市域の外側に登場したのである。運河の対岸にあたる区域は、もともと一種の外国人居留地であったと考えられる。アマルフィ人のコミュニティばかりか、ユダヤ人居住区であるゲットーも存在したといわれる。

カフェ・ヴェネツィア

海洋都市の視点からもう一つ注目したいのは、旧港のすぐ西の内側にある、ガリバルディ

カフェ・ヴェネツィア　ガリバルディ広場に面した14〜15世紀の建築を、現代イタリア風に装いを新たにしたオープン・カフェ(上、陣内研究室提供)。内部は見事な交差ヴォールトが印象的(左、著者撮影)

広場である。もともとはメルカンツィエ広場、またはレプッブリカ広場と呼ばれていた。かつて流れ込んでいた運河が、一一世紀に支配者となったノルマン人によって埋められたことで、のちに町の中心となるこの広場の原形ができた。この広場に面して、「カフェ・ヴェネツィア」という名の素敵なカフェがあり、今も市民が待ち合わせなどによく利用する象徴的な場となっている。まさに、ヴェネツィアのゴシック建築がそのまま移されたかのように、異彩を放っている。

一四九五年、ヴェネツィア共和国の艦隊がモノーポリに侵攻し、海から包囲して威嚇した。その後、友好関係が成立し、ヴェネツィアとモノーポリの間には、活発な交易がなされた。ヴェネツィアからは木材や船を輸入し、モノーポリはオリーブ・オイルやワインをヴェネツィアに輸出した。

ヴェネツィア商人は、一四世紀からこの地に大勢来ていた。現在、カフェとなっている建物は、一四世紀末から一五世紀初めにかけて建設されたもので、もともと平屋であった。ヴェネツィア人が商取引や情報交換の場として活用し、税関の機能ももったという。

広場に面して、ヴェネツィア・ゴシックの見事な尖頭《せんとう》アーチが二つ架けられ、内部には表情豊かな交差ヴォールトが低い位置から立ち上がっている。一八〇〇年代まで、扉はなく、ポルティコとして広場に開く空間だった。

一九〇〇年頃、ここに「カフェ・ヴェネツィア」がオープンし、以来、市民の最も愛するスポットとなってきた。ヴェネツィアとの交流の歴史をモノーポリの人々が、自分たちの文化的アイデンティティとして強く感じていることの証しである。

港町の再生

モノーポリにはとりたてて有名な建築もなければ、旧来型の観光スポットもほとんど存在しない。しかも迷宮的構造の旧市街は、近代化の中で、華やかに発展する爽やかな新市街とは対照的に、完全に取り残されていた。

しかし、ちょっと調べてみると歴史は面白いし、複雑に組み立てられた都市空間は実に興味深い。港町研究の視点からは大きな可能性を秘めた町である。

そんなモノーポリに注目し、我々は二〇〇五年の夏から調査を開始した。まだまだ、いささか荒廃した旧市街という印象も強かったが、その中にも、古い建物を改装した洒落たレストランと出会ったり、外国人が夏、長期滞在する動きがみられるなど、再生への兆しが少しばかり感じとれた。

次の夏に学生たちと調査のために再訪して驚いた。たった一年の間に、古い建物を修復再生して、いくつもの格好よいレストラン、カフェ、エノテカ、夏のヴァカンスの家などがオープンしており、旧市街が蘇る動きが強く感じられたのである。我々の調査研究の進展と、古い港町の再生が同時に進んでいくような不思議な感覚を体験できた。

特に、B&Bが続々と誕生したのが大きい。それまで、外のビーチ沿いのリゾート用近代ホテルに泊まらざるを得なかった我々も、旧市街の歴史的な住宅の中に生まれたB&Bの部屋に滞在できるのである。自分たちの部屋そのものが、実測の対象となるほど、価値があるのだ。住民と同じ感覚で、生活感を味わいながら、調査もできる。しかも朝食には食券をもらい、何とガリバルディ広場の「カフェ・ヴェネツィア」に送り込まれる。このカフェも一年の間に、広場に張り出したテラスを一新し、まるで屋外の応接間のようにゆったりしたソファを置いて、地中海的な気分のよさを演出している。この広場のまわり、そして旧港の門から入った街路沿いに、いい店、レストランが増えている。気持ちのよい海辺を取り込みながら、人々が旧市街を回遊する喜びを確実に手にしたのだ。

近代の港は少し西側に移転してつくられている。そこは、カジキマグロの漁から戻った漁船の水揚げ風景を見ることができる。ペスカトゥリズモを始めた漁船もある。

二〇〇七年の夏は、驚いたことに、我々の滞在中に、アメリカ人を大勢乗せた地中海クルーズの大型船がモノーポリに入港した。画期的な出来事である。六月から始まり、三回目とのことであった。上陸する観光客は、大型バスで周辺のアルベロベッロやマテーラといった世界遺産級の観光地にエクスカーションで出かけるが、このグループは、試みとして、自由時間をつくりモノーポリの旧市街を自分たちで観光するプログラムも組んでいた。カメラをもったアメリカ人が英語で賑やかに話しながら、モノーポリの迷宮空間をキョロキョロ徘徊しているのは、実に面白い光景であった。南イタリア都市の治安がよくなったことの裏付けでもある。

筏に乗った聖母マリア

海洋都市モノーポリにとって、海との繋がりを今も最も象徴的に示すのが、聖母マリアの海からの到着の祭礼である。命をかけて海に出る海洋都市の人々の間には信仰心が発達し、特にマリア信仰が根強いことは、ヴェネツィアでもアマルフィでもジェノヴァでも同様である。このモノーポリは、とりわけマリア信仰が今も人々の心の奥深く根を下ろし、町のいたる所、そして家の中にもその像が飾られている。

その背景には、モノーポリの町の一種の神話ともなっている興味深い言い伝えがある。筏《いかだ》に乗った聖母子像の絵が一一一七年の一二月一六日の夜、港に流れ着いた。その頃、木材が不足し大聖堂の天井を架けられずにいたが、ちょうどその流れついた筏の木で、屋根を架けて完成させることができた、というのである。

その記憶を思い起こさせる水上を舞台とする儀礼が、今日にいたるまで伝承されてきた。筏に乗った聖母子像の絵が海から港に到着し、それを司祭が市民と一緒に出迎えるという儀式だ。本来は一二月一六日の晩に行われるものだが、近年では、夏のヴァカンスの時期で帰省する人々が多く、祭礼の盛り上がりが生まれる「聖母被昇天の日」の前日の、八月一四日の晩にも行われる。

我々は幸い、調査中に親しくなった友人に誘われ、地元の人々に混じって、船を仕立てて水上でこの祭礼に参加できた。新旧の港のまわりの岸辺には、住民、近隣の町の人々、そして観光客も含め、大勢が押し掛け、また水上には大小さまざまな形の船がぎっしり集結し、水辺一帯が華やかな雰囲気に包まれる。聖母子像の絵を乗せた筏が、岸辺を埋める人々の祝福を受けながら、ゆっくり水上を進む。あくまでも厳かで、スピリチュアルな祭礼である。旧港から新港へと移動し、クライマックスに達する頃、港に突き出る防波堤の先で盛大に

筏に乗った聖母マリア　聖母子像の絵が海から到着し（上）、旧市街を行進する（下）。稲益祐太撮影

花火が打ち上げられる。興奮は最高潮に達する。聖母子像はやがて司祭に迎えられ、陸に引き上げられる。今度は筏の形をした輿に載せられた聖母子像は、コンフラテルニタの構成員たちによって担がれ、町の中を行進して、大聖堂まで運ばれるのである。

海の門の聖母子像　トンネル内にマリア像が祀られる例は多い。著者撮影

筏に乗った聖母マリア像が海から流れついたという言い伝えは、海とともに生きてきた海洋都市にいかにもふさわしい。海と町を結ぶ「海の門」に、聖母子像の絵が祀られているのも、この町の聖母マリアの信仰が海と密接に結びついていることをよく表しているのである。

終章　ヴェネツィア人の足跡を訪ねて

ギリシアに残る植民都市

イタリアの中世海洋都市の記憶は、イタリア半島にのみ残されているのではない。地中海世界の各地に、そのスピリットが積み重なっていることはこれまで随所で触れてきた。最後に、その中でも今なお輝きを示す、ギリシアに残されたヴェネツィア人の足跡を訪ねてみたい。

「ギリシア観光」の視点を変える

オスマン帝国との激しい争いが続く時代にあっても、ヴェネツィアはクレタ島には一六六九年まで、ペロポネソス半島には一八世紀初めまで植民地を維持し、各地に素晴らしい町を築き上げていたのである。その様子は現在も、城壁や港の構造、住宅や町並みの中に見事に受け継がれている。

ギリシアを観光で回るには、普通、まず古代の遺跡を見る。背後に崖が迫り神々しい雰囲気に包まれたデルフィのアポロン神域、医学の神アスクレピオスの神域であったエピダウロスの堂々たる劇場、民主制の都市国家の代表、アテネの市民の集った広場であるアゴラと神

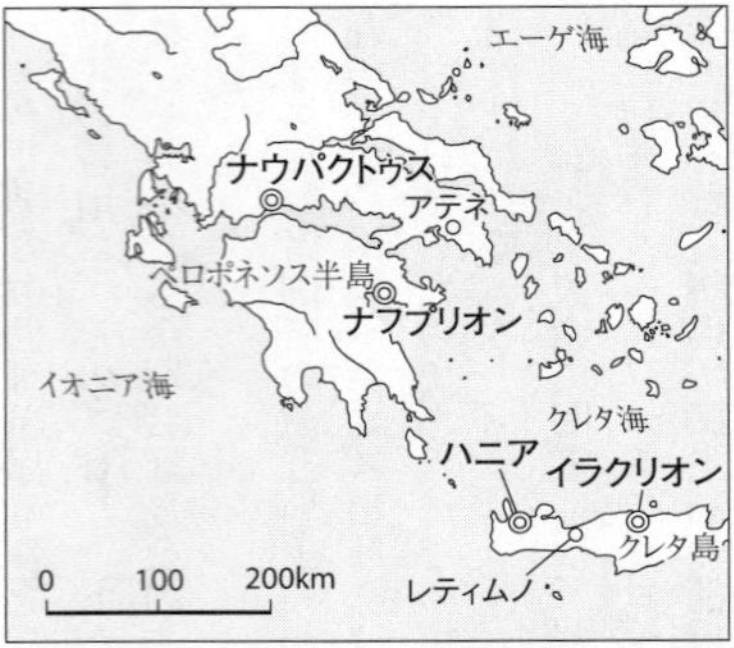

ギリシアのヴェネツィア植民都市

域としてのアクロポリスなどだ。ついで、ビザンツ時代の教会、宗教施設として、アトス山の修道院、オシオス・ルカス修道院など。その後のギリシアの歴史は、あまり意識されないし、ツアーで訪ねる場所もミコノス、サントリーニの白い集落くらいに限られる。現在の生きたギリシア都市を目的地として訪ねるということは、あまりない。トルコの支配が長く続いたことから、近世以後の歴史に注目したがらない発想が強いのだ。

ところが、見方を変えて、ここにヴェネツィア共和国が築いた都市群という要素をちょうど横糸のように織り込んでみると、がぜんギリシアの見え方が違ってくる。輝く今の都市が次々に登場してくるのだ。

二〇〇六年の夏、ペロポネソス半島とクレタ島にあるかつてのヴェネツィアの植民都市を訪ね、その素晴らしさに感激した。いずれも船の航行の多い、地中海の支配にとって戦略上重要な場所を選んでいるのはいうまでもない。どれもヴェネツィア人が好きそうな、風光明媚《ふうこうめいび》な土地なのである。

ナウパクトゥスの城塞

まずは歴史上、レパントの海戦で知られるナウパクトゥス。アテネの西北西へ一六〇キロあたり、コリントス湾のはずれに位置するこの小都市は、ヴェネツィア時代にはレパントと呼ばれていたのだ。

一五七一年、スペインとヴェネツィアを中心に、教皇、ジェノヴァやイタリアの諸国家、マルタ騎士団も加わったキリスト教国連合艦隊は、オスマン帝国の艦隊に戦いを挑み、これを撃ち破った。これが有名なレパントの海戦である。ガレー船を主体とする両艦隊が正面からぶつかり、すさまじい殺戮戦を繰り広げた。キリスト教国側の戦死者七五〇〇人に対し、二万から三万もの戦死者を出したオスマン帝国の壊滅的な敗北に終わった。中でも、船長級の戦死者を数多く出すなど、ヴェネツィア人の奮戦が目立った。

船の航行する海峡にあたるだけに、軍事上も交易上も重要なこの地を、すでに古代からさまざまな勢力が支配下に置こうと争った。前五世紀にはアテネが占領し、アテネ同盟のメンバーとなったこともある。ペロポネソス戦争（前五世紀後半）でも、すでに幾度も重要な海戦の場となっていた。

この町は、九〇〇年頃から東方を制したビザンツ帝国の支配下に入っていたが、一四〇七年にヴェネツィア人の手に落ち、彼らのもとで堅固に要塞化された。その象徴、町の北の高台にそびえる城塞が目を奪う。古代ギリシア時代の城壁の上にヴェネツィア人によって建造されたもので、ギリシア国内でも最もよく保存された城塞の一つだ。中世の城塞の作り方をよく示し、幾何学的な形態はとらず、地形に合わせ、有機的な形をしている。二重の構えの城門もよく残り、そこから上に上り、かつての兵士のように城壁の上をめぐることもできる。眼下には、斜面を覆う緑の先にナウパクトゥス旧市街が広がり、その先の海に面したちょっとした入り江を囲んで、実に形のよい旧港がある。その向こうには、かつて海戦の舞台となった真っ青な海峡の大きな水面が広がる。この要塞から見晴らす壮大なスケールのパノラマの迫力には、ナウパクトゥスを訪ねる誰もが圧倒されるだろう。

高台に築かれたこの城塞の内側には、木立ちの多い空き地が広がり、その一画に小さな教会がたたずむ。内部には、正教会独特の聖母子像のイコンが置かれ、敬虔な雰囲気に包まれていた。

ナウパクトゥスの港

城塞をあとにし、次の見所、やはりヴェネツィア人によって建造された価値ある旧港を訪ねる。中世の港だけに、小さな良いスケールだ。水面を囲む円形劇場のような形をし、絞られた海からの入り口は、狭間と銃眼壁の凸部《とつぶ》を備え、要塞化された左右二つの建物で、守りを固める。かつては、その入り口の海中に鎖が渡され、船の出入りをコントロールしていたという。港というものは時代の要請に応え、変化しやすく、古いものが残りにくいだけに、中世の遺構がほぼそのまま受け継がれているナウパクトゥスの港は、世界的にも貴重な都市空間といえる。

このヴェネツィア人によってつくられた港の存在が、現代の市民生活にも大きな恩恵を与えている。ゆったりとした時間が流れる港の東裏手には、歩行者空間化された街路に観光客ばかりかむしろ市民の多く集まるオープン・カフェが連なり、その背後には、かつてのトルコ時代のモスクの遺構もある。

ナウパクトゥスの港　左右から張り出した建築物が港の入り口を狭め、出入りを管理していた。著者撮影

ギリシア都市は、石造りで人工化されがちなイタリア都市とはまた違って、巨大な樹木があちこちにそびえ、その広い木陰を活用してカフェがとられる。自然と結びついたトポスが強烈に感じられる。しかも、低いテーブルとゆったりとした椅子が置かれ、まさに居心地のよい戸外サロンの気分を生んでいる。ヴェネツィアが持ち込んだハイセンスな都市文化をどこか受け継ぎながらも、オリエント風の要素とない交《ま》ぜになって、独特の雰囲気を醸し出しているように見える。

港のすぐ奥を貫くメインストリートを渡って、斜面の階段を上っていくと、伝統的な町並みが今も残っている。半分木造ともいうべき構造の民家は、トルコ文化の影響を物語る。地面から、三階建て住宅の屋上テラスにまで、ブドウの木の蔓を伸ばし、緑の覆いを生んでいるのも、トルコとよく似た生活の知恵だ。最初に訪ねたヴエネツィア植民都市、ナウパクトゥスは、レパントの海戦の史実をのぞけば、ガイドブックにもほとんど記述がないが、予想をはるかに越える美しい魅力あふれる町で、実に大きな収穫だった。

ナフプリオンとブルツィ島

次に訪ねたペロポネソス半島のナフプリオンは、南に開くアルゴリコス湾に面し、背後に高い岩山がそびえるさらに地中海的な開放感あふれる土地で、リゾートの中心地にもなっている。やはり古代からある都市を征服したビザンツ帝国の次の時代には、まさにヴェネツィアとトルコの攻防が長く続いた。

一三八八年から一五四〇年にかけて、ヴェネツィアがナフプリオンを支配し、都市全体と沖に浮かぶブルツィ島を要塞化して、トルコ人の襲撃に対抗した。

ナウパクトゥスと同様、古代の都市を受け継いでおり、その様子は、南の高台に築かれたアクロナフプリアの城塞を訪ねると、よく見てとれる。断崖にそびえる城壁の下の方には、ヘレニズム時代の大きな切り石を積んだ石積みが見られるのに対し、その上にヴェネツィア人が築いた塔状部分は、野石の乱積みなのである。

この要塞は、かつて兵舎、牢獄、病院などを備え、聖マルコの紋章のある門をいくつかもつ城壁で囲まれていたという。今は、この高台にある高級ホテルへのアプローチとして設置された便利なエレベーターがあり、それを拝借して上って、旧市街を眼下に眺めることができる。

幸い港から素朴な観光船が出ていて、海に浮かぶブルツィ島を訪ねることができる。これで、ちょっとした地中海クルーズ気分を味わえる。この小さな島は、一四七一年にヴェネツィア人によって、港の入り口を固めるために要塞化された。胸壁が取り巻く屋根は平らにつくられ、大砲を設置することができた。町に向かう面は、外壁が半円の弧を描き、砦でありながら、ちょっと優しい表情をもつ。近代になってここにレストランが入っていた時期もあ

ナフプリオン　上はシンダグマ広場。広場の奥に建つ元のモスクの建物は、現在ギャラリーに転用されている。下はヴェネツィア人が要塞化したブルツィ島。著者撮影

ったという。確かに、中世のロマンチックな雰囲気を感じさせる場所だ。背後に岩山、要塞のそびえるナフプリオン旧市街の海の側からの眺めは見応えがある。

トルコとの争奪戦と文化の混淆

ナフプリオンをめぐるヴェネツィア人の激動の歴史はここで終わらない。一五四〇年にトルコによって攻略され、その支配下に入ったこの町は、続く一七世紀、フランスを中心とするヨーロッパとの交易の中心として栄えた。こうして重要性を持ち続けるナフプリオンを、共和国としては終盤に入った時期の一六八六年、ヴェネツィアはフランチェスコ・モロジーニ率いる艦隊の力で奪還に成功したのである。それから再びトルコ人の手に落ちるまでの三〇年間、ヴェネツィアの支配の下で、ナフプリオンは意欲的な都市づくりを実現させ、活気ある時代を謳歌した。

特に目を奪うのは、旧市街のずっと背後の高い位置に建造された巨大なパラミディ要塞の姿である。築城技術も一七世紀後半となると、大きな進歩をみせていた。直線的なシャープな形態で幾何学的に見事に構成し、八つの稜堡《りょうほ》からなる強固な複合要塞を実現した。もし、要塞の一角が敵の攻撃で失われても、他の稜堡に立てこもることができたのである。城門の上や要塞の外壁に、ヴェネツィア共和国の象徴、聖マルコの獅子のレリーフが今もいくつか残る。

町を歩くと、ヴェネツィア時代の教会、税関などの公的施設や軍事施設、トルコ時代のモスクや学校の跡、民家や邸宅、そして一九世紀にギリシアが独立を果たした以後に建てられた、地元の人々がクラシック様式と呼ぶ、古典的なものを中心に豊かな装飾性をもつエレガントな建築群が混在し、実に興味深い。

ナフプリオンは、ギリシア近代史にとっても、重要な役割を演じた。一八二二年に、ヴェネツィア人によって築城された堅固なパラミディ要塞に立てこもるトルコ軍を撃退し、ナフプリオンが解放された後、この町が、対トルコの戦の拠点となったのである。その経緯の中から、ギリシアが独立を果たした一八二九年、ナフプリオンは最初の首都となったのである。政治的混乱のため、すぐにアテネに首都が移ったのではあるが。

旧市街の中心に長方形をしたシンダグマ広場がある。シンダグマとは憲法を意味し、またこの広場の南西には、トルコ時代のモスクを改造してギリシア最初の国会議事堂となった建物がある。短命に終わったが、ナフプリオンに首都があったことを物語る。この広場そのものは、西端にヴェネツィア人の下で一七一三年に建設された兵器庫が正面性を強調して建っていることからみて、ヴェネツィア時代にすでに今の形を獲得していたものと考えられる。

シンダグマ広場を囲んで、ナウパクトゥスで見たような居心地のよいカフェテラスが並び、戸外の社交場を生んでいる。ヴェネツィアが持ち込んだ西洋の広場の伝統をうまく受け継いでいるといえよう。だが、町中には、モスクの跡がいくつもあり、また、住民の生活感のある裏通りに、トルコ時代から続いている公共の泉が点在するのも興味深い。明らかに文化の混淆が見られるのだ。

ナフプリオンのもう一つの見所は、港周辺のウォーターフロントのカフェ、レストラン街である。居心地のよい戸外のカフェテラスが、昼も夜も人々で賑わっている。観光客も少なくないが、客の大半は市民か周辺の町や村の人々に見える。特に、現代の港湾空間となっている東側の海辺は、晩から深夜まで大勢の若者の集まる華やいだ界隈となっている。ヴェネツィアのもとで骨格を形成した海の町が、現代、その立地の魅力をおおいに生かし、活気ある都市の姿を見せているのだ。

クレタ島の海洋都市

次の訪問地は、クレタ島である。

ヴェネツィアのクレタ支配

まずは、ヴェネツィアのクレタ支配について少し述べておこう。海とともに生きるヴェネツィア人は、そもそも広い領土を支配したり、農業を基盤として土地を統治する経験をもたなかった。第四回十字軍（一二〇二～〇四年）の際のコンスタンティノープルの征服とビザンツ帝国の分裂の後、ヴェネツィアはクレタ島をも占領し、初めて広大な領土をもつことになったが、その維持には困難が多かった。ペロポネソス半島では、住民とのよい関係が得られ保護領の形で容易に支配できたのに対し、クレタ島では、広い土地を所有する地元の封建領主と良好な関係を保つ一方で、ヴェネツィアの統治を嫌い、険しい山間でのゲリラを含め執拗に抵抗を繰り返す住民たちに対し、征服者として直接統治を行う必要があった。そのため、ヴェネツィアからの移住政策が続けられ、大勢の騎士と富裕平民がこの島に送り込まれた。

このようなクレタ島ではあるが、他の地域と同様、ヴェネツィアの支配下にあった町を訪ねると、安定した統治が行われ、質の高い生活や洗練された文化が長い期間をかけて築かれてきた様子が、一目で見てとれる。

通常のギリシア観光では、もっぱら州都、イラクリオンの近くのクノッソス宮殿と考古学博物館を訪ね、ミノア文明の素晴らしさに触れることで終わってしまうのだが、ここでは、やはりヴェネツィア人が建設した、いかにも地中海的な魅力をもつ二つの都市探索を楽しむことにしたい。東西に長いクレタ島には、それぞれの間に山を挟みながら、西にハニア、東にイラクリオンという町がある。

「東のヴェネツィア」、ハニア

まずは、ペロポネソス半島めぐりの後、アテネに一度戻り、飛行機でクレタ島の西に位置する古都、ハニアに飛ぶ。

背後に高い丘が迫るペロポネソス半島の諸都市と異なり、クレタの都市は、比較的平坦な地形の上にあって、海に開く。港のまわりのこぢんまりした旧市街と、その外に広がる新市街も加えて人口六万にすぎないが、クレタ島ではイラクリオンに次ぐ第二の都市で、一九七

ハニアの古絵図　クレタ島の西にある古都の、16〜17世紀のようすを描いたもの。C.Tzobanaki, *Marine Trilogy of Khandax*, 1998.より

一年まではクレタの首都だった。

ハニアの歴史も古い。古い港の東側に、ちょっと小高い丘があり、カステリ（城塞）地区と呼ばれる。そこがまさにハニアの出発点だ。古代都市キュドニアがあり、クノッソスやゴルティンというクレタの他の二つの強力な都市と競い合う存在だった。考古学の発掘でも、この場所にミノア時代の居住地があったことが明らかになった。続く時代にも、商業的に重要な都市として栄えたが、やがてローマ人の手に落ち、三二五年にはビザンツ帝国の支配下に入った。その時代、キュドニアは他のクレタ都市と同様、衰退した。八七三年、アラブの支配するところとなり、ハニアの名前に変えられた。そして一二五二年、ヴェネツィアがここを征服し、かつての繁栄を取り戻した。ジェノヴァが一時奪った時期（一二六七〜九〇）を除き、一六四五年まで、ヴェネツィアの支配が続いた。

ヴェネツィア人はまず、やはり古くからのカステリ地区の上に、都市を建設した。カテドラル、レクター館がつくられ、一三二〇〜六六年の間に、城壁で囲われたのである。この高台は、ヴェネツィアの上流階級の人々の住むエレガントな住宅地であったが、近代の戦火にあって古い建物はあまり残っていない。

トルコとの争いが熾烈になり、ヴェネツィアは一五三七年、高台のカステリ地区のまわりに広がっていた低地の都市全体を大きく包み込む形で、堅固な城壁を建設した。まさに大砲が普及したルネサンス時代の、典型的な稜堡をもつ城壁で、ヴェネツィアの軍事建築家として著名なミケーレ・サンミケーリ（一四八四〜一五五九年）の設計に基づいてつくられた。その迫力のある姿が、町の西側にだけだが、今もよく残されている。港の今につながる形も、同じ一六世紀にできた。外洋の大波から守る堤防が伸び、その先にヴェネツィア人の手で灯台がつくられた（現在のものは一九世紀の建造）。まさにルネサンス時代にさかのぼる港の貴重な遺構なのである。ハニアはこうして素晴らしい都市の姿を獲得し、交易の中心地としておおいに繁栄した。「東のヴェネツィア」と呼ばれる存在になったのである。

海に突き出す北西端を固め、船の出入りをコントロールした稜堡に上ると、弧を描く入り江にヴェネツィア人が見事につくった古い港の全景がよく眺められる。灯台

ハニアの港　観光客らの船で賑わう。左にモスクの建築が見える。写真提供・ユニフォトプレス

も目の前に見える。この高い気持ちのよい場所で、地中海の風に吹かれて、ハニアの美しい港と旧市街をしばし眺めていたくなる。この稜堡には、兵舎などの施設もあり、また地下には長期の戦争に備えるべく、巨大な貯水槽が設けられていた。目下これらの修復事業が進められている。

トルコ支配の痕跡

ハニアは、港のまわりの水辺を歩いても、狭い道が入り組んだ内部の迷宮をめぐっても楽しい。まず、アクティ・グンドゥリオトゥという名の活気に溢れた港の岸辺を歩こう。明るい色調の二階建ての建物の一階には、魚介類、海の幸が名物のタベルナがずらっと波止場にならんでいるが、かつては、倉庫をはじめとする港の機能と結びついた施設が入っていた。

この港のまわりの波止場の空間に行ったのは、晩遅い時間帯だった。それにもかかわらず、闇の海に面し、煌々と照明の灯ったタベルナ、カフェがひしめく水辺は、華やかな賑わいに溢れていた。お客の多くは、遠方からの観光客ではなく、市民あるいは周辺地域からのリピーターである。聞いてみると、水辺が見直され、大勢の人々が集まり活気を生むようになったのは、一九九〇年代からの現象だという。水辺をゆったり活用した、現代の地中海都市のライフスタイルというべきものだ。ここでも、ヴェネツィア人が残した遺産が現代生活をおおいに豊かなものにしている姿を見てとれる。

ヴェネツィア人が築き上げたこの堅固な守りのハニアも、一六四五年、五五日間の激しい攻防の末、ついにトルコ人によって陥落された。ハニアは、クレタ島では最初にトルコ支配に入った都市である。ヴェネツィア風の建物とともに、ハニアにはトルコ時代の建物が多く存在する。元のモスクの姿もあちこちで目にとまる。

弧状の波止場をぐるりとまわり、反対側に来ると、ドームを戴く独特の建物がある。これが典型的なモスクの建築である。今は展示場として活用されているが、ドームに支配された内部空間に立つと、モスクだった頃の様子が想像できる。古い写真で見ると、その海側の最も目立つ位置に先の尖った鉛筆のようなトルコ風のミナレットがそびえていたことが知られる。ギリシア人の手にハニアが戻った際に、他のモスクと同様、切り落とされたのである。さらに港を奥へ進むと、最大の見所、ヴェネツィア時代の堂々たる造船所（アルセナーレ）が登場する。波止場の水辺に、切り妻の三角の形を正面にもち、ヴォールト天井が架かった巨大な建物がいくつも連なり、港に欠かせない施設になっている。この内部が船の建造、修理に、そして商品を保管する倉庫に使われたのである。

ハニアの古写真　トルコ時代には、イスラームのモスクとともにミナレットがそびえていた

変化に富む旧市街

では、いよいよ旧市街の内部に足を向けよう。まずわか

ヴェネツィア風の中庭　ハニアの住宅にて。著者撮影

りやすくメインストリートを進む。左右にはヴェネツィア風の窓をもつ館がいくつもある。トルコ時代のドームを載せた風呂（ハマーム、アラビア語ではハンマーム）もある。

クレタ島で最大のヴェネツィア・ゴシック様式の教会、サン・フランチェスコ教会（一四世紀）があり、後にトルコ人はこれをモスクに造り替えた。今は、考古学博物館となっている。

広場に面したカテドラルに目をやったあたりで、いよいよ迷宮の内部に足を進めよう。古い港と西側に残る一六世紀の城壁の間に展開する、変化に富んだ空間である。道の狭さといい、複雑に折れ曲がる姿といい、ヴェネツィアとそっくりだ。その中に建つ小振りの住宅の正面入り口に、そして上階の窓に、四角い縁取りの中に配された、ヴェネツィア・ルネサンス様式のエレガントなアーチの姿がしばしば登場する。ちょっと中を覗くと、可愛らしい中庭が潜んでおり、しかもヴェネツィア風に外階段が立ち上がるではないか。両者のあまりの共通性に、思わず興奮してくる。

ヴェネツィアのゴシック時代に成立した形式がハニアに移植されたのだろうか。だが、考えてみれば、ヴェネツィアそのものがもともと、オリエントから建築文化の影響を受けてその独自の形式をつくり上げたのだから、お互いに似ていても不思議はない。遺伝子が共通していることは間違いなさそうだ。

ヴェネツィア風の住宅とともに、ちょうど同じ数くらい、トルコ風の住宅が混在しているのも面白い。こちらは、基本的に木造で、二階が少し路上に張り出す形式をとる。

迷宮の中に、面白い建物を発見。今は土産物屋だが、もとはどうもモスクらしい。尖頭形《せんとう》のトンネル・ヴォールトを二つ並べた内部空間をもち、立派なミフラーブ（メッカの方向を示す壁の窪み）の跡を残す。説明書きによれば、ここには、ヴェネツィア時代の一六一五年には、聖ジョン・テオロゴスに捧げられた正教会の聖堂があったことが知られるが、その遺構は何も残っていないという。トルコ支配下で今に受け継がれるモスクの形がつくられ、ミナレットもあったが、それはギリシア人の手で、後に下部だけ残し、大半を切り落とされたのである。クレタ島における激しい戦いの歴史、支配の複雑な変化を、建築はそのまま表現しているのである。

このハニアの魅力的な旧市街だが、観光化が進み、古い建物を修復再生し、魅力的なインテリアを見せるレストラン、店舗、ホテル、カフェなどの数がだいぶ増えている。空き家、崩れそうな家も多くあるのを見ると、旧市街の価値が評価されるようになったのは、比較的最近のことであることも想像できる。ぜひ、人々の住む空間としても、この旧市街が再生されてほしいと思う。

クレタ最大の都市・イラクリオン

いよいよ、クレタ最大の都市、イラクリオンを訪ねよう。ヴェネツィア時代はカンディアの名で呼ばれた。二五年以上も続いた攻防戦を経て一六六九年にオスマン帝国の手に陥落するまで、四五〇年以上にわたってヴェネツィア人の支配する都市だった。

ミノア文明を象徴し世界的に知られるクノッソス宮殿、その出土品を収めた考古学博物館を訪ねる大勢の観光客が必ず立ち寄る重要な町だが、不思議なことに、都市空間そのものを見て回る物好きは、あまりいない。もったいない話だ。

大都市イラクリオンは、近代の戦火にあい、しかも戦後の近代的開発で古い建物の多くを失ったようで、これまでみてきた町のように、中世、ルネサンスの雰囲気を味わいながら町歩きを楽しむことはできない。しかし、ヴェネツィア人にとって最も重要な都市だっただけに、彼らが築き上げた堂々たる城壁、城塞、港のアルセナーレ、中央広場の噴水やロッジアといった骨格となる施設、空間が見事に受け継がれている。古地図や絵画史料なども多いので、かつての姿を復元的に考える楽しみもある。

イラクリオンもまた、アラブ、ビザンツの時代に、入り江の地形を利用した港のまわりに都市を発達させた。ヴェネツィア人は、まずはその都市をそっくり受け継いだ。それは今の旧市街の三分の一ほどの大きさしかなかった。クレタ支配の中心地としてばかりか、オリエントに広がるヴェネツィアの交易活動にとって、最も重要な中継地としての商業的役割を担ったのである。ヴェネツィア共和国はしたがって、カンディアの発展、人口の増加への後押しを熱心に行った。

イラクリオン　海に張り出す堤防の先端に要塞があり、港に面してアーチ型のアルセナーレ跡が並ぶ。写真提供・ユニフォトプレス

一三世紀末には、ビザンツ後期の都市の規模しかなかったが、後に急速な発展を示し、ビザンツの城壁の外側へ郊外地区を大きく広げた。一五世紀中頃には、古い城壁の内側のエリアの倍もある郊外居住地が形成されていた。やがて、その広がっていた市街地全体を遠巻きに囲い込んで、ヴェネツィア人の手で城壁が築かれ、古い町と新しい町の双方を防御した。一六世紀半ばには、両方の町が一体化し、やがてビザンツの城壁は意味を失って、壊されることになった。地震や疫病にしばしば悩まされたが、カンディアは経済的繁栄と文化の開花の時代を迎えた。

外側の城壁は、イタリアのパドヴァやヴェローナの要塞をつくっていたミケーレ・サンミケーリが、一五三八年にクレタ島にやって来て設計したものである。全長五キロにおよぶ実に雄大堅固な城塞化した市壁であり、七つの稜堡が並んで守りを固めている。特に、西側から南側にかけて、外観はほぼ完璧に保存されている。内側については、熱心に復元工事が進められ、城壁の上に人々が散歩できる緑のプロムナードが整備されつつある。その外側の足下にある気持ちのよいオープンスペースには、スポーツ施設もとられ、若者の歓声が響く。観光的にはほとんど注目されていない文化的な都市遺構であるが、こうして歴史の記憶を伝え、その場が市民生活の舞台として活用されているのは、うらやましい。

港周辺の修復

次に、港のまわりを歩いてみよう。現代の商業港は東側の外に移動しているから、ヴェネツィア時代の古い港のまわりは、今は漁船のたまり場となっている。

ビザンツ帝国の手から奪い、カンディアの名を付けてこの地を支配したヴェネツィアが最も重視したのが、港であった。港のすぐ背後に、やはりビザンツの城壁がめぐっていたが、その海側にヴェネツィアは、アルセナーレを意欲的に建設した。三期におよんでつくられた巨大施設の跡が今も、港の風景を強烈に印象づける。

こうした建物が並ぶ入り江状の港は、それ全体を要塞化する必要があった。港への船の出入りをコントロールする目的で、海に張り出す堤防の先端に、堅固な海の要塞が建設された。その入り口、外壁の上に、聖マルコのシンボル、獅子のレリーフがいくつも姿を見せる。最近修復を終えたこの要塞は、今は博物館として公開されている。外壁の上部には、大砲用の大きな銃眼が無数あり、貯水槽、火薬庫、砲丸の貯蔵庫と繋がった防御用の施設が目を奪う。その重厚な石造りの内部を抜けて、屋上に上ると、港周辺、旧市街の雄大な眺めを堪能できる。屋上の広場では、コンサートも行われるという。

ヴェネツィア人によるカンディアの都市建設の歴史と、現在に受け継がれた建築群については、その再評価の動きも高まっているようにみえる。修復が活発に行われているし、都市全体と港の形成過程を復元的に示した魅力溢れる書物を本屋の店頭に見ることもできる。

だが、イラクリオンは今や、クレタの政治経済を牛耳る大きな近代都市でもある。古い港に接して交通量の多い道路が通り抜けることもあって、漁船がたまる港のまわりには、ハニアでみたようなスローライフを楽しめるカフェ、レストラン街は、あまり発達していない。とはいえ、少し東に行ったあたりの水辺に数軒の洒落《しやれ》たカフェがあるし、逆に、港の外の西側へやや上ったあたりの岸壁に沿って、タベルナがいくつも並び、夜の賑わいをやはり生んでいる。

ヴェネツィア時代のモニュメント

むしろイラクリオンでは、海沿いではなく、ゆるやかな北下りの斜面に広がる旧市街中心部の内側に驚きが潜んでいる。かつてのビザンツ時代の城壁の内側にあたる、本当に古い歴史をもった界隈だ。その中を複雑にめぐる街路の多くが歩行者空間化され、開放的な屋外空間に、凄い数のタベルナ、カフェがとられているのである。ビジネス街の裏手のちょっと落

ヴェネツィア人の建築　イラクリオンのロッジアと呼ばれる建物。サン・マルコの図書館に似る。著者撮影

ち着いた路上にも、華やかな広場にも、可能な場所ならどこにでも設けられている。大きな樹木が生む木陰を最大限利用したタベルナも見られる。車を制限した都市空間の心地よさを、この大都会でも感じられるのが素敵だ。

そうした界隈を抜けて旧市街の中心に来ると、そこにまたヴェネツィア時代の立派なモニュメントが待ち受ける。まわりを数多くのタベルナが競うように張り出す屋外のテーブル、椅子でぎっしり囲われたほぼ三角形の広場の真ん中に、一七世紀の堂々たるモロジーニ噴水がある。四つの同心円を階段状に重ねた円形の基壇上に設けられた、曲線美を見せる美しい噴水で、その中央の高い位置に置かれた四頭の獅子の口から水が噴き出す。これらもやはりヴェネツィア共和国のシンボルの獅子なのだろうか。彼らが頭上に支える石の水受盤からさらに水が噴き上がる。都市に居心地のよいオアシスを生む、イタリア的感性による涼しげな噴水が、クレタの広場にも受け継がれてきたのである。

すぐ近くに、広場に開く正面に、ルネサンス様式の半円アーチを連ねる柱廊をもつ聖マルコ教会がある。内部には一四世紀ゴシックの雰囲気が残る。実はこれが、ヴェネツィア時代の大聖堂だったが、後にトルコ人の手でモスクに変えられた。今は修復され、他の例と同様、展覧会、コンサートなどのイベント空間となっている。

その少し先に、ヴェネツィア人によるイラクリオンで最も美しい、ロッジアと呼ばれる歴史的建築がある（一七世紀）。ヴェネツィアで活躍したルネサンスの代表的建築家、サンソヴィーノのサン・マルコの図書館とよく似たデザインで、公共空間に向けて連続アーチを二層重ねる開放的な構成をとる。しかも、一階にはドリス式、二階にはイオニア式の円柱を付ける点もそっくりだ。かつてここには、両替商の窓口がでており、商人が仕事の話し合いに集まったという。今は、奥に伸びる市庁舎に組み込まれている。

このように、ペロポネソス、そしてクレタの旧ヴェネツィア植民都市を訪ね歩くと、海洋都市の精神を今なお、色濃く感じとることができる。移住したヴェネツィア人にとっても、開放的な気候風土をもち、経済も繁栄したこれらのギリシア都市は、豊かな生活を楽しめる恵まれた都市だったに違いない。天然の要塞のようなラグーナの水上の浮き島に、開放的な雰囲気をもってつくられた本国都市とは異なり、敵から守るため頑強に城塞化した風貌を身に付けている点だけが大きな違いであった。

あとがき

「興亡の歴史」という視点にとって、ヴェネツィア、アマルフィ、ピサ、ジェノヴァという四つのイタリア海洋都市は、確かに興味深い対象である。一般には、中世に東方貿易で繁栄の極みを経験し、その後、衰退して歴史の表舞台から消えたと考えられていよう。唯一、ヴェネツィアだけは、新たな経済基盤を獲得し、巧みな政治文化政策で危機を乗り越え、華麗なる一八世紀を経て、終幕を迎えたことが知られているかもしれない。

だが実際は、歴史の教科書には登場しなくなったとしても、どの都市も、中世の繁栄を財産としながら、後の時代にも着実な歩みを続け、今も、それぞれ大きな存在感を示している。交易に生きる海洋都市としては、一度亡んだとはいえ、その輝きの記憶、歴史のイメージを堅持しながら、個性溢れる都市像を現在も内外に発信している。本書で私は、こうした持続する都市の繁栄の在り方を、それをしぶとく実現してきたイタリア海洋都市を通じて描こうと考えた。

本書の主役たちは、大きな国や帝国ではなく、いずれも都市である。正確には、都市が自立した国家であった。世界の歴史の中でも、極めて注目すべき時代であった。この中世に培《つちか》われた自主独立の都市のスピリットは、今もイタリアに根強く受け継がれ、大きな魅力となっている。イタリアの国の政治経済はいつも不安定であっても、都市ががっちり基盤を支えている。しかも、EU統合のもと、個々の都市がヨーロッパ全体に、そして世界に直接繋がり、大きな力を発揮している。まるで、中世の海洋都市の時代のように。

イタリアの都市といえば普通、ローマ、ミラノ、トリノ、ナポリ、フィレンツェと並び、次にヴェネツィアの名前がようやく挙がる。一方、本書の主役たちは、どれも小振りで、ヴェネツィアを除けば、その歴史も文化の特徴もあまり知られていない町ばかりである。世界の歴史を動かしたこれらの海洋都市の姿を描き、新たなイタリア像、あるいはその都市像を示すことも、本書のねらいの一つである。

本書の舞台は地中海である。中世以後、そこにはヨーロッパのキリスト教世界と西アジア・北アフリカのイスラーム教の世界が向き合い、相互の争いと交流の中から、歴史がつくられ、都市も形成された。通常、その両者は学問上、別々に研究されることが多いなか、イタリアの海洋都市をテーマに据えることで、できるだけ両者のダイナミックな関係を示そうと努めた。それが可能となるのも、地中海研究の醍醐味である。

また、イタリアの都市は石や煉瓦でできているだけに、幸い、中世以来の建築、町並みが今もよく受け継がれている。それをつぶさに観察し、読み解くことで、都市の歴史を再構成できるのが楽しい。本書の最大の特徴はそこにあるだろう。ぜひ、実際の町を歩き、ウォッチングしながら、イタリア海洋都市の歴史の面白さを感じとっていただきたい。

二〇〇八年六月　　　　陣内秀信

学術文庫版のあとがき

本書の原本が刊行されて、ちょうど一〇年の月日が経ち、その間にも、取り上げた歴史のドラマの舞台、地中海世界の都市や地域をめぐって、政治、社会、そして文化から見た状況にさまざまな変化が起きた。

イタリアでは、この間、国家としては政治的にも経済的にも長らく低迷から抜け出せず国民も不満をもっているのに対し、暮らしの場である都市や地域は歴史や自然の資産をうまく活かしつつ、底力を発揮してその魅力をアピールし、世界の人々の心をより強くつかむようになっている。特に本書の主役の一つ、アマルフィはその独特の魅惑的な風景が我が国にもしばしば紹介され、訪ねる日本人の数も増えている。もうひとつの主役、ヴェネツィアは近年、歴史ある島全体がいつも観光客で溢れかえり、住民の本来の暮らしが失われたことが批判されるが、一方では、周辺の島々、ラグーナの自然環境や歴史の価値が発見される等、新たな魅力を発信しているのが注目される。

それに対し、イタリア海洋都市の繁栄をもたらした交易、交流の相手側だった東方の中東におけるこの間の政治的、社会的な状況は、想像すらできなかったほどに大きく揺れ動いてきた。イスラーム世界での深刻な政治的、宗教的、民族的対立と激化する内戦、爆撃と破壊は、人々の生命や暮らしの場を脅かし続け、歴史的な価値ある都市空間をも喪失させている。特に、本書で幾度となく取り上げたシリアのアレッポなどで起きている惨劇は心を痛ませる。安定していたイスタンブルでさえテロが起き、今も取り締まりが継続している。

思えば、イスラーム世界の都市の研究は、一九九〇年前後をピークに日本国内でも大いに盛り上がり、「イスラームの都市性」と銘打った大規模な学際的研究が四年間（一九八八―一九九一年）にわたって展開され、イスラーム世界の社会、文化の特質を解明する上で、日本ならではの大きな貢献がなされた。その熱気ある学際的環境のなかで、大勢の優れた若手研究者が育った。

そもそも一九七〇年代前半にヴェネツィアに留学し、東方、イスラーム世界に最初から親近感をもっていた私も、このプロジェクトに参加する機会を得て、日本人のイスラーム研究者の方々との交流のなかから多くを学びつつ、法政大学陣内研究室の学生たちとイスラーム世界の各地で、フィールド調査を伸び伸びと実施することができた。平和で繁栄し安定した最後の時期にこうしてイスラーム世界の都市調査を体験できたことは、恵まれていたといわざるをえない。一日も早く、平和と安定が社会に戻り、この地域に蓄積された素晴らしい都市文明が反復力を発揮して蘇ることを願うとともに、外部からイスラーム社会に関心を向ける我々にとっても、研究に、ビジネスに、そして観光にも、魅力あるイスラーム世界の各地を安心して訪ねられる日が早い時期にやってくることを心から願いたい。

「本土側」への視線

イタリアの話に戻ろう。本書を執筆した頃、私の主たる関心、意識は東方世界と交流を結んだ4つの海洋都市のまさに輝かしい歴史をもつ都市の部分（旧市街）に集中していた。海に向かって開く港を中心とする都市の構造を描くことに力を注いだ。そして、海洋都市だけに、外部との繋がりとしては、おのずと海の向こうの東方世界にもっぱら眼を向けていた。当時としては、それも自然な成り行きであった。イタリア人や、それ以外の欧米人の研究者によるヴェネツィア共和国の華やかな歴史の記述も常に、ビザンツ世界、そしてイスラーム世界との交易、交流を描くことに集中していた。

私も一〇年前の執筆では、ヴェネツィアという都市の特性を解き明かすのに、まずは、ラグーナの水上での建設という特異な自然条件に注目した上で、次には、オリエントとの密接な結びつきが生んだ独特の文化を論ずるという常套的な姿勢をとっていた。

ただ、物資のほとんどないヴェネツィアにとって、本土の側との結びつきが重要だったことを少しだけは記述したものの、深い論考は今後の課題に、という感じであった。

そんな時期に、私の研究室でヴェネツィアを新たな視点で研究し始め、ヴェネツィア建築大学への留学で研鑽を積んだ樋渡彩氏が、新たな道を切り開いてくれた。従来、東方との繋がりばかりに光が当たるなかで、研究者たちの関心が及びにくかったテッラフェルマ（本土）に彼女は眼を向けたのである。具体的には、河川とその流域を通して、ヴェネツィアを支えてきた後背地、テッラフェルマの役割を新たな視点から考察し、相互の間に、密接で有

ヴェネツィアの後背地　上は、ヴェネツィア共和国が管理したカンシーリオの森。樋渡彩撮影。左は、筏用の木材を放水の勢いで遠くまで流す装置、ストゥア。ピアーヴェ川の上流域にて。著者撮影

機的な関係が成り立っていたことを解明してみせた。

高級品は確かに東方から海を越えてはるばる運ばれたが、実は、ヴェネツィアの都市建設に必要な大量の石、木材の多くは川を通じて、背後に広がる本土から輸送された。ブレンタ川、ピアーヴェ川の上流域の山には、民間のものに加え共和国管理の森が広がり、伐採された木材は川に流され、途中、製材所で長さを揃え、筏に組まれて川を下った。筏は船代わりにも使われ、石材、マスト用などの高級な木材、食料など多くの荷を積んで、途中、幾つかの町で筏師が交代しながら、目的地ヴェネツィアが立地するラグーナに向かったのである。一方、食料も、ラグーナの島々に加え、本土への依存も高かった。

特に、人口が増加したヴェネツィアでは、大量のパンをつくるのに水車を用いて小麦を製粉

する必要があり、その仕事のほとんどを本土の町や村に委ねたのである。共和国直営の製粉所もあった。武器のための火薬製造も、トレヴィーゾの市壁のすぐ外で水車を用いて行われた。シーレ川、ブレンタ川の流域には、他にも製紙、紡績、製材など、水車を用いたさまざまな産業が栄えたのである。

こうして、本土側に幾筋もの川を軸として広がる水を媒介としたテリトーリオ（地域）の在り方を歴史的に描いていくという作業は、実に新鮮だった。その樋渡氏が隊長となり、陣内研究室の学生たちとアルプスの近くまで足を伸ばして共和国が管理した森を徘徊し、また各地で筏流しの痕跡、水車の遺構を求めて回るという、従来の建築史や都市史の分野とはいささか異なる調査体験もできた（樋渡彩＋法政大学陣内秀信研究室編『ヴェネツィアのテリトーリオ―水の都を支える流域の文化』）。

このような研究上の問題意識、アプローチの仕方の変化は、当然ながら、イタリア社会における価値観の推移と呼応している。この国では、一九八〇年代の中頃から、都市の周辺に広がる農村、田園への関心が高まりを見せ、「テリトーリオ」という言葉がよく使われるようになった。そこには地形・地質、水や緑の生態系などの自然条件の上に、人々の手になる農業の営みやそれが結実した景観があり、町や村の居住地に加え、農場、修道院などが点在する。その総体がテリトーリオなのである。近代化＝産業化で見捨てられてきた農村、田園の景観の価値が見直され、疲弊した農業を救済するアグリトゥリズモも国の政策のなかに位置づけられ、今やイタリアの観光の重要な部分を占めるに至っている。このように都市化を善とする近代文明の在り方の反省に立ち、都市のまわりに広がるテリトーリオの重要性をクローズアップさせてきたのが、一九九〇年代以後の特徴だといえる。その動きが着実に広がり、今のイタリアのまた新しい底力の発揮に繋がっている。ヴェネツィアの形成・発展の歴史をより正しく理解するにも、東方との交易、交流に加え、本土との繋がりにしっかりと眼を向けねばならない。

アマルフィのテリトーリオ

アマルフィに関しても、同じような立場から書いておきたい。中核都市のみでなくテリトーリオ全体に眼を向けることの大切さを、近年、アマルフィ海岸で実感している。

四つの海洋都市のなかでも最も早くオリエントに進出し、ビザンツ世界、イスラーム世界との交易を切り開いたアマルフィだが、この共和国の領域は、渓谷に発達した小さなアマルフィの町に限られていたわけではない。今日、世界遺産に登録されているアマルフィ海岸の全体のなかに東方との交流を担った役者たちが点在しているのである。西はポジターノから、東はヴィエトリ・スル・マーレまで、しかも海沿いだけでなく内陸部にも、歴史のなかで色々な役割を担った魅力的な町や村が、綺羅星のごとくちりばめられている。法政大学の陣内研究室では、本書が刊行された二年後の二〇一〇年から、アマルフィそのものではなく、まわりに分布する数多くの小さな町の調査に力を注いできた。

まず、すぐ東隣に位置するアトラーニは、さらに小さな渓谷に発達したちっぽけな町だ

サン・サルヴァトーレ・デ・ビレクト教会
アラブ式連続アーチが目を奪う。アマルフィ海岸のアトラーニにて。著者撮影

が、アマルフィの分身のような存在で、総督の叙任式も、この町の中心広場の一角にあるサン・サルヴァトーレ・デ・ビレクト教会で行われるほど、共和国にとって重要な役割を担っていた。この教会の内部に、一二、三世紀のアラブ様式による独特の美しい連続アーチが残されているのに、驚かされる。

華麗なるイスラーム建築の導入は各地で見られるが、特に目を奪うのは、海を見晴らす高台にある古い町、ラヴェッロである。まず、ヴィッラ・ルーフォロは、入り口近くにとられた小さな中庭をアラブ式の装飾的アーチ（一三世紀）が囲む見事な構成をとり、イスラーム世界との密接な交流を裏付けている。海の方へ向かって、さまざまな建物を見ながら進むと、海に開く庭園に出る。その左手一角には、アラブ式風呂が残されていて、海を眺めながら楽しんでいた様子が想像される。今は、この最高のロケーションを活かし、海をバックに特設のステージを組み、夏の間、音楽祭が催される。

そもそも、こうした自然と一体となる別荘建築という考え方は、ローマ帝国が滅亡した後には、西欧世界からは失われていた。アラブの王の離宮であるグラナダのヘネラリーフェ、ノルマン王朝が栄えたパレルモ近郊の離宮ジーザ、そしてこのラヴェッロのヴィッラ・ルーフォロという、アラブ・イスラーム文化と結びついた特別な場所においてのみ、中世にあって地上の楽園のような空間を生み出せたのである。

このラヴェッロの町の中心、大聖堂の北東に、やはり崖の上の見晴らしのよい敷地を選んで一二、三世紀につくられた上流階級の立派な邸宅が二つ残されている。その一つに見られるアラブ式アーチが囲むアトリウムの跡、他方の発掘されたアラブ式風呂の遺構などのイスラームの建築要素は、ラヴェッロもまた海洋都市の一つだったことの歴史の貴重な証言である。いずれも今は五つ星ホテルに転用され、その独特の雰囲気で人気を集めている。

ラヴェッロと谷を挟んでさらに内側の高台に位置するスカーラにも、そしてこの町に従属する集落であるポントーネにも、こうしたアラブ式のアーチ、ヴォールト、アトリウムが見出せ、イスラーム文化の影響がかなり内陸部にまで及んでいるのを確かめられる。

ラヴェッロのヴィッラ・ルーフォロ　アラブ式アーチが囲む中庭。著者撮影

渓谷と水車による産業

海岸沿いに一九世紀中頃に建設された自動車道路によって、今は海側ばかりが繁栄

しているように見えるが、かつてはむしろ内陸部の道が重要であったのであり、山と海を結ぶ無数の小道が、地域の人々の暮らしを支えていた。農業を営みつつ海の仕事にもつくのが、当たり前だった。農場を経営しながら、船持ちであることも多かった。海沿いの町に立地する造船所のための木材の供給も、内陸の山林が担った。「アマルフィ海岸の人々は片方の足はブドウ畑に、もう一方の足は海に置く」といわれてきた。まさにテリトーリオの繋がりとしてアマルフィ海岸を捉え直す必要がある。

また、こうした視点から見て重要な要素として、アマルフィ海岸の製紙業をはじめとする水車を活用した産業がある。特に、アラブとの交流で中世のアマルフィにもたらされた手漉きの製紙技術は、その後、渓谷の地の利を生かし、水エネルギーを使って着実に発展した。アマルフィ海岸のどの都市でも、背後に延びる渓谷に沿って、水車による産業施設が数多く建設されたのである。川の上流から動力用の水路を引き落差を使って水車を回す、極めて効率のよい産業施設であった。アマルフィ海岸では、こうして一七、八世紀に紙の生産の最盛期を示した。製紙工場の多くは今は廃墟化しているが、産業遺産として注目される時代を迎えている。

中世の海洋都市としては、アマルフィはピサ、そしてジェノヴァの強大な力に負け、歴史の表舞台から退いたが、今度は、渓谷の立地を活かした水車による産業都市として再び輝いたのである。海洋都市に続く、もう一つの「水の都市」がこうして成立したといえるのである。

ピサやジェノヴァについても今後、このようなテリトーリオの発想を持ち込んで新たな視点から再度、その特徴を描き出してみたい。イタリアのこれらの海洋都市は、過去の歴史のなかで築き上げた都市とそのテリトーリオに広がるさまざまな資産を再び掘り起こし、それを現代のセンスで活かしながら、二一世紀の新たな時代に相応しい地域づくりに取り組んでいる。日本の我々にとっても、その姿勢からは学ぶことが実に多い。

二〇一八年　九月

陣内秀信

- V.Saponaro, *Monopoli tra storia e immagini dalle origini ai nostri giorni,* Schena Editore, Brindisi, 1993.

ギリシア

- 周藤芳幸編『ギリシア』（世界歴史の旅）山川出版社　2003年
- I. Despyris, *Chania,* Editions M.Toubis S.A., Atene, 1997.
- E.Spathari, *Nauplion-Palamidi,* Edizioni Esperos, Atene, 2000.
- C.Tzobanaki, *Marine Trilogy of Khandax,* Typokreta, Crete, 1998.

学術文庫版での追加

本書の原本刊行後に出版された関連書籍のうち、日本語で書かれ、入手しやすい主要なものを以下に挙げておく。

- 亀長洋子『イタリアの中世都市』（世界史リブレット106）山川出版社　2011年
- 長田俊樹・杉山三郎・陣内秀信『文明の基層―古代文明から持続的な都市社会を考える』大学出版部協会　2015年
- 樋渡彩＋法政大学陣内秀信研究室編『ヴェネツィアのテリトーリオ―水の都を支える流域の文化』鹿島出版会　2016年
- 髙田京比子『中世ヴェネツィアの家族と権力』京都大学学術出版会　2017年
- 樋渡彩『ヴェネツィアとラグーナ―水の都とテリトーリオの近代化』鹿島出版会　2017年
- 陣内秀信『水都ヴェネツィア―その持続的発展の歴史』法政大学出版局　2017年
- 中平希『ヴェネツィアの歴史―海と陸の共和国』（創元世界史ライブラリー）創元社　2018年

- D.Matteoni, *Livorno,* Editori Laterza, Roma-Bari, 1985.

ジェノヴァ

- 亀長洋子『中世ジェノヴァ商人の「家」—アルベルゴ・都市・商業活動』刀水書房　2001年
- 亀長洋子「キオスに集う人々—中世ジェノヴァ人公証人登録簿の検討から」歴史学研究会編『港町と海域世界』（シリーズ港町の世界史１）青木書店　2005年
- P.Campodonico, *Galata museo del mare: un viaggio da Colombo ai transatlantici,* Portolano, Genova, 2006.
- L.G.Bianchi e E.Poleggi, *Una città portuale del medioevo : Genova nei secoli X-XVI,* Sagep editrice, Genova, 1987.
- E.Poleggi e P.Cevini, *Genova,* Editori Laterza, Bari, 1981.
- *Porto Venere: il futuro del passato,* Pro Loco Porto Venere, 1996.

南イタリア

- 陣内秀信『南イタリアへ！—地中海都市と文化の旅』講談社現代新書　1999年
- 陣内秀信『シチリア—〈南〉の再発見』淡交社　2002年
- 陣内秀信・柳瀬有志編『地中海の聖なる島サルデーニャ』山川出版社　2004年
- 陣内秀信編『南イタリア都市の居住空間—アマルフィ、レッチェ、シャッカ、サルデーニャ』中央公論美術出版　2005年
- 高山博『中世地中海世界とシチリア王国』東京大学出版会　1993年
- 高山博『神秘の中世王国—ヨーロッパ、ビザンツ、イスラム文化の十字路』東京大学出版会　1995年
- 高山博『中世シチリア王国』講談社現代新書　1999年
- 野口昌夫『南イタリア小都市紀行—地中海に輝くミクロポリス』（建築探訪）丸善　1991年
- 山辺規子『ノルマン騎士の地中海興亡史』白水社　1996年
- 『ナポリ・シチリア—ソッレント、バーリ、レッチェ、パレルモ、シラクーザ』（イタリア旅行協会公式ガイド５）NTT出版　1997年
- 小森谷賢二・小森谷慶子『ナポリと南イタリアを歩く』新潮社　1999年
- A.Costantini e M.Paone, *Guida di Gallipoli: la città il territorio l'ambiente,* Congedo Editore, Galatina, 1992.

- 和栗珠里「「ポスト・カンブレー期」ヴェネツィアの寡頭支配層とパトロネジ」『西洋史学』第214号　2004年
- ガリマール社・同朋舎出版編『ヴェネツィア』（旅する21世紀ブック望遠郷）　同朋舎出版　1994年
- D.Calabi e P.Morachiello, *Rialto: le fabbriche e il ponte,* Einaudi,Torino, 1987.
- G.Cassini, *Piante e vedute prospettiche di Venezia*（1479-1855）, La Stamperia di Venezia Editrice, Venezia, 1982.
- E.Concina, U.Camerino e D.Calabi, *La città degli ebrei: il ghetto di Venezia:architettura e urbanistica,* Albrizzi editore, Venezia, 1991.
- D.Howard, *Venice & The East : The Impact of the Islamic World on Venetian Architecture 1100-1500,* Yale University Press, New Haven &London, 2000.
- G.Perocco e A.Salvadori, *Civiltà di Venezia I,* La Stamperia di Venezia Editrice, Venezia, 1973.
- *Venezia e i turchi : scontri e confronti di due civiltà,* Electa, Milano, 1985.
- *Venezia e l'Islam 828-1797*（展覧会図録）, Marsilio, Venezia, 2007.

アマルフィ

- 栗田和彦『アマルフィ海法研究試論』関西大学出版部　2003年
- 陣内秀信・陣内研究室　報告書増補改訂版「中世海洋都市アマルフィの空間構造—南イタリアのフィールド調査1998-2003—」法政大学大学院エコ地域デザイン研究所　2004年
- G.Gargano, *La città davanti al mare,* Centro di cultura e storia amalfitana, Amalfi, 1992.
- D.Richter, *Alla ricerca del sud: tre secoli di viaggi ad Amalfi nell'immaginario europeo,* La nuova Italia Editrice, Firenze, 1989.
- *Città di mare del Mediterraneo medievale: tipologie,*（Atti del convegno）, Centro di cultura e storia amalfitana, Amalfi, 2005.
- *Regata delle antiche repubbliche marinare: Amalfi, Genova, Pisa, Venezia: I cinquant'anni della manifestazione*（展覧会図録）, Centro di cultura e storia amalfitana, Amalfi, 2005.

ピサ

- 報告書「地中海世界の水の文化—海と川から見る都市空間—」法政大学大学院エコ地域デザイン研究所　2006年
- L.Nuti, *I Lungarni di Pisa,* Pacini editore, Pisa, 1981.
- E.Tolaini, *Pisa,* Editori Laterza, Roma-Bari, 1992.

・森田鉄郎編『イタリア史』（世界各国史15）山川出版社　1976年
・M.A.Bragadin, *Le repubbliche marinare,* Arnoldo Mondadori Editore, Milano, 1974.

ヴェネツィア

・饗庭孝男・陣内秀信・山口昌男『ヴェネツィア―栄光の都市国家』東京書籍　1993年
・飯田巳貴「地中海から北海へ―近世のヴェネツィア絹織物産業とオスマン市場」歴史学研究会編『港町と海域世界』（シリーズ港町の世界史１）青木書店　2005年
・児玉善仁『ヴェネツィアの放浪教師―中世都市と学校の誕生』平凡社　1993年
・L.コルフェライ、中山悦子訳『図説 ヴェネツィア―「水の都」歴史散歩』河出書房新社　1996年
・齊藤寛海「ヴェネツィアの外来者」歴史学研究会編『港町のトポグラフィ』（シリーズ港町の世界史２）青木書店　2006年
・塩野七生『海の都の物語―ヴェネツィア共和国の一千年』中央公論社　1980年
・陣内秀信『ヴェネツィア―都市のコンテクストを読む』鹿島出版会　1986年
・陣内秀信『ヴェネツィア―水上の迷宮都市』講談社現代新書　1992年
・陣内秀信『ヴェネツィア―光と陰の迷宮案内』日本放送出版協会　1996年（『迷宮都市ヴェネツィアを歩く』角川oneテーマ21に再収　2004年）
・A.ゾルジ、金原由紀子他訳『ヴェネツィア歴史図鑑―都市・共和国・帝国：697～1797年―』東洋書林　2005年
・藤内哲也『近世ヴェネツィアの権力と社会―「平穏なる共和国」の虚像と実像』昭和堂　2005年
・鳥越輝昭『ヴェネツィアの光と影―ヨーロッパ意識史のこころみ』大修館書店　1994年
・永井三明『ヴェネツィア貴族の世界―社会と意識』刀水書房　1994年
・F.ブローデル、岩崎力訳『都市ヴェネツィア―歴史紀行』岩波書店　1990年
・C.ベック、仙北谷茅戸訳『ヴェネツィア史』白水社　2000年
・W.H.マクニール、清水廣一郎訳『ヴェネツィア―東西ヨーロッパのかなめ、1081-1797』岩波書店　1979年

1990年
・鈴木董『図説 イスタンブル歴史散歩』河出書房新社　1993年
・鈴木董『オスマン帝国―イスラム世界の「柔らかい専制」』講談社現代新書　1992年
・B.S.ハキーム、佐藤次高監訳『イスラーム都市―アラブのまちづくりの原理』第三書館　1990年
・八尾師誠編『銭湯へ行こう・イスラム編―お風呂のルーツを求めて』TOTO出版　1993年
・羽田正・三浦徹編『イスラム都市研究―歴史と展望』東京大学出版会　1991年
・深見奈緒子『世界のイスラーム建築』講談社現代新書　2005年
・J.フリーリ、鈴木董監修・長縄忠訳『イスタンブール―三つの顔をもつ帝都』NTT出版　2005年
・堀井優「十六世紀前半のオスマン帝国とヴェネツィア―アフドナーメ分析を通して―」『史學雜誌』第103編第１号　1994年
・堀井優「レヴァントとヨーロッパ―中世アレクサンドリアの空間構成」歴史学研究会編『港町のトポグラフィ』（シリーズ港町の世界史２）青木書店　2006年
・三浦徹『イスラームの都市世界』（世界史リブレット16）山川出版社　1997年
・山本達也『トルコの民家―連結する空間』（建築探訪）丸善　1991年

イタリア全般
・D.ウェーリー、森田鉄郎訳『イタリアの都市国家』平凡社　1971年
・齊藤寛海『中世後期イタリアの商業と都市』知泉書館　2002年
・清水廣一郎『イタリア中世都市国家研究』岩波書店　1975年
・清水廣一郎『イタリア中世の都市社会』岩波書店　1990年
・清水廣一郎・北原敦編『概説イタリア史』有斐閣　1988年
・陣内秀信『都市のルネサンス―イタリア建築の現在』中公新書　1978年（『イタリア　都市と建築を読む』講談社+α文庫に再収　2001年）
・陣内秀信『都市を読む―イタリア』（執筆協力；大坂彰）法政大学出版局　1988年
・陣内秀信『歩いてみつけたイタリア都市のバロック感覚』小学館　2000年
・星野秀利、齊藤寛海訳『中世後期フィレンツェ毛織物工業史』名古屋大学出版会　1995年

参考文献

手に入りやすい邦語の単行本を中心に紹介するが、日本では研究の乏しい領域、地域に関しては、欧文の文献を取り上げる。

地中海全般

- 伊東俊太郎『近代科学の源流』中央公論社　1978年
- 今谷明『ビザンツ歴史紀行』書籍工房早山　2006年
- 樺山紘一『ルネサンスと地中海』（世界の歴史16）中央公論社　1996年
- 陣内秀信『都市の地中海—光と海のトポスを訪ねて』NTT出版　1995年
- 陣内秀信・福井憲彦『地中海都市周遊』中公新書　2000年
- 陣内秀信『地中海都市のライフスタイル　NHK人間講座』日本放送出版協会　2001年
- 陣内秀信『地中海世界の都市と住居』（世界史リブレット73）山川出版社　2007年
- C.H.ハスキンズ、別宮貞徳・朝倉文市訳『十二世紀ルネサンス』みすず書房　1989年
- H.ピレンヌ、中村宏・佐々木克巳訳『ヨーロッパ世界の誕生—マホメットとシャルルマーニュ』創文社　1960年
- F.ブローデル、浜名優美訳『地中海』全５巻　藤原書店　1991-95年
- L.ベネーヴォロ、佐野敬彦・林寛治訳『図説都市の世界史』全４巻　相模書房　1983年
- 弓削達『地中海世界』講談社現代新書　1973年
- 歴史学研究会編『ネットワークのなかの地中海』青木書店　1999年

イスラーム

- 浅見泰司編『トルコ・イスラーム都市の空間文化』山川出版社　2003年
- 木島安史『カイロの邸宅—アラビアンナイトの世界』（建築巡礼）丸善　1990年
- 陣内秀信・新井勇治編『イスラーム世界の都市空間』法政大学出版局　2002年
- 陣内秀信・谷水潤編『トルコ都市巡礼』プロセスアーキテクチュア

西暦	イタリア海洋都市	日本および世界
1925	ムッソリーニ演説、ファシズム独裁の宣言	
1932	ヴェネツィア映画祭始まる	1931年、満州事変おこる
1934	ムッソリーニ、ヒトラー最初の会談	
1937	伊独日三国防共協定、国連脱退	
1939	第二次世界大戦始まる	
1940	イタリア参戦	日独伊三国同盟
1943	ムッソリーニ失脚、レジスタンス運動始まる	
1944	ローマ、フィレンツェ解放	
1945	イタリア解放、ムッソリーニ処刑	日本がポツダム宣言受諾
1946	国民投票で君主制廃止決定、イタリア共和国誕生	
1947	パリ講和条約調印	
1948	最初の総選挙	
1949	北大西洋条約機構（NATO）の創設に参加	
1955	四大海洋都市歴史的レガッタ始まる	
1957	ローマで欧州共同市場（EEC）条約調印	
1980	ヴェネツィアのカーニバル復活	1979年、ソ連軍、アフガニスタン侵攻
1992	ジェノヴァで、「クリストファー・コロンブス、船と海」博覧会開催	1993年、ＥＵ発足

西暦	イタリア海洋都市	日本および世界
1797	ジェノヴァ、リグーリア共和国とされる。カンポフォルミアの和。ヴェネツィア、ナポレオンによってオーストリアに併合される	
1799	オーストリア、ロシア連合軍、イタリアよりフランスを撃退	
18世紀末~19世紀初頭	アマルフィ、グランドツアーによる来訪者増加	
1800	ナポレオン、イタリア再征。マレンゴの勝利	
1805	ジェノヴァ、ナポレオン帝国に組み込まれる	
1808	フランス軍、ローマ占領	
1809	ナポレオン、教皇領及びローマをフランスに併合。教皇ピウス7世、ナポレオンを破門	
1814	ウィーン会議。ナポレオン退位。エルバ島に退く。ジェノヴァ、サヴォイア王国に併合される	
1815	ナポレオンの百日天下。王政復古。全イタリアが、オーストリアの勢力下に	
1852	カヴール、サルデーニャ王国宰相となる	1840年、アヘン戦争(~1842)
1860	サルデーニャ王国、トスカーナ、パルマ、モデナを併合。ガリバルディの千人隊、シチリア遠征。ヴェネツィアと大陸を結ぶ鉄道橋完成	
1861	サルデーニャ王国、統一イタリア王国となる	アメリカで南北戦争(~1865)
1865	フィレンツェに遷都	
1866	ヴェネツィア、イタリアに統合される	
1870	普仏戦争、フランス兵教皇領より撤退、イタリア王国ローマを併合	1868年、明治維新
1871	ローマに遷都	
1895	ヴェネツィアのビエンナーレ(美術展)始まる	
1914	第一次世界大戦始まる	
1915	イタリア参戦	1917年、ロシア革命
1918	休戦協定	1919年、パリ講和会議

西暦	イタリア海洋都市	日本および世界
	ジェノヴァはカール５世のためにガレー船建造を請け負う。スペインとの同盟により独立は続く	改革
1527	カール５世、ローマ略奪	
1529	カンブレーの和。アンドレア・ドーリア、ジェノヴァを独立国とする	
1537	コーラン、ヴェネツィアで初めて刊行される	1532年、ピサロ、インカ帝国征服
1544	世界最古の歴史を持つピサ大学付属植物園創設	
1551	ジェノヴァのストラーダ・ヌオーヴァ（現在のガリバルディ通り）完成	1549年、ザビエル鹿児島に来航。キリスト教の伝来
1571	ヴェネツィア、キプロスをトルコに奪われる。ヴェネツィア、スペイン、ローマ教皇軍、レパントの海戦に勝利する	
1585	天正少年使節団、ヴェネツィアで総督パスクアーレ・チコーニャに謁見	1588年、イギリス、スペイン無敵艦隊を破る
1591	ヴェネツィアの石造りのリアルト橋完成	
1606	教皇パウルス５世、ヴェネツィアを破門	1600年、関ヶ原の戦い
1651	ヴェネツィア、ギリシア沿岸にて再三トルコを破る	
1669	ヴェネツィア、トルコにカンディアを奪われる	
1684	ヴェネツィア、オーストリアとともにトルコと戦う。ジェノヴァ、ルイ14世の砲撃を受ける	
1686	ヴェネツィア、ナフプリオンを奪還	
1699	カロヴィッツの和。ヴェネツィア、トルコと和睦	1701年、スペイン継承戦争（～1714）
1715	ヴェネツィア、トルコにモレアを奪われる	
1768	ジェノヴァ、コルシカ島をフランスに強制的に売却させられる	1776年、アメリカ独立宣言
1796	ナポレオン１世のイタリア遠征始まる	1789年、フランス革命

西暦	イタリア海洋都市	日本および世界
	ツィアに勝利、マルコ・ポーロが捕虜となり、その間、ジェノヴァの監獄で『東方見聞録』を口述	
1309	教皇のアヴィニョン捕囚（〜1377）	
1343	アマルフィの海底で大規模な地滑りがおきる	1339年、英仏百年戦争（〜1453）
1380	ジェノヴァ、キオッジャの戦いでヴェネツィアに完敗	
1388	ヴェネツィア、ナフプリオンを支配（〜1540）	
1399	ピサ、ミラノ公ヴィスコンティに譲渡される	
1406	ピサ、フィレンツェに併合される。ヴェネツィアは積極的に本土に進出、領域を拡大	1405年、明の鄭和南海遠征に出発
1407	ヴェネツィア、トルコ艦隊を破る	
1425	フィレンツェとヴェネツィア、反ヴィスコンティ同盟を結ぶ	
1453	コンスタンティノープル陥落	
1454	ミラノ、ヴェネツィア、フィレンツェ、ナポリ、教皇がローディの和約を結ぶ	
1475	ジェノヴァの黒海の植民都市カファ、トルコの手に落ちる	1467年、応仁の乱おこる
1492	コロンブス、新大陸発見	
1495	ヴェネツィア、モノーポリに侵攻。その後友好関係を樹立し、活発な交易がなされる	1479年、カスティーリャとアラゴンの併合、スペイン王国成立
1497	ダ・ヴィンチ、「最後の晩餐」を描く	
1498	ヴァスコ・ダ・ガマ、喜望峰航路を開拓	
1509	教皇ユリウス２世、独帝、仏王、西王などとカンブレー同盟を結び、ヴェネツィアに対抗	
1511	ユリウス２世、ヴェネツィアなどと対仏神聖同盟結成	
1516	ヴェネツィア、ユダヤ人をゲットー内に住まわせる	1513年、スペイン人のバルボア、太平洋発見
1519	カール５世神聖ローマ皇帝即位。このころ、	1517年、ルターの宗教

西暦	イタリア海洋都市	日本および世界
	り、モナコからコルヴォにいたるすべての海岸線上の都市を封土として授けられる。ピサは、ポルト・ヴェーネレからチヴィタヴェッキアまでのティレニア海の所有を許される	
1165	ピサ、フリードリヒ1世から全サルデーニャを封土として与えられる	
1179	アマルフィの「海の門」建造	
1189	第3回十字軍（~1192）	1185年、壇ノ浦の戦い、平氏滅亡
13世紀初め	コンスタンティノープルから運ばれた聖アンドレアの遺骸が、アマルフィの教会に安置される	
1202	第4回十字軍（~1204）。ヴェネツィアの総督エンリコ・ダンドロ、艦隊の行き先をコンスタンティノープルに変えてラテン帝国成立	1206年、テムジンがモンゴル高原を統一
1241	ピサ、ジリオ島でジェノヴァを打ち破る	
1252	ヴェネツィア、クレタ島のハニアを征服、ジェノヴァに一時奪われた時期（1267~90）を除き、1645年までクレタ島の支配が続く	
1257	ジェノヴァ、グリエルモ・ボッカネーグラをカピターノ・デル・ポーポロに選出	
1258	ピサ、サン・ジョヴァンニ・ダクリでジェノヴァを打ち破る	
1261	ジェノヴァ、ビザンツ皇帝とのニンフェウム条約によって、黒海とクリミアにおける商業権独占を保証される。その後、コンスタンティノープルのガラタ地区に居留地を得る	
1264	アマルフィの大聖堂の「天国の回廊」建設	
1284	ピサ、メロリアの海戦でジェノヴァに大敗	1281年、蒙古襲来
1295	マルコ・ポーロが東洋より帰国	
1297	ヴェネツィアの大評議会メンバーが約200の家柄に制限される〔大評議会の閉鎖〕	
1298	ジェノヴァ、クルツォラーリの戦いでヴェネ	

西暦	イタリア海洋都市	日本および世界
	もち、10世紀半ばには世襲制の公国となる	
849	ナポリ、アマルフィ、ガエタなどの艦隊が、オスティア沖でイスラーム艦隊を破る	
992	ヴェネツィア商人、ビザンツ皇帝より貿易上の特権を獲得	
1041	ノルマン騎士団が南イタリア征服を開始する	
1054	キリスト教会が東西分裂	
1063	ピサ、パレルモ攻略を進めるノルマン軍に加担	1066年、イギリスでノルマン朝始まる
1070年代	アマルフィ、ノルマンの支配下に入る。ピサ、独立したコムーネ（自治都市）となる	1077年、カノッサの屈辱
1080～85	ヴェネツィアが、ノルマンとの戦いに勝利	
1082	ヴェネツィア商人、ビザンツ皇帝より特権を獲得。ビザンツ領内の商業にほぼ独占的な地位を確保	1087年、源義家、「後三年の役」平定
1096	ジェノヴァと周辺地域、コムーネとなる。第１回十字軍（～1099)。ピサの大司教ダゴベルト、120隻のガレー船の艦隊を率い、ノルマン軍のアンティオキア公国征服を援護。エルサレムの総大司教の任命権を獲得。アマルフィとピサの同盟関係始まる	
1097	ジェノヴァの10隻のガレー船、トルコのアンティオキア港占領。指揮官グリエルモ・エンブリアコ、エルサレム奪還に寄与、アンティオキアに居留地を得る	
1113	ジェノヴァ、ポルト・ヴェーネレを占領。ピサ、自前の十字軍遠征を行う	1113年頃、カンボジアのアンコール・ワット建設始まる
1131	アマルフィ、シチリア王国に併合される	
1135	アマルフィ、ピサの艦隊の攻撃を受ける	
1137	アマルフィ、再度ピサの艦隊の攻撃を受ける	
1147	第２回十字軍（～1149)	
1162	ジェノヴァ、フリードリヒ１世（赤髯王）よ	1159年、平治の乱

年　表

西暦	イタリア海洋都市	日本および世界
前753	伝説によるローマ建国	
7世紀中頃	エトルリア文化全盛時代	
509	ローマ共和政樹立	
6世紀	ジェノヴァに最初の居住地（カストゥルム）が築かれる	前551年頃、孔子誕生
44	カエサル暗殺される	
27	オクタウィアヌス、元老院よりアウグストゥスの称号を得る	
後313	コンスタンティヌス帝、ミラノ勅令を発布、キリスト教を公認	
401	アラリック率いる西ゴート族がイタリアに侵入	
452	フン族王アッティラ、北イタリアを脅かす	
493	東ゴート族王テオドリック、イタリアに東ゴート王国を建国（～555）	
5世紀～6世紀初め	カンパーニアの住民、東ゴート族の侵入により、アマルフィに逃れる	
564	ビザンツ帝国、全イタリアを支配	
568～569	ランゴバルド族がイタリアに侵入、建国	
595	アマルフィ、公式文書（教皇グレゴリウス1世の手紙）に登場する	570年頃、ムハンマド誕生
697	ヴェネツィア住民、ドージェ（総督）を選び、自治機構を形成する	645年、大化の改新 710年、平城京遷都
800	フランク王国のカール大帝、教皇レオ３世より西ローマ皇帝として戴冠	794年、平安京遷都 804年、空海、最澄ら、遣唐使船団出発
810	カール大帝の息子ピピン、マラモッコに進攻、これによりヴェネツィアは新しい首都に移転を考える	
829	福音史家聖マルコの遺骸が、アレクサンドリアよりヴェネツィアに運ばれる	
839	アマルフィ、ナポリ公国から独立、自治権をもつ共和国となる。徐々に特定の貴族が力を	

表によって運営され、都市とその周辺の農村地域（コンタード）を統治した。現在のイタリアもその自治の伝統を維持しており、都市ごとの自立性が高い。

スクオラ　ヴェネツィアで13世紀以来つくられた、俗人による一人の聖人を戴く、自発的な宗教社団。慈善と福祉、相互扶助を目的とした信心会である６つのスクオラ・グランデがあり、職人ギルドである同信組合の信心会はスクオラ・ピッコラと呼ばれた。いずれも立派な会館をもち、職人達に装飾を依頼し、アートのパトロンになり、祝祭に寄与した。

リノヴェーション　既存の建物の空間的な特徴、価値を活かしながら、大規模な改修工事を行い、デザイン性と快適さ・安心を追求し付加価値を高める「再生」を意味する。その際に、用途や機能を変更して性能を向上させることをコンヴァージョンという。

店、工房が集中する市場が発達した。交易都市ヴェネツィアのリアルト市場は、イスラーム圏の市場とよく似た性格を示す。

塔状住宅　イタリアの中世都市の多くは、有力家の間で、教皇派と皇帝派の対立などの抗争を繰り返し、不安定な状況にあった。防御の機能と門閥の力を示す目的で、堅固な塔や塔状の形態をとる厳つい高層の住宅が数多く建設された。トスカーナの丘上都市、サン・ジミニャーノは今なお塔がそびえる都市として知られる。フィレンツェも同様の状況にあり、共和制の確立後、私的な塔を切り落とす政策をとったが、上部を切られた塔状住宅の名残が随所に見られる。ピサ、ジェノヴァには、独特の大きなアーチ、そして連続アーチの窓で飾られた美しい塔状住宅が数多く残っている。

パラッツォ　イタリアの都市に建つ立派な貴族、上流階級の邸宅。堂々たるファサードを街路や広場に向けて象徴性を表現し、内部には中庭を中心に快適な空間をもつ。背後に庭園をとることも多い。馬小屋、使用人の部屋など付属部分もあり、同じ建物に大勢が住んだ。ルネサンス以後、おおいに発達した。いわゆる国王、君主の宮殿もパラッツォと呼ばれる。さらに、自治の象徴の市庁舎もパラッツォであり、状況に応じて訳語が異なる。

ドムス　ラテン語で住宅。ポンペイに見られるような、古代ローマ時代における個人の住宅（邸宅）を意味し、アトリウム、後には背後にペリステュリウムをも加え、こうした中庭を中心としながら、主に1階で接客と家族の生活が繰り広げられた。アマルフィなどでは、中世の12～13世紀における上流階級の個人邸宅にもドムスの名称が使われ、垂直方向に多層階にわたって建設された。

カストゥルム　古代ローマ時代に建設された軍営地。碁盤目状に計画された都市構造を示す。フィレンツェなど、ローマ植民都市に起源をもつ都市の多くは、カストゥルムを核として市街地を形成した。アマルフィなどの場合には、中世の早い時期にできた、都市の最初の核としての要塞化した居住地を意味する。

コムーネ（自治都市）　中世の中北部イタリアには、コムーネと呼ばれる自治都市の共同体が数多く存在した。都市の有力市民、地区やギルドの代

れる。

ピアッツァ　イタリア語で広場。中世にはラテン語でプラテアと呼ばれた。イタリア都市では一般に、自治の象徴の市庁舎前に最も重要な広場がとられ、その近くに市の立つ空間があり、少し離れて大聖堂前の広場が置かれる傾向がある。一方、封建体制が強かった南イタリアでは、大聖堂前の広場が重要だった。ヴェネツィアでは、サン・マルコ広場だけがピアッツァと呼ばれ、総督宮殿とサン・マルコ寺院という政治と宗教の中心が並んで置かれ、特別な意味をもった。計画的な意図をもって拡張・改造されたため、遠近法的な効果のある整った形態を示す。また、「ピアツェッタ」は、イタリア語で小広場。ヴェネツィアの場合は、海からの玄関にあたるサン・マルコ小広場を指す。

カンポ　本来は田畑、野原を指すイタリア語。ヴェネツィアの場合はサン・マルコ広場以外の、地区＝教区の中心となるローカルな広場を指す。中世の早い段階では、草木が繁り菜園のあるオープンスペースだったことを物語る。どれも自然発生的にできたため、不整形な面白い形をしている。中世後期から徐々に舗装が始まり、緑を排除した人工空間としての真の広場になったが、1980年頃から、植樹が進み、木陰も生んでいる。

アプス　キリスト教聖堂で内陣部が外に半円形に張り出した部分。視線を集める最も重要な場所で、モザイクやフレスコ画の宗教図像で象徴性を高める。一般に、中世の教会は、東を向いて礼拝する構成をとる。

ミフラーブ　モスクのメッカの方角を示す正面奥の壁（キブラ壁）に設けられた象徴的な壁《へき》龕《がん》。半円形のくぼみを中心に、大理石やタイルなどでいちだんと美しい装飾がほどこされている。

ハンマーム　中東全域に広く見られる伝統的な公衆浴場。トルコ語ではハマームという。心とともに身体を清潔に保つことを重んじ、特に礼拝の前に身を清めるよう説くイスラームの教えに合致することもあって、浴場が広まった。ローマの公衆浴場の文化はむしろイスラーム社会で受け継がれ、入浴だけでなく、社交、楽しみの場としても活用されてきた。

スーク　アラビア語の市場。ペルシア語のバーザール、トルコ語のチャルシュにあたる。商人が重要な役割をはたすイスラーム世界では，都市に商

パティオ　スペインやラテン諸国に見られる中庭。周囲の何面かに、しばしば柱廊が設けられる。雨水を集め、貯水する空間でもある。樹木が植えられるか、舗装され鉢植えが置かれることも多い。まわりを取り巻く1階の部屋が重要性をもち、生活空間の延長となって、屋外サロンのように活発に使われる。ギリシア世界にルーツをもつ古代ローマの柱廊のめぐるペリステュリウムやアラブの伝統的な中庭型住宅と似ている。スペインではイスラーム支配の時代に広くつくられた。

コルテ　イタリアにおける住宅の中庭。周囲を壁で囲われていれば、前庭や後庭も含む。地中海世界に古代から発達した形式で、気候風土に適し、高密度に建て込んだ都市の中でプライバシーを守り、快適に住むのにも叶っている。ルネサンス以後の貴族の邸宅（パラッツォ）は立派なコルテをもつが、ヴェネツィアでは、中世の住宅においてオリエント世界とも通ずる外階段が立ち上がる美しいコルテを発達させた。古代文化の影響を残す地域には、より広範に見出せる。

アトリウム　大きく2つの意味がある。1つは、ポンペイに代表される古代、ないしは中世の邸宅に設けられた中庭で、ペリステュリウムが自然を取り込む庭園のイメージをもつのに対し、舗装された人工的で半分内部のような雰囲気をもつ中庭である。アマルフィでは12〜13世紀にはアトリウムをもつ貴族の邸宅がいくつもつくられたが、後の建築は中庭型を踏襲しなかった。もう1つは、初期キリスト教建築の会堂の正面に設けられる前庭で、通常は方形で回廊によって囲まれる。中央には、礼拝前に身を清める泉水がある。キリスト教の信者でなくとも、そこまでは入れた。

ペリステュリウム　古代ローマの邸宅に設けられた、自然の要素を取り込んだ庭園のイメージをもつ中庭。アトリウムよりやや遅れ、紀元前2世紀頃、ヘレニズム世界からもたらされたもので、柱廊のめぐる開放的な空間であり、私的性格の強いくつろぎの場である。

アゴラ　古代ギリシア、ヘレニズム世界の都市生活の中心をなす広場である。行政、商業、宗教、社会的な活動のための建築群がまわりを取り巻く。奥に小さな店舗や事務所を並べ前面に列柱をとるストアという施設がアゴラに面し、美しい秩序のある広場の造形を生んだ。古代ローマ都市で同じような役割をもつ広場は、フォルム（イタリア語ではフォロ）と呼ばジアに広まったイスラーム圏の建築。ヘレニズム、ローマ、初期キリスト教、ビザンツ、ササン朝ペルシアの建築要素を吸収し、独特の建築様式を生み出した。装飾性に富んださまざまな形態のアーチ、立体幾何学に基づくドーム、鍾乳石《しょうにゅうせき》状天井装飾、彩釉タイルや漆喰《しっくい》装飾などの壁面装飾などが特徴。礼拝の場であるモスクは、その土地に先行する固有の建築文化を下敷きに発展したため、地域ごとに空間構成が大きく異なる。古代ローマの浴場、噴水、庭園などの文化を中世に継承発展させたのがイスラーム世界である。中世イタリアの海洋都市が高度に発達したイスラーム世界から大きな影響を受けた様子は、建築の様式や空間の構成に明確に見てとれる。アマルフィにはアラブ式の浴場の遺構もある。

ファサード　建物の正面。フランス語のfaçadeに由来する。公共空間である街路、広場、またヴェネツィアでは運河に向いた建物の顔となる。

ヴォールト　アーチをもとにした石や煉瓦《れんが》などを利用した曲面天井の総称。断面が半円形のトンネル・ヴォールト、同形のトンネル・ヴォールトが直角に交差して生まれる交差ヴォールトが基本である。石造文化を誇るアマルフィ周辺、南イタリアのプーリア地方には、特に多様な種類のヴォールトが見られる。アマルフィには、帆状ヴォールト（正方形の平面に外接する半球ドームを架け、正方形の各辺で垂直面を立ち上げカットしたもの)、頂部が尖った尖頭状交差ヴォールト、四角い部屋の各辺から中央上部に向け曲面が立ち上がって構成されるパヴィリオン・ヴォールトなどが用いられた。プーリア地方には、見上げるとアーチの稜線が星のような形を描く星形ヴォールトが発達した。これらヴォールトの形を通して、建設された時期を知ることができる。

柱廊　柱を連続して並べ、外部に向けて開放的につくられた半戸外の廊下のような空間。開放的な気候風土をもつ地中海世界では古代から、住宅や宗教施設の中庭の側にも、公共施設の街路や広場の側にもこの形式が発達した。

バルバカーニ　建物の２階、あるいはそれより上部全体を路上の外側に張り出すためのヴェネツィアの伝統的な構造手法で、細かい間隔で片持《かたも》ち梁《ばり》のように木の持ち送りを並べて荷重を支える。 建物内部の床面積を増やすと同時に、街路沿いに独特の景観を生んでいる。土地の高度利用が求められる都心の商業地区の狭いカッレ（路地）に面して多く登場した。

た。ヴェネツィアは、貴族の邸宅建築において、ゴシック様式を東方のビザンツ、イスラームの繊細な造形感覚と融合させ、水辺にふさわしい装飾的な連続アーチをもつ美しい開口部の形式を発達させた。

ルネサンス様式　古典古代の「再生」を意味するルネサンスの文化的・芸術的運動が、15世紀にまずイタリアを中心に興り、16世紀にかけて全ヨーロッパに広がった。古代ローマ建築の構成を手本とするルネサンス建築は、建築各部の比例的調和、左右対称、全体の統一性を重んじ、ゴシックの尖頭アーチを排して半円アーチを用い、垂直性に対して水平線を強調した。当時の人間中心の思想を反映し、宗教建築だけでなく、都市の邸宅(パラッツォ)、田園の別荘などの世俗建築が多くつくられる一方、理想都市の構想が提案され、計画的な広場や街路が各地に実現した。ヴェネツィアのサン・マルコ広場の改造、ジェノヴァのストラーダ・ヌオーヴァの建設はその象徴的な例である。

バロック様式　1580年頃ローマに生まれ、その後1730年頃にかけてヨーロッパに広まった芸術の様式。語源はポルトガル語のバルエーコ、スペイン語のバルローコ（不整形の真珠）にあるとされる。新興のプロテスタントに対抗し、カトリックの力を取り戻す役割を担った。大衆の心を掴む必要から、荘重端正なルネサンスの古典的な秩序をもつ建築に対し、動的なリズム感、豪華絢爛な造形表現、劇的な明暗効果を重んじた。凹凸の曲面や楕円、湾曲した輪郭など不規則な形式を特徴とし、スタッコ、色大理石で装飾性を強調して、人間の感情に訴えかける傾向をもつ。イタリア海洋都市の中でも、繁栄を続けたヴェネツィア、ジェノヴァは、教会やパラッツォ建築にバロックの優れた作品を多く生み出した。

古典主義様式・新古典主義様式　一般にギリシア、ローマの古典芸術を模範として進められた芸術傾向をいう。イタリアを中心として各地に広まったルネサンス芸術に見られるのがその代表的な例。一方、装飾性の強いバロックおよびロココへの反動として18世紀半ばから19世紀前半にかけて興った芸術傾向は、新古典主義と呼ばれる。古典主義および新古典主義の建築には、古代ギリシア神殿から由来したオーダー（柱の形式）を美の造形原理とする考え方が貫かれている。外観を見て、柱が並んでいる形式であれば、古典主義の建築と考えてよい。

イスラーム建築　7世紀以後オリエント、北アフリカ、スペイン南部、ア

建築史・都市史用語解説

ビザンツ様式　ビザンツ帝国（395〜1453）で発達した芸術の様式。歴史学ではドイツ語の「ビザンツ」が、美術・建築などの分野では英語の「ビザンティン」が使われることが多い。ヘレニズム・古代ローマ以来の古代文化、初期キリスト教文化の伝統に、オリエント的要素を加えた独特の様式で、ビザンツ建築は、中央にドームを戴く集中式の構成やドーム及び壁面のモザイク装飾に特徴がある。イタリアでは、ビザンツ帝国の影響下にあったヴェネツィア、ラヴェンナ、シチリアのパレルモとその周辺（モンレアーレ、チェファル）などにこの様式による美しい建造物が多く、アマルフィにもビザンツ様式の建築要素は随所に見られる。

ロマネスク様式　10世紀末から12世紀にかけて、西ヨーロッパ全土に広まった芸術の様式。もともとはローマ的という意味。ルネサンス以前の中世芸術、特に建築が一般にゴシック（ゴート風の）と呼ばれてきたのに対し、19世紀初頭に、むしろ古代ローマの建築に近い性格をもつこの時期の建築をローマ的と名付けたことに始まる。特に、半円アーチの使用は古代ローマと共通する大きな特徴。ロマネスク建築の発祥地フランスは、石造りの堂々たるヴォールト天井を発達させたが、もう一つの源流、北イタリアのロンバルディア地方では、木造の小屋組み屋根へのこだわりから、ヴォールトの導入が遅れた。地中海世界では、先行するビザンツやイスラームなどの様式を融合し独自に発展したので、地域性が大きい。ロマネスクの建築は、フランスでは修道院活動が活発な時期だけに修道院建築に多いが、都市が古い歴史をもつイタリアの場合、ピサ、ジェノヴァ（ゴシックも混合）をはじめ、大聖堂にロマネスク様式の傑作がたくさん見られる。

ゴシック様式　古代とルネサンスに挟まれた中世の時代を代表する芸術の様式。古代を手本とするルネサンスの人達からゴート風（即ち非ラテン的）として否定的に見られたことから、この名称が生まれた。ゴシック様式の建築は12世紀前半に、イル・ド・フランス地方を中心にフランスで生まれ、たちまちヨーロッパに波及し、15世紀末から16世紀初頭まで続いた。各地の大聖堂にこの様式が見られ、尖頭《せんとう》アーチ、リブ・ヴォールト、フライング・バットレス、ステンドグラスを用い、垂直性を強調し荘厳な内部空間を生んでいる。ただし、古典的なプロポーション感覚に慣れ親しんだイタリアでは、フランス、ドイツのような垂直性の強調は弱かっ

〈マ行〉

〈ヤ行〉

〈ラ行〉

〈サ行〉

〈カ行〉

索 引

本巻全体にわたって頻出する用語は省略するか、主要な記述のあるページのみを示した。

*を付した語は巻末の「建築史・都市史用語解説」に項目がある。

〈ア行〉

KODANSHA

本書の原本は、二〇〇八年七月、「興亡の世界史」第08巻として
小社より刊行されました。

陣内秀信（じんない　ひでのぶ）

1947年福岡県生まれ。東京大学大学院工学系研究科修了。工学博士。法政大学デザイン工学部建築学科教授を経て，現在，法政大学名誉教授。イタリア共和国功労勲章ウッフィチャーレ章，パルマ「水の書物」国際賞，サルデーニャ建築賞など受賞のほか，ローマ大学名誉学士号を取得。おもな著書に『東京の空間人類学』（サントリー学芸賞）『ヴェネツィア――水上の迷宮都市』『南イタリアへ！――地中海都市と文化の旅』ほか。

講談社学術文庫

定価はカバーに表示してあります。

興亡の世界史

イタリア海洋《かいよう》都市《とし》の精神《せいしん》

陣内秀信《じんないひでのぶ》

2018年10月10日　第1刷発行
2025年6月4日　第3刷発行

発行者　篠木和久
発行所　株式会社講談社
東京都文京区音羽2-12-21　〒112-8001
電話　編集（03）5395-3512
販売（03）5395-5817
業務（03）5395-3615

装　幀　蟹江征治
印　刷　大日本印刷株式会社
製　本　株式会社国宝社

ISBN978-4-06-513380-4

「講談社学術文庫」の刊行に当たって

これは、学術をポケットに入れることをモットーとして生まれた文庫である。学術は少年の心を養い、成年の心を満たす。その学術がポケットにはいる形で、万人のものになることは、生涯教育をうたう現代の理想である。

こうした考え方は、学術を巨大な城のように見る世間の常識に反するかもしれない。また、一部の人たちからは、学術の権威をおとすものと非難されるかもしれない。しかし、それはいずれも学術の新しい在り方を解しないものといわざるをえない。

学術は、まず魔術への挑戦から始まった。やがて、いわゆる常識をつぎつぎに改めていった。学術の権威は、幾百年、幾千年にわたる、苦しい戦いの成果である。こうしてきずきあげられた城が、一見して近づきがたいものにうつるのは、そのためである。しかし、学術の権威を、その形の上だけで判断してはならない。その生成のあとをかえりみれば、その根は常に人々の生活の中にあった。学術が大きな力たりうるのはそのためであって、生活をはなれた学術は、どこにもない。

開かれた社会といわれる現代にとって、これはまったく自明である。生活と学術との間に、もし距離があるとすれば、何をおいてもこれを埋めねばならない。もしこの距離が形の上の迷信からきているとすれば、その迷信をうち破らねばならぬ。

学術文庫は、内外の迷信を打破し、学術のために新しい天地をひらく意図をもって生まれた。文庫という小さい形と、学術という壮大な城とが、完全に両立するためには、なおいくらかの時を必要とするであろう。しかし、学術をポケットにした社会が、人間の生活にとってより豊かな社会であることは、たしかである。そうした社会の実現のために、文庫の世界に新しいジャンルを加えることができれば幸いである。

一九七六年六月

野間省一

J・ギース、F・ギース著／栗原　泉訳
大聖堂・製鉄・水車　中世ヨーロッパのテクノロジー

「暗闇の中世」は、実は技術革新の時代だった！　建築・武器・農具から織機・印刷まで、直観を働かせ、失敗と挑戦を繰り返した職人や聖職者、企業家や芸術家たちが世界を変えた。モノの変遷から描く西洋中世。

2146

池内　紀著
悪魔の話

ヨーロッパ人をとらえつづけた想念の歴史。彼らの不安と恐怖が造り出した「悪魔」観念はやがて魔女狩りという巨大な悲劇を招く。現代にも忍び寄る、あの悪夢を想起しないではいられない決定版・悪魔学入門。

2154

ウィリアム・H・マクニール著／清水廣一郎訳
ヴェネツィア　東西ヨーロッパのかなめ　1081～1797

ベストセラー『世界史』の著者のもうひとつの代表作。十字軍の時代からナポレオンによる崩壊まで、軍事・造船・行政の技術や商業資本の蓄積に着目し、地中海最強の都市国家の盛衰と、文化の相互作用を描き出す。

2192

パット・バー著／小野崎晶裕訳
イザベラ・バード　旅に生きた英国婦人

日本、チベット、ペルシア、モロッコ……。外国人が足を運ばなかった未開の奥地まで旅した十九世紀後半の最も著名なイギリス人女性旅行家。その幼少期から異国での苦闘、晩婚後の報われぬ日々まで激動の生涯。

2200

南川高志著
ローマ五賢帝「輝ける世紀」の虚像と実像

賢帝ハドリアヌスは、同時代の人々には恐るべき「暴君」だった！「人類が最も幸福だった」とされるローマ帝国最盛期は、激しい権力抗争の時代でもあった。平和と安定の陰に隠された暗闘を史料から解き明かす。

2215

川北　稔著
イギリス　繁栄のあとさき

今日英国から学ぶべきは、衰退の中身である――。産業革命を支えたカリブ海の砂糖プランテーション。資本主義を担ったジェントルマンの非合理性……。世界システム論を日本に紹介した碩学が解く大英帝国史。

2224

外国の歴史・地理

本村凌二著
愛欲のローマ史　変貌する社会の底流
カエサルは妻に愛をささやいたか？　古代ローマ人の愛と性のかたちを描き、その内なる心性と歴史の深層をとらえる社会史の試み。性愛と家族をめぐる意識の変化は、やがてキリスト教大発展の土壌を築いていく。

2235

笈川博一著
古代エジプト　失われた世界の解読
二七〇〇年余り、三十一王朝の歴史を繙く。ヒエログリフ（神聖文字）などの古代文字を読み解き、『死者の書』から行政文書まで、資料を駆使して、宗教、死生観、言語と文字、文化を概観する。概説書の決定版！

2255

篠田雄次郎著
テンプル騎士団
騎士にして修道士。東西交流の媒介者。王家をも経済的に支える財務機関。国民国家や軍隊、多国籍企業の源流として後世に影響を与えた最大・最強・最富の軍事的修道会の謎と実像に文化社会学の視点から迫る。

2271

ロベール・ド・ボロン著／横山安由美訳・解説
西洋中世奇譚集成　魔術師マーリン
神から未来の知を、悪魔から過去の知を授かった神童マーリン。やがてその力をもって彼はブリテンの王家三代を動かし、ついにはアーサーを戴冠へと導く。波乱万丈の物語にして中世ロマンの金字塔、本邦初訳！

2304

橋場　弦著
民主主義の源流　古代アテネの実験
民主政とはひとつの生活様式だった。時に理想視され、時に衆愚政として否定された「参加と責任のシステム」の実態を描く。史上初めて「民主主義」を生んだ古代アテナイの人びとの壮大な実験と試行錯誤が胸をうつ。

2345

森谷公俊著
興亡の世界史　アレクサンドロスの征服と神話
奇跡の大帝国を築いた大王の野望と遺産。一〇年でギリシアとペルシアにまたがる版図を実現できたのはなぜか。どうして死後に帝国がすぐ分裂したのか。栄光と挫折の生涯から、ヘレニズム世界の歴史を問い直す。

2350

外国の歴史・地理

森安孝夫著
興亡の世界史　シルクロードと唐帝国
従来のシルクロード観を覆し、われわれの歴史意識をゆさぶる話題作。突厥、ウイグル、チベットなど諸民族の入り乱れる舞台で大役を演じて姿を消した「ソグド人」とは何者か。唐は本当に漢民族の王朝なのか。
2351

杉山正明著
興亡の世界史　モンゴル帝国と長いその後
チンギス家の「血の権威」、超域帝国の残影はユーラシア各地に継承され、二〇世紀にいたるまで各地に息づいていた！「モンゴル時代」を人類史上最大の画期とする、日本から発信する「新たな世界史像」を提示。
2352

林　佳世子著
興亡の世界史　オスマン帝国５００年の平和
中東・バルカンに長い安定を実現した大帝国。その実態は「トルコ人」による「イスラム帝国」だったのか。スルタンの下、多民族・多宗教を包みこんだメカニズムを探り、イスタンブルに花開いた文化に光をあてる。
2353

姜尚中《カンサンジュン》・玄武岩《ヒョンムアン》著
興亡の世界史　大日本・満州帝国の遺産
岸信介と朴正煕。二人は大日本帝国の「生命線」たる満州の地で権力を支える人脈を築き、戦後の日本と韓国の枠組みを作りあげた。その足跡をたどり、蜃気楼のように栄えて消えた満州国の虚実と遺産を問い直す。
2354

カルピニ、ルブルク著／護　雅夫訳
中央アジア・蒙古旅行記
一三世紀中頃、ヨーロッパから「地獄の住人」の地へとユーラシア乾燥帯を苦難と危険を道連れに歩みゆく修道士たち。モンゴル帝国で彼らは何を見、どんな宗教や風俗に触れたのか。東西交流史の一級史料。
2374

土肥恒之著
興亡の世界史　ロシア・ロマノフ王朝の大地
欧州とアジアの間で、皇帝たちは揺れ続けた。民衆の期待に応えて「よきツァーリ」たらんとしたロマノフ家の群像と、その継承国家・ソ連邦の七十四年間を描く。暗殺と謀略、テロと革命に彩られた権力のドラマ。
2386

《講談社学術文庫　既刊より》

外国の歴史・地理

栗田伸子・佐藤育子著
興亡の世界史　通商国家カルタゴ

前二千年紀、東地中海沿岸に次々と商業都市を建設したフェニキア人は、北アフリカにカルタゴを建国する。ローマが最も恐れた古代地中海の覇者は、歴史に何を残したか？　日本人研究者による、初の本格的通史。

2387

小杉　泰著
興亡の世界史　イスラーム帝国のジハード

七世紀のムハンマド以来、イスラーム共同体は後継者たちの大征服でアラビア半島の外に拡大、わずか一世紀で広大な帝国を築く。多民族、多人種、多文化の人々を包摂、宗教も融和する知恵が実現した歴史の奇跡。

2388

原　聖著
興亡の世界史　ケルトの水脈

ローマ文明やキリスト教に覆われる以前、ヨーロッパ文化の基層をなしたケルト人は、どこへ消えたのか？　巨石遺跡からアーサー王伝説、フリーメーソン、ナチス、現代の「ケルト復興」まで「幻の民」の伝承を追う。

2389

林　俊雄著
興亡の世界史　スキタイと匈奴　遊牧の文明

前七世紀前半、カフカス・黒海北方に現れたスキタイ。前三世紀末、モンゴル高原に興った匈奴。ユーラシアの東西で草原に国家を築き、独自の文明を創出した騎馬遊牧民は、定住農耕社会にとって常に脅威だった！

2390

氣賀澤保規《けがさわやすのり》著（解説・上野　誠）
則天武后

猛女、烈女、女傑、姦婦、悪女……。その女性は何者か？　大唐帝国繁栄の礎を築いた、中国史上唯一の女帝、その冷徹にして情熱的な生涯と激動の時代を、学術的知見に基づいて平明かつ鮮やかに描き出す快著。

2395

下斗米伸夫《しもとまいのぶお》著
ソビエト連邦史　1917－1991

共産党が所有する国家＝ソビエト連邦の誕生と崩壊は二十世紀最大の政治事件であった。革命、権力闘争、陰謀、粛清、虐殺。新出の史資料を読み解き、社会主義国家建設という未曾有の実験の栄光と悲惨を描く。

2415

外国の歴史・地理

本村凌二著
興亡の世界史　地中海世界とローマ帝国

古代ローマ史には、「人類の経験のすべてがつまっている」という。初の「世界帝国」出現と、一神教世界への転換。そして帝国が終焉を迎えた時、文明は大きく変貌していた。多彩な人物とドラマに満ちた千年史。

2466

福井憲彦著
興亡の世界史　近代ヨーロッパの覇権

長くアジアの後塵を拝したユーラシア極西部の国々は、一五世紀末に始まる大航海時代を皮切りに、世界を圧倒した。二度の世界大戦で覇権を失うも、欧州統合により再生し、新時代を模索するヨーロッパの光と影。

2467

羽田　正著
興亡の世界史　東インド会社とアジアの海

一七世紀、さかんな交易活動で「世界の中心」となっていた喜望峰から東アジアにいたる海域に、東インド会社が進出した。「史上初の株式会社」の興亡と、二〇〇年間の世界の変貌を描く、シリーズ屈指の異色作！

2468

井野瀬久美惠著
興亡の世界史　大英帝国という経験

大陸の片隅の島国は、「アメリカ植民地の喪失」をステップに大帝国へと発展した。博物館と万国博、紅茶、石鹼、ミュージック・ホール。あらゆる文化と娯楽を手にした「博愛の帝国」の過去は何を問いかけるか。

2469

平野　聡著
興亡の世界史　大清帝国と中華の混迷

ヌルハチ率いる満洲人の国家は、長城を越えて漢人を圧倒し、大版図を実現した。康熙帝・雍正帝・乾隆帝の最盛期から清末まで、栄光と苦闘の三〇〇年を描く。チベット仏教に支えられた、輝ける大帝国の苦悩とは。

2470

鈴木　董著
オスマン帝国の解体　文化世界と国民国家

民族・言語・宗教が複雑に入り組む中東・バルカンを数世紀にわたり統治した大帝国の政治的アイデンティティ、社会構造、人々の共存システムとはなにか？世界史的視点から現代の民族紛争の淵源を探る好著。

2493